Laufen in Marl

Thomas Prochnow und Rainer Welz

unter Mitarbeit von Norbert Nölle, Heino Haumann, Heidi Hoffmann, Rüdiger Fels, Monika Hartmann-Fels, Norbert Pfänder, Michael Hoffmann

Laufen in Marl

Trainingstips für Anfänger und Fortgeschrittene mit den schönsten Laufstrecken der Region

LAS Verlag, Regensburg 1999

Die Deutsche Bibliothek – CIP-Einheitsaufnahme

Prochnow, Thomas:
Laufen in Marl: Trainingstips für Anfänger und Fortgeschrittene mit den schönsten Laufstrecken der Region / Thomas Prochnow und Rainer Welz. Unter Mitarb. von Norbert Nölle, Heino Haumann, Heidi Hoffmann, Rüdiger Fels, Monika Hartmann-Fels, Ulrike Hartmann-Nölle, Norbert Pfänder, Michael Hoffmann . –
Regensburg: LAS-Verlag, 1999
ISBN 3-89787-039-8

Die Kunst, im sportlichen Training erfolgreich zu sein, besteht nicht nur in einer wirksamen Belastungsreizsetzung, sondern in hohem Maße in der gezielten Entlastung.

Pause ist Training

T. P.

Danksagung

Ich möchte mich bei allen Personen bedanken, die mir im Verlaufe meiner wissenschaftlichen und Trainerlaufbahn sowie in der unmittelbaren Vorbereitung dieses Buches zur Seite gestanden haben:

- Läufer und Läuferinnen meiner Trainingsgruppen in Leipzig, Berlin und Regensburg;
- Lehrkräfte der Deutschen Hochschule für Sport und Körperkultur (DHfK) in Leipzig;
- MitarbeiterInnen des Forschungsinstitutes für Körperkultur und Sport (FKS) in Leipzig;
- Team „Institut für Prävention & Diagnostik" in Regensburg, insbesondere Erik Becker und Dr. med. Frank Möckel;
- Team „LAS-Verlag" Regensburg, besonders Dr. Rainer Welz und allen Co-Autoren der verschiedenen Städte und Regionen und
  meiner Familie

T. P.

Inhaltsverzeichnis

Seite

Vorwort

Liebe Laufinteressierte, liebe Läuferinnen und Läufer,

es ist so, wie ich es in der Einsteigerserie bis hin zu den Marathonplänen beschrieben habe: Die Prinzipien sind es, die wirken. Die auf wissenschaftlicher Grundlage und vielen Erfahrungen basierenden Trainingspläne stellen Anregungen dar und keine Rezepte! Sie sind damit keinesfalls dogmatisch abzuarbeiten. Jeder Mensch besitzt sein eigenes Umfeld und damit sehr unterschiedliche Bedingungen zum Training. Deshalb sind, bevor ein eigener Plan erstellt wird, die gedanklichen Grundzüge der Trainingsmethodik herauszuarbeiten. Bin ich ein Fitneßläufer, der auch in anderen Sportarten gern zu Hause ist, möchte ich an Wettbewerben teilnehmen, und welche Distanzen bevorzuge ich oder habe ich gar vor, leistungsorientiert zu trainieren? Welchen wöchentlichen Aufwand kann und sollte ich für das jeweilige Ziel betreiben? Wie sieht mein Weg konkret aus, und was gehört noch alles dazu? Diese und ähnliche Fragen stellen sich im Trainingsprozeß. Wer sich die Mühe macht, das Training inhaltlich zu durchdringen, der wird effizient trainieren und letztendlich sein persönliches Ziel erreichen.

Des weiteren ist es auch wichtig anzuerkennen, daß die von mir im Buch vorgestellten Ansichten nur eine Möglichkeit darstellen, Lauftraining zu betreiben. Viele Wege führen nach Rom, und jeder sollte die Toleranz besitzen, auch andere Meinungen zu akzeptieren. Nur eines ist in diesem Zusammenhang sehr wichtig: Wer einmal mit einem bestimmten Trainingsprinzip begonnen hat, der muß auch alle Höhen und Tiefen erfahren und es bis zum Abschluß durchziehen. Erst danach ist eine sachliche Aufbereitung der erbrachten Leistung möglich. „Prinzipienspringer“ werden niemals hinter die biowissenschaftlichen Gesetzmäßigkeiten der Trainingsmethodik kommen.

In diesem Sinne wünsche ich allen Leserinnen und Lesern dieses Buches viel Spaß und Spannung beim „Abtauchen“ in die Welt des Laufens sowie viel Erfolg beim Umsetzen der gesammelten Erfahrungen in die persönliche Trainingspraxis.

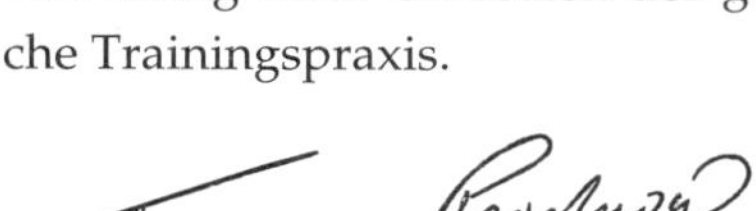

Einsteigertraining – Trainingstips für LaufeinsteigerInnen und solche, die es werden wollen

Das Vorhaben

Zunehmend mehr Leute entscheiden sich für eine sportlich aktive Lebensweise. Die Gründe hierfür liegen auf der Hand und sollen an dieser Stelle nicht nochmals erläutert werden. Wichtiger erscheint es, dem selbstgesteckten Ziel, Läufer zu werden, nun eine von den unzähligen Varianten des Lauftrainings günstige Form des Beginns zuzuordnen. Was will ich, was sollte ich dafür tun? Diese Einheit von Ziel und Weg ist eine grundlegende Voraussetzung, um nicht den Kampf gegen die berühmten Windmühlen anzutreten. Im wesentlichen sind fünf Bedingungen notwendig, damit das Vorhaben nicht scheitert:

1. Ich will!

So banal, wie es klingt, so wesentlich ist diese Grundposition für das Gelingen, bewußter zu leben. Die Betonung liegt dabei auf dem Wort ICH und nicht andere wollen. Gradmesser für die Stabilität des eigenen Wollens werden die Tage im Training sein, an denen das „Fleisch" stärker ist als der „Geist". Und diese Überlegungen werden mit 100%iger Sicherheit kommen. An dieser Stelle die Ausnahme nicht zur Regel werden lassen, ist eine der Weichen im Leben des Menschen.

2. Der Zeitfond

Eine entscheidende Voraussetzung, die oben genannte Weiche richtig zu stellen, ist die Überlegung, wieviel Zeit kann ich investieren, und wieviel Zeit muß ich investieren. Von der trainingswissenschaftlichen Seite ausgehend, ist es notwendig, alle drei bis vier Tage einen Erinnerungsreiz zu setzen, damit die physischen und psychischen Anpassungsprozesse wirkungsvoll erfolgen können. Zudem beläuft sich der biologische Zeitraum der Ausprägung eines neuen Niveaus auf 8 bis 12 Wochen. Kontinuität ist also gefragt. Damit ist eigentlich schon der zeitliche Rahmen für den Erfolg des Unternehmens gegeben. Einen geringeren Aufwand zu betreiben, hat weniger Sinn. Und das müßte doch möglich sein. An dieser Stelle noch ein wichtiger Hinweis: Trainingstage sollten in der Wochenplanung Fixtage sein. Im anderen Fall passiert es zu schnell, daß aufgrund des Verschiebens der Trainingseinheit zu große Lücken entstehen.

3. Der Gesundheitsaspekt

Es ist dringend zu empfehlen, daß vor Beginn des Trainings eine gesundheitliche Prüfung des körperlichen Zustandes unter laufspezifischen Gesichtspunkten erfolgen sollte. Der in diesem Zusammenhang erfolgte erste Arztbesuch kann auch als „Stunde Null“ angesehen werden. Von diesem Zeitpunkt ausgehend, können einmal jährlich bestimmte Parameter (EKG-Werte, Atemtest, Konstitution, Stufentestergebnisse, Gewicht ...) der Leistungsfähigkeit in ihrer mehrjährigen Entwicklung betrachtet werden. Diese Forderung steht unabhängig von Alter, Geschlecht oder sonstigen Voraussetzungen.

4. Materiell-technische Bedingungen

Als Einsteiger ist es vorerst wichtig, individuell angepaßte Laufschuhe und funktionelle Sportkleidung zu erstehen. Hierfür gibt es eine zunehmende Anzahl von Sportfachgeschäften, die in der Lage sind, die entsprechende Beratung in einer guten Qualität zu sichern. Als wertvolle Ergänzung dienen zudem noch Produktinformationen der Hersteller bzw. die in Fachzeitschriften dargestellten Textil- und Laufschuhtests. Auch der Erfahrungsaustausch mit anderen Läufern kann diesbezüglich sehr hilfreich sein. Ein gründliches Herangehen an diesen Bereich verhindert Gesundheits- und Investitionsschäden. Ansonsten ist das Laufen raum- und zeitlos.

5. Trainingsmethodik

Die Erfahrungen diesbezüglich sind sehr mannigfaltig. Ziel dieses Einsteigerkapitels soll es sein, eine Möglichkeit darzustellen, wie ein regelmäßiges Lauftraining begonnen werden kann. Nicht ohne Grund wird als Zeitpunkt des Erscheinens von Trainingsempfehlungen u. a. der Monat September gewählt. Nach der Urlaubszeit, die in der Regel von vielen Familien aktiver gestaltet wird als der berufliche Alltag, sind die besten Startbedingungen gegeben. Dieser Elan sollte genutzt werden, um bis zum Jahreswechsel konsequent durchzuziehen. Das sind vier Monate bis zur ersten Bilanz. Und dann geht es mit neuem Schwung in das neue Jahr. Doch die ersten

Monate sind die wesentlichsten. Hier wird der Grundstein für eine dauerhafte „Beziehung“ gelegt.

Die ersten Schritte

Es ist sinnvoll, die angegebenen Trainingseinheiten auf dem Sportplatz (400 m Bahn) oder auf einer abgemessenen Strecke im Park/Wald zu absolvieren. Dabei spielt das Tempo beim Joggen eine untergeordnete Rolle. Es sollte jedoch so gestaltet werden, daß die letzte Wiederholung genauso sicher gelaufen wird wie die erste. Lieber langsamer laufen und dafür die Anzahl der Wiederholungen schaffen! Die Gehpause sollte locker und entspannt gestaltet werden. Vor dem Programm ist es angebracht, eine 10minütige allgemeine Lockerungsgymnastik durchzuführen. Nach dem Programm sind 5 bis 6 Standardübungen der Muskeldehnung zweckmäßig. Allerdings sind diese Rahmenaktivitäten sehr witterungsabhängig und können gegebenenfalls auch zu Hause unternommen werden (Erkältungsgefahr). Auch wenn es gut läuft, nicht überziehen. „Wenn es am besten schmeckt, soll man aufhören.“ Da ist besonders für Einsteiger viel Wahres dran. Er hat noch nicht die Erfahrung, wie bestimmte Trainingseinheiten nachwirken und wie sich die Summation der Belastungen im Mehrwochenverlauf bemerkbar macht. Ziel der ersten Phase ist es, ein kontinuierliches Training zu absolvieren und die geforderten Programme, in Übereinstimmung mit dem persönlichen Befinden, sicher zu bewältigen. In der 8. Woche wird die erste Überprüfung über 1000 m realisiert. Dabei sollten die ersten 600 m im gewohnten Tempo gelaufen werden. Bei gutem Befinden kann in der letzten Runde (400 m) das Tempo gesteigert werden.

Plan: 1.–8. Woche		
	1.–4. Woche	*5.–8. Woche*
Mittwoch	200 m Traben 100 m Gehen 5 Wiederholungen	200 m Traben 100 m Gehen 8 Wiederholungen
Samstag *oder* *Sonntag*	500 m Traben 50 m Gehen 7 Wiederholungen	100 m Traben 50 m Gehen 10 Wiederholungen bzw. 8. Woche 1000 m-Test

Hinweis:
Das real absolvierte Training protokollieren, um gelegentlich selbständig oder mit Hilfe eines erfahrenen Läufers Bilanz ziehen zu können.

Nach 8 Wochen
Nunmehr sind die ersten 8 Wochen geschafft. Sicherlich fiel es an einigen Tagen sehr schwer, die „müden Glieder" zu bewegen. Das sind Erscheinungen, die bei jedem Läufer auftreten und von einer wirkungsvollen Belastung zeugen. Entscheidend war jedoch, daß die Programme regelmäßig und, in Übereinstimmung mit dem persönlichen Befinden, sicher bewältigt worden sind. Vielleicht hat mancher den Wechsel zwischen Laufen und Gehen unterschätzt und zu früh mit zu schnellem Tempo bzw. mit zu langen Strecken begonnen. Lustlosigkeit wäre dann noch die einfachste Folge. Gelaufen werden sollte immer nur so, daß jeder in der Lage ist, dabei noch zu sprechen. Atemnot darf nicht aufkommen. Das Training für Einsteiger muß im aeroben Bereich ablaufen, also ohne das Eingehen einer „Sauerstoffschuld" in der Muskulatur. Wenn in den ersten 8 Wochen der Trainingsplan zu anstrengend empfunden wurde, dann lieber nochmals den Zyklus 1. bis 8. Woche wiederholen. Allerdings sollte dann auf ein ruhigeres Trabtempo geachtet werde.

1000-Meter-Test

Am Ende der ersten Trainingswochen stand die Aufgabe, ununterbrochen 1000 m (2 und eine halbe Stadionrunde) ruhig und gleichmäßig zu traben. Wer den Plan eingehalten hat, der war dazu sicher in der Lage. Im anderen Fall ist es sinnvoll, das Training der 5. bis 8. Woche zu wiederholen.

Belastungsgrad

Die körperliche Ausgangssituation bei den Einsteigern ist sehr unterschiedlich. Trotzdem sollten die Bezugspunkte gewählt werden, die ein Überfordern im Training vermindern:

- Laufen Sie so, daß Sie sich trotz der Belastung wohlfühlen.
- Zuerst die Anzahl der Wiederholungen bzw. die angegebenen Meter schaffen und nicht das Lauftempo zu schnell anheben.
- Nehmen Sie sich Zeit für das Training, nicht hetzen oder Zeit sparen durch Pausenverkürzungen.
- Ruhig und konzentriert atmen, Nase und Mund gleichermaßen nutzen.
- Die Pulskontrolle erfolgt sowohl unmittelbar nach dem Lauf, als auch nach einer Ruheminute. Dabei werden Daumen und Zeigefinger an das Handgelenk oder an den Hals gelegt und 10 Sekunden lang die Schläge gezählt. Die Differenz beider Zählungen sollte 8 bis 10 Schläge betragen. Dann ist ein gutes Be- und Entlastungsverhältnis gegeben.

Beispiel:

1. Pulszählung sofort nach dem Laufen 10 Sec	27 Schläge
2. Pulszählung 1. Minute nach Laufende 10 Sec.	18 Schläge
Differenz	9 Schläge

Wenn die Differenz geringer als 8 bis 10 Schläge pro 10 Sekunden ist, dann etwas langsamer laufen bzw. die Pause verlängern. Ist die Differenz größer, so kann länger gelaufen werden bzw. die Pause ist zu verkürzen.

Natürlich stellt diese Methode nur eine Möglichkeit der Kontrolle der aktuellen Belastungsverarbeitung dar. Es gibt weitaus umfassendere Kontrollverfahren. Diese sind zwar in der Summe aussagefähiger, aber für den täglichen Gebrauch zu aufwendig.

9.–16. Woche

Der ständige Wechsel von Traben und Gehen wird beibehalten. Allmählich erhöhen sich die Trababschnitte. Über Anzahl der Läufe und Pausenregulierung wird die Belastung ausgesteuert. Auf keinen Fall das Trabtempo erhöhen. Das Herz-Kreislauf-System paßt sich schneller an als das Binde- und Stützgewebe. Deshalb ist Geduld angezeigt beim Training. Ein zu schnelles Forcieren der Belastungen provoziert unnötige Verletzungen. Am Jahresende kann schon einmal die Teilnahme am Neujahrslauf (2–3 km) ins Auge gefaßt werden. Eine erste ruhige Dauerbelastung mit guten Vorsätzen für das neue Jahr ist bereits möglich. Diese „Generalprobe" im Dauerlauf leitet eine neue Phase im Training ein. Neben dem Wechsel von Trab-Geh-Belastungen wird ab der 17. Woche der ununterbrochene Dauerlauf eingeführt.

Plan: 9.–16. Woche

	9.–11. Woche	*12. Woche*	*13.–16. Woche*
Mittwoch	300 m Traben 100 m Gehen 6 Wiederholungen	200 m Traben 100 m Gehen 6 Wiederholungen	400 m Traben 100 m Gehen 5 Wiederholungen
Samstag *oder* *Sonntag*	100 m Traben 50 m Gehen 10 Wiederholungen	1000 m Test	200 m Traben 50 m Gehen 8 Wiederholungen

Der Rückblick

An dieser Stelle sei zwingend nochmals darauf hingewiesen, daß zum Training auch die Analyse der bisherigen Laufaktivitäten gehört. Aus diesem Grund ist es angebracht, den bisherigen Begleittext zum wiederholten Male und in Ruhe durchzulesen. Oftmals rücken unter Beachtung der nunmehr gesammelten eigenen Erfahrungen, Situationen in den Blickpunkt der Betrachtungen, die 16 Wochen zuvor unzugänglich waren. Das Lesen der persönlichen Aufzeichnungen erscheint dann „wie ein Krimi". Immer wieder wird der Vergleich zum Trainingsplan gesucht. Für die erste Einschätzung genügt es völlig, folgende Fragen zu beantworten:

- Habe ich kontinuierlich trainiert?
- Konnte der Trainingsplan im wesentlichen eingehalten werden?
- War mein Befinden überwiegend gut?

Die durchgängige positive Beantwortung der Fragen schließt keinesfalls Trainingstage aus, an denen es besonders schwer lief. Solche Tage gehören zum Training der Läufer und Läuferinnen aller Leistungskategorien. Mancher meint, sie sind die „Würze" des Trainings. Fest steht, daß Tage, an denen irgendwann jeder sich die Frage nach dem Sinn der Lauferei stellt, Prüfsteine sind, die tatsächlich innere Einstellungen offenbaren. Nicht gemeint ist dabei der momentane Gedanke des Aussteigens. Dieser ist ganz normal. Vielmehr sind die Schlußfolgerungen aus der gemachten Erfahrung entscheidend. Entweder ich hänge mein Vorhaben an den berühmten Nagel und unterschreibe damit meine Kapitulation, oder ich akzeptiere, daß eine körperliche immer zugleich eine geistige Herausforderung darstellt. In einer solchen Situation sollte die Entscheidung überschlafen werden. Ein Gespräch mit anderen Läufern hilft auch weiter.

16 Wochen sind geschafft

Die Zeit vergeht „laufend" wie im Flug. Nun sind schon 16 Wochen absolviert. Der individuelle Trainingsrhythmus ist gefunden worden. Das ständige Spiel zwischen Traben und Gehen wird bei zunehmender Streckenlänge, erhöhter Wiederholungszahl und verkürzter Pause sicher beherrscht. Dabei tritt gleichzeitig eine Gefahr auf. Mit der Steigerung des Beherrschungsgrades der Übungen neigen alle Läufer dazu, die Laufgeschwindigkeit zu erhöhen. Das macht zwar Spaß und gibt Selbstvertrauen, es ist aber der falsche Weg! Für den Einsteiger steht immer noch das Training im aeroben Stoffwechselbereich (laktatarm, sauerstoffreich) an der ersten Stelle. Schließlich soll es zu einer harmonischen Entwicklung der Systeme des gesamten Organismus kommen. Dazu gehört nicht nur das Herz-Kreislauf-System, sondern u. a. auch das Binde- und Stützgewebe. Dieses erfährt innerhalb von 16 Wochen noch nicht die erforderliche Anpassung, um intensivere Laufbelastungen zu dämpfen. Dazu sind zwei bis drei Jahre nötig. Nun ist es an der Zeit, den Dauerlauf einzuführen. Er ist das typische Trainingsmittel der Läufer. Mit seiner Hilfe wird eine weitere Entwicklung der einzelnen Systeme des menschlichen Organismus erreicht. Dauerlauf heißt, daß ein gleichmäßiges, lockeres Laufen über eine bestimmte Strecke oder Zeit vollzogen wird. Dabei ist auf eine gleichmäßige Ausatmung zu achten. Eine oberflächliche, flache Atmung kann u. a. zu Seitenstechen führen. Wer mit der Atmung Schwierigkeiten hat, der sollte sich in erster Linie auf eine gründliche Atmung konzentrieren. Des weiteren stellt der Dauerlauf neue Anforderungen an die Psyche des Läufers. Es ist relativ einfach, sich auf Strecken von 200 m bis 400 m zu konzentrieren und zu motivieren. Der klassische Dauerlauf stellt jedoch höhere Anforderungen an das Durchhaltevermögen. Der Läufer ist mit sich und seiner Atmung, seinem Puls und den anderen Laufgeräuschen allein. So mancherlei Gedanken schießen einem beim Laufen durch den Kopf. Permanent ist das Setzen des Fußes, Schritt für Schritt, gefragt.

Der dritte Trainingszyklus

Die Übungen mit dem Wechsel von Traben und Gehen werden weiter einmal wöchentlich fortgesetzt. Dabei wird die Streckenlänge des Trababschnittes von 400 m auf 600 bis 800 m erhöht. Gleichzeitig ist die Gehpause auf 50 m zu vermindern. Die genannten Veränderungen sind eine ausreichende Belastungserhöhung. Als zweites Trainingsmittel wird nunmehr am Samstag oder am Sonntag der eingangs genannte Dauerlauf eingesetzt. Hierbei soll eine Strecke von 2 km (später 3 km) ununterbrochen gelaufen werden. Sicherlich liegt das Tempo unter dem der Mittwoch-Einheit. Doch das spielt keine Rolle. Wichtig ist nur, daß die 2 km laufend ununterbrochen bewältigt werden. Nach drei Wochen folgt wieder ein 1000 m-Test zur Überprüfung der persönlichen Entwicklung. Der ganz am Anfang vorhandene Respekt vor dieser Distanz dürfte nunmehr aus der Kenntnis des Dauerlaufes heraus verflogen sein. Bereits in der 21. bis 23. Woche kann der Dauerlauf auf 3 km erhöht werden. Auch hier gilt das Prinzip: Dauer vor Tempo. Es ist immer wieder erstaunlich, wie Einsteiger, die allmählich an das Training herangeführt wurden, ihre Dauerleistung verbessern. Nun ist der Schritt zum Fortgeschrittenen nicht mehr weit.

Plan: 17.–23. Woche			
	17.–19. Woche	*20. Woche*	*21.–23. Woche*
Mittwoch	600 m Traben 50 m Gehen 5 Wiederholungen	400 m Traben 50 m Gehen 5 Wiederholungen	800 m Traben 50 m Gehen 5 Wiederholungen
Samstag *oder* *Sonntag*	2000 m Traben	1000 m Test	3000 m Traben

Der Gesamtzeitraum

Mit einem Lächeln können aus der heutigen Sicht die ersten Schritte betrachtet werden – 200 Meter Traben und 100 Meter Gehen im Wechsel. In 23 Wochen ist doch sehr viel passiert. Wer es geschafft hat, die Trainingsaufgaben regelmäßig zu bewältigen, der dürfte nunmehr in der Lage sein, das Training mit Freude und Sicherheit zu absolvieren. Dies ist nicht nur das Resultat einer allmählichen Belastungserhöhung, sondern das Ergebnis der eigenen konzentrierten Herangehensweise. Dabei wird jeder gespürt haben, daß es vor allem für Einsteiger enorm wichtig ist, zuerst die Kontinuität des Trainings in den Griff zu bekommen und in zweiter Linie den Belastungsgrad zu erhöhen. Erfahrungen wurden auch gesammelt, was die Einordnung des Laufens in das tägliche Leben anbelangt. Die meisten werden gelernt haben, so manchen kleinen „Motivationstrick" anzuwenden. So z. B. ist es immer besser, Stammtage für das Lauftraining festzusetzen. Auch erscheint es sinnvoll, zwischen Arbeitsende und Training nicht zu viel Zeit vergehen zu lassen. Oftmals siegt dann die Bequemlichkeit, und der entscheidende „innere Ruck" wird mit unzähligen Ausreden verhindert. Wer einen anpassungsfähigen Laufpartner hat, sollte sich fest verabreden. „Termindruck" ist auch hier ein Animator. Allerdings sollten die Leistungsunterschiede bei den Laufpartnern nicht zu groß sein.

Aber auch die trainingsmethodische Aufarbeitung des Geschafften kann weiter motivieren. Interessant dabei kann die Zusammenstellung folgender Fakten sein:

- Wieviel Gesamtlaufkilometer habe ich schon absolviert?
- Sind Ausfalltage zu oft vorhanden (Krankheit/Arbeit/Bequemlichkeit)?
- Wie ist die Entwicklung der 1000-Meter-Testleistung?
- Gibt es Verbesserungen der Pulswerte bei vergleichbaren Läufen?
- Ist die Befindenseinschätzung zunehmend besser geworden?
- Können Stammstrecken ohne große Umstände sicher gelaufen werden?

Dies setzt natürlich eine korrekte Trainingsdokumentation voraus. Zur Auswertung kann auch ein erfahrener Läufer hinzugezogen werden. Insgesamt wird die Bilanz positiv sein, denn ein sportliches Leben strahlt immer auf das Gesamtbefinden aus.

Der vierte Trainingszyklus

Die ersten sieben Wochen mit z. T. ununterbrochenem Dauerlauf über zwei bis drei Kilometer sind geschafft. Spürbar entwickelte sich das Laufgefühl. Die Anpassungsvorgänge gestalten sich jedoch immer individuell, so daß der weitere Streckenausbau mitunter sehr differenziert vorgenommen werden muß. D. h. im abschließenden Plan werden die Kilometerangaben variabel (von/bis) angegeben. Dieses Vorgehen eröffnet die Möglichkeit, noch stärker entsprechend der persönlichen Tagesform zu trainieren. Nun muß jeder für sich allein den Belastungsgrad regulieren. Wichtig dabei ist, daß weder ausschließlich an der oberen noch an der unteren Grenze der Vorgaben trainiert wird. Beide Varianten führen zu Fehlanpassungen. Grenzenlos belasten ist keine Kunst. Das „Geheimnis“ liegt eher in einer ausgewogenen Belastungsgestaltung, die sowohl hohe als auch „lockere“ Forderungen einschließt. Dieses Prinzip wird mit steigender Belastung und besserer Leistungsfähigkeit eine permanente zentrale Bedeutung einnehmen.

Auch im vierten Trainingszyklus kommt diese Forderung klar zum Ausdruck. So wird bei der ersten Wocheneinheit die Strecke von 800 m auf 1000 m erhöht. Eine Tempoforcierung ist weiterhin nicht angezeigt. Es sollte eher mit der Anzahl der Laufwiederholungen (4 bis 6 Läufe) gearbeitet werden. Die im letzten Zyklus eingeführten Dauerläufe über 2 bis 3 km werden ebenfalls im Streckenmittel angehoben. Auch hier ist zur besseren individuellen Gestaltung des Trainings ein variabler Bereich angegeben. Entsprechend der Möglichkeiten werden 4 bis 6 km Dauerlauf angestrebt. Diejenigen, die das bisherige Training nachweislich gut verarbeitet haben, können nunmehr zum dreimaligen Laufen übergehen. In der Regel bietet sich hierfür das Wochenende als Doppelbelastung an. Neue Erfahrungen wird es geben, was das Training an zwei aufeinander folgenden Tagen anbelangt. Etwas „steif" werden die ersten Schritte der Sonntagseinheit sein. Aber das gibt sich nach einigen Minuten Dauerlauf.

Plan: 24.–30. Woche			
	24.–26. Woche	*27. Woche*	*28.–30. Woche*
Mittwoch	1000 m Traben 50 m Gehen 4–6 Wiederholungen	3 km Traben	3–5 km Traben
Samstag oder/und Sonntag	4–6 km Traben	1000 m-Test	5–7 km Traben

Die 27. Woche ist zur Regeneration gedacht. Eine kurze, lockere Dauerlaufeinheit reicht zur Befriedigung der Laufgewohnheit. Am Ende der Woche ist wieder der 1000 m-Testlauf geplant. Er stellt gewissermaßen den Abschlußtest für das Einsteigertraining dar. Ein direkter Vergleich bezüglich des Laufgefühls und der absoluten Leistung wird den Lauffortschritt klar kennzeichnen.

Ab der 28. Woche ist es sinnvoll, zwei- bis dreimal pro Woche einen Dauerlauf von 3 bis 7 km zu absolvieren. Die Phase des ständigen Wechsels von Traben und Gehen ist vorerst beendet. Die Dauerleistung steht nun im Vordergrund. Diese sollte sehr kontrolliert (sichere Atmung, gutes Laufgefühl ...) erbracht werden.

Ausblick

Die Ausbaumöglichkeiten des Einsteigertrainings sind mannigfaltig. Einige Möglichkeiten der weiteren Belastungsgestaltung sind:

- Wiederholung des vierten Trainingszyklus zur Stabilisierung der Anpassungen.
- Erhöhung der Dauerlaufstrecken von 3 bis 7 km auf 5 bis 10 km.
- Dauerlaufstrecken bleiben konstant, und eine vierte Einheit wird hinzugenommen.
- Eine der Trainingseinheiten wird im profilierten Gelände gelaufen, um den Belastungsgrad zu erhöhen.
- Das Dauerlauftempo innerhalb der Trainingswoche kann variiert werden. Der kürzere Dauerlauf sollte etwas schneller und der längere Dauerlauf wie bisher gelaufen werden.
- Einmal pro Woche kann ein leichtes Fahrtspiel eingebaut werden. Dabei wird innerhalb eines lockeren Dauerlaufes das Lauftempo mehrfach (ohne Gehpause) erhöht.

Der Möglichkeiten sind viele vorhanden. Es liegt nun an der Phantasie und am Verständnis jedes einzelnen Läufers, ständig neue Belastungssituationen gezielt zu schaffen. Nur diese bewirken eine tatsächliche Entwicklung.

Stimme zum Training:

> *„So schlimm war es gar nicht. Ich hatte das Gefühl, daß ich scheinbar unterfordert war. Eigentlich wollte ich mehr zulegen, aber dann habe ich mich doch entschieden, das Trainingsprinzip konsequent umzusetzen.“*

H. Weber, Regensburg, Motorradsportler

Trainingsbereiche

Der Trainingsprozeß ist so vielschichtig wie das Leben selbst. Aus diesem Grund ist es für Anfänger sehr schwer, den richtigen Weg zu finden. Der „trainingsmethodische Dschungel" ist selbst für Fachleute nicht einfach zu durchdringen. Aus diesem Grund möchte ich einige Tips für die ersten Trainingswochen geben:

1. Generell fangen viele Einsteiger mit zu intensiven Belastungen an. Es ist besser, ein „Schontraining" an den Anfang zu setzen. Dies bedeutet, daß der Körper die gesetzten Belastungen relativ sicher bewältigt. So z. B. sollte beim Joggen nur so schnell gelaufen werden, daß noch eine Unterhaltung möglich ist (3–4 Schritte Ein- und 3–4 Schritte Ausatmung). Der Puls geht selten über 150 Schläge/Minute. Zuerst muß das „Fitneßhaus" auf ein solides Fundament gebaut werden, dann können auch intensivere Belastungen partiell eingesetzt werden.

2. Ein solches Training wird auch als aerobes Training bezeichnet. Dies bedeutet, daß die sportliche Bewegung vorwiegend auf der Energiebereitstellung über den Weg des Fettstoffwechsels basiert. Der Muskel geht bei langsamen Bewegungsabläufen keine große Sauerstoffschuld ein. Er arbeitet also ökonomisch. Die „Sauerstoffdusche" für den Körper ist als echtes Gesundheitstraining zu bezeichnen, da hierbei wirklich (nach einer bestimmten Zeit und Regelmäßigkeit) die Anpassungen im Herz-Kreislauf-Atmungs- und Muskelsystem erzielt werden, die zur Vorbeugung von Zivilisationskrankheiten dienen. Insofern sind eine gemütliche Radtour, eine Wanderung oder ein ruhiges Schwimmen für die Gesundheit effektiver als der Versuch, täglich auf der Hausstrecke einen neuen persönlichen Rekord zu jagen. Übrigens, bei dieser Trainingsform werden tatsächlich Fette abgebaut. Dies ist ein weiterer „gewichtiger Nebeneffekt" des langsamen Trainings.

3. Wer dann eine gewisse Regelmäßigkeit im Training erzielt hat und mindestens ein halbes Jahr dabei ist, kann dann ab und zu ein etwas intensiveres Training durchführen. Hierbei wird der Mischstoffwechsel

(aerober-anaerober Übergangsbereich) angesprochen, d. h. daß die sportliche Leistung über die Kohlenhydrat- und Fettverbrennung erbracht wird. Die Pulswerte liegen in der Regel zwischen 150–170 Schlägen/Minute. Dieser Bereich ist insofern wichtig, da im Körper Anpassungen vorbereitet werden, die am Ende zu einer Verbesserung der Ausdauergrundlage führen. Die genaue Bestimmung des Trainingsbereiches sollte über einen Test vorgenommen werden.

4. Ein intensives Training (anaerobe Belastung) mit hohen Pulswerten ist Einsteigern nicht zu empfehlen. Überbelastung, Verletzungen und Frustaufbau sind meist die Folge zu forschen Herangehens an den Sport. Dies gilt für zu schnelles Joggen, Radeln oder Schwimmen genauso wie für zu „harte" Aerobicstunden. In der Ruhe liegt die Kraft!

5. Damit eine Regelmäßigkeit des Trainings gewährleistet ist, sollte die Sportzeit im Wochenplan einen festen Platz einnehmen. Unregelmäßiges Bewegen führt nicht zu den Anpassungen, die vorgesehen sind. Für Anfänger ist ein Gruppentraining sinnvoll, um einen äußeren „Zwang" über den Trainingstreff zu haben. Auch die Unterhaltung der „Neulinge" untereinander hilft, bestimmte Probleme zu meistern.

Nicht verzweifeln, wenn es einmal schwer läuft. Der Körper muß sich erst an die neue Belastungssituation gewöhnen. Es vergehen 8–12 Wochen, bis die Umstellung einigermaßen erfolgt ist. In dieser Zeit unterliegt der Körper großen Formschwankungen. Wer jetzt durchhält, der hat es geschafft!

Vom Laufbandtest zum Trainingsplan

Zum Einstieg in das Lauftraining gehört auch die Einschätzung des gesundheitlichen und trainingsmethodischen Ausgangszustandes mittels einer Fitneßuntersuchung. Bei dieser wird die prinzipielle Belastungsfähigkeit abgeklärt bzw. Auflagen beim Sporttreiben erteilt. In Abhängigkeit davon werden die Belastungsbereiche in Bezug zur Herzschlagfrequenz und zur zu laufenden Zeit pro Kilometer festgelegt.

Notwendigkeit der Fitneßuntersuchung

1. „grünes Licht" zur Belastung; Wertbetrachtung in Ruhe, unter Belastung und in der Nachbelastungsphase
2. klare Einteilung der Belastungsbereiche mit individuellen Pulsempfehlungen und Lauftempoangaben; Schwerpunktsetzung im Training
3. effizientes Training = effektive Ausnutzung der Freizeit

Die häufigste Form der Laufbanduntersuchungen sind die Stufentests. Dabei wird von Stufe zu Stufe die Laufgeschwindigkeit erhöht. Parallel dazu laufen Messungen mittels EKG, Atemgasanalyse, Laktatwertbestimmung, Herzschlagfrequenzerfassung und Blutdruckmessung. Diese Werte werden vor (in Ruhe), während und nach der Belastung erhoben, um tätsächliche Verläufe zu kennzeichnen. In die Bewertung des Testes werden alle drei Zustände einbezogen. Des weiteren müssen die allgemein gesundheitliche und speziell sportliche Anamnese hinzugenommen werden, um ein möglichst komplexes Bild zu erstellen.

Laufbandergometrie:

	Patient	**Sportler**	
		KZA *w* *m*	*LZA*
Initialbelastung	1,1–1,7 m/s (4–6 km/h)	2,5–3,5 m/s	Marathonzeit – 0,3 m/s 10 km-Zeit – 0,8 m/s
Steigerung	0,25 m/s (1 km/h)	0,25 m/s	0,2 m/s
Stufendauer	3 min	3 min	15 min
Pausen	30 s	30 s	2 min
Neigung	0 %	0 %	0 %

Bei der Bewertung des Testes werden also sehr viele Faktoren auch aus der bisherigen sportlichen Geschichte der Testperson hinzugezogen, so daß neben den nüchternen Untersuchungsergebnissen viel Erfahrung dazu gehört, um letztendlich die konkreten Trainingsempfehlungen zu geben.

In unserem **Beispiel 1** (siehe Laktat-/Herzfrequenzgrafik) wurde der Sportler über einen sehr breiten Geschwindigkeitsbereich (1,6–3,2 m/s) getestet. Ziel der Untersuchung sollte es sein, Empfehlungen für die Verbesserung der Grundlagenausdauer zu geben. Diese spielt in seiner Sportart (Motoradrennsport) zur Erhöhung der Konzentrations- und Regenerationsfähigkeit eine wichtige Rolle. Vorerst wurden die entsprechenden Pulsbereiche und Zeiten/Kilometer festgelegt.

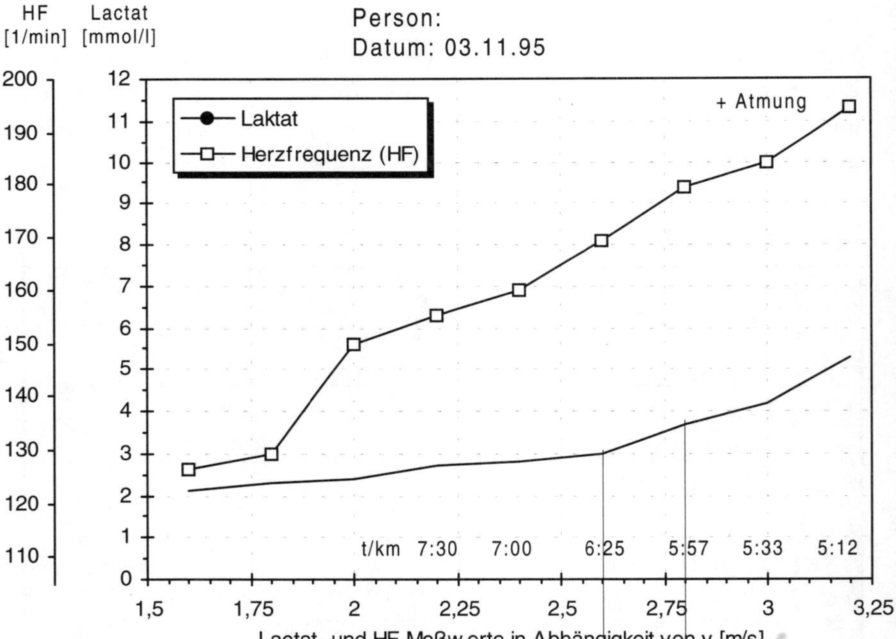

	GA1 lang	mittel	GA2
HF	< 150	(< 160)	160–170
t/km	< 7:30	< 6:30	5:50–6:10

Struktur der Wettkampfleistung

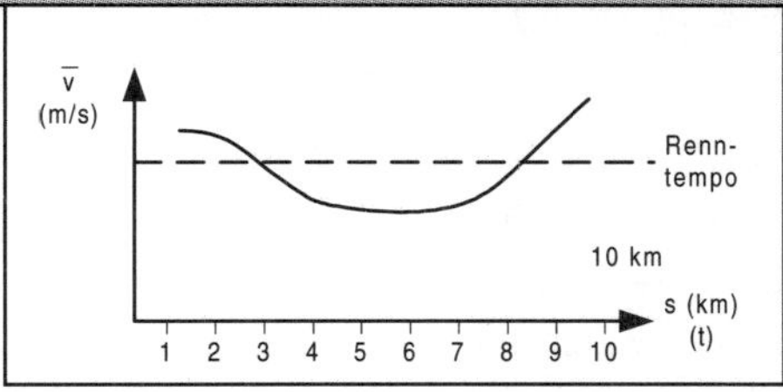

Trainingsstruktur

Definition der Haupttrainingsbereiche

1. Schnelligkeitsausdauer (Mobilisation)
2. wettkampfspezifische Ausdauer (Renntempo)
3. Grundlagenausdauer II (Entwicklung)
4. Grundlagenausdauer I (Stabilisierung)
5. Kompensation
6. allgemeine Ausbildung

Proportionsverhältnisse der Haupttrainingsbereiche/ Trainingsphase

	Grundlage	Wk-Vorb.	Komp.
GA I	65 %	70 %	100 %
GA II	25–30 %	10–20 %	–
WSA/SA	5–8 %	10–20 %	–

Trainingssteuerung
Belastungsgestaltung

- Jahresverlauf/Mehrjahresverlauf
- Trainingszyklen
- Wochenzyklus (MIZ)
- Trainingseinheit
- Einordnung in Gesamtlebensregime

...

Der zweite Schritt für die konkreten Trainingsempfehlungen muß nun sein, daß die unmittelbar aus dem Test abgeleiteten Belastungsbereiche in einem Trainingsplan zur Anwendung kommen. Die Haupttrainingsbereiche sind also nicht nur zu charakterisieren, sondern auch in bestimmte Relationen zueinander zu setzen bzw. die Reihung der Belastungen im Wochen- und Mehrwochenverlauf (einschließlich Be- und Entlastungsphasen) festzulegen. In der folgenden Grafik ist das trainingsmethodische Beziehungsgefüge zwischen der Struktur der Wettkampfleistung (Ziel) und der Struktur des Trainings prinzipiell dargestellt.

Zurück zu unserem Beispiel. Für die Erfüllung der Zielstellung reicht es aus, zwischen dem GA1- und GA2-Training zu pendeln. Damit werden die größten Impulse zur Verbesserung der aeroben Kapazität und damit zur Erhöhung der Grundlagenausdauerfähigkeit gegeben. Im vorgeschlagenen Trainingsplan über 15 Wochen wurden die o.g. Kriterien entsprechend des Zeitbudgets und der physischen Möglichkeiten des Sportlers eingearbeitet. Prinzipiell wurde ein klarer Be- und Entlastungsrhythmus (3 : 1 Wochen) gewählt. Von Belastungsblock zu Belastungsblock wurden die Trainingseinheiten primär über die Belastungszeit entwickelt. Dabei war es die Aufgabe, die nach dem Test festgelegten Belastungsbereiche weder über- noch unterzuschreiten. In den Ruhewochen sind sowohl Umfang als auch Intensität deutlich reduziert worden. Diese Entlastung brauchte der Körper, um das Trainierte umzusetzen und eine neue Motivation für den folgenden Belastungsblock aufzubauen. Am Ende des Gesamttrainingszeitraumes wurde unter gleichen Bedingungen der Retest durchgeführt, welcher erwartungsgemäß folgende Hauptergebnisse brachte:

1. Absenkung der Herzschlagfrequenzen auf vergleichbaren Teststufen als Zeichen einer deutlich verbesserten Herz-Kreislauf-Arbeit und
2. Absenkung und Nach-rechts-Verschiebung der Laktatkurve als Beleg eines günstiger arbeitenden Stoffwechsels.

Insgesamt konnte eine klare Verbesserung der aeroben und (obwohl nicht trainiert!) auch anaeroben Leistungsfähigkeit erreicht werden. Dies ist ein sehr wichtiger Aspekt für die These:

Im Ausdauersport wirkt sich die Verbesserung der aeroben Leistungsfähigkeit direkt auf die Erhöhung der Wettkampfleistung aus!

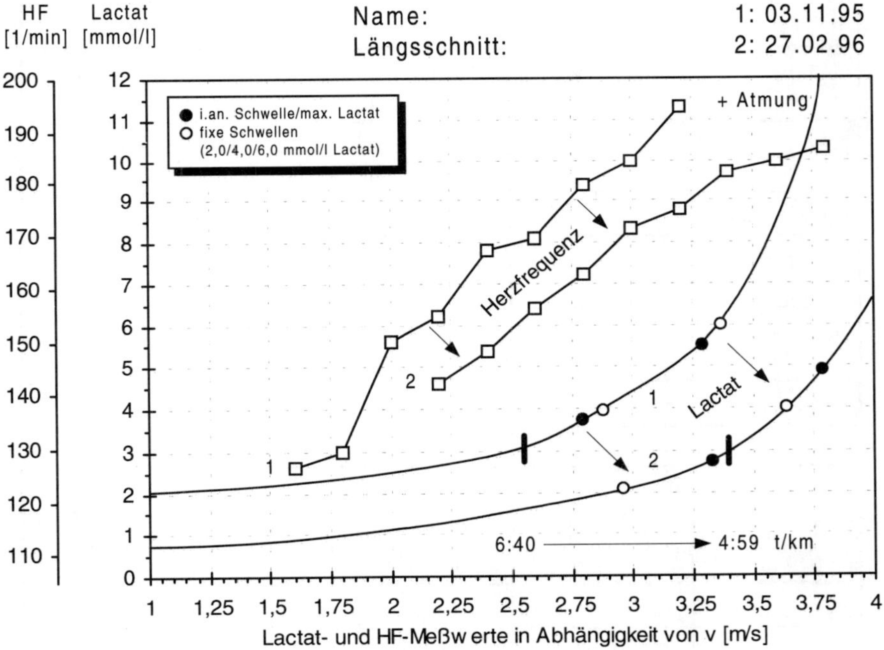

In der Tabelle sind weitere Vorteile des 15wöchigen Trainings (Schwellenverschiebung, Körperfettmessung ...) sowie die neuen Trainingsbereiche angegeben.

	03.11.95	26.02.96
GA1	< 6:30 min/km HF: < 150 S/min	5:30 bis 6:00 min/km HF: < 150 S/min
GA2	5:50 bis 6:10 min/km HF: 160 bis 170 S/min	5:00 bis 5:20 min/km HF: 160 bis 175 S/min
Leistung La3	6:40 min/km	4:59 min/km
aerobe Schwelle	2,0 m/sek (HF: 153 S/min)	2,8 m/sek (HF: 160 S/min)
anaerobe Schwelle	2,6 m/sek (HF: 170 S/min)	3,2 m/sek (HF: 175 S/min)
Körperfett	13,4 % (11 kg)	9,7 % (7,3 kg)

Trainingsplan				
	1.–3. Woche	*4. Woche = Ruhewoche*	*5.–7. Woche*	
Montag	GA1 30 Min.		GA1 30 Min.	
Dienstag	GA1 45 Min.	GA1 30 Min.	GA1 60 Min.	
Mittwoch				
Donnerstag				
Freitag	GA1 30 Min.	GA1 30 Min.	GA2 2x10 Min. Pause 5 Min.	
Samstag	GA1 60 Min.	GA1 30 Min.	GA1 60 Min.	
Sonntag				

Trainingsplan				
	8. Woche = Ruhewoche	*9.–11. Woche*	*12. Woche = Ruhewoche*	*13.–15. Woche*
Montag		GA1 45 Min.	GA1 30 Min.	GA1 45 Min.
Dienstag	GA1 30 Min.		GA1 60 Min.	GA1 60 Min.
Mittwoch		GA1 75 Min.		
Donnerstag				
Freitag	GA1 30 Min.	GA2 2x20 Min. Pause 5 Min.	GA1 30 Min.	GA2 2x25 Min. Pause 5 Min.
Samstag	GA1 30 Min.		GA1 30 Min.	GA1 60 Min.
Sonntag		GA1 75–90 Min.		

Auch das **Beispiel 2** bestätigt die eben getroffenen Aussagen. Vom Ausgangstest über den Trainingsplan bis hin zum Endtest gelten die gleichen Gedankengänge.

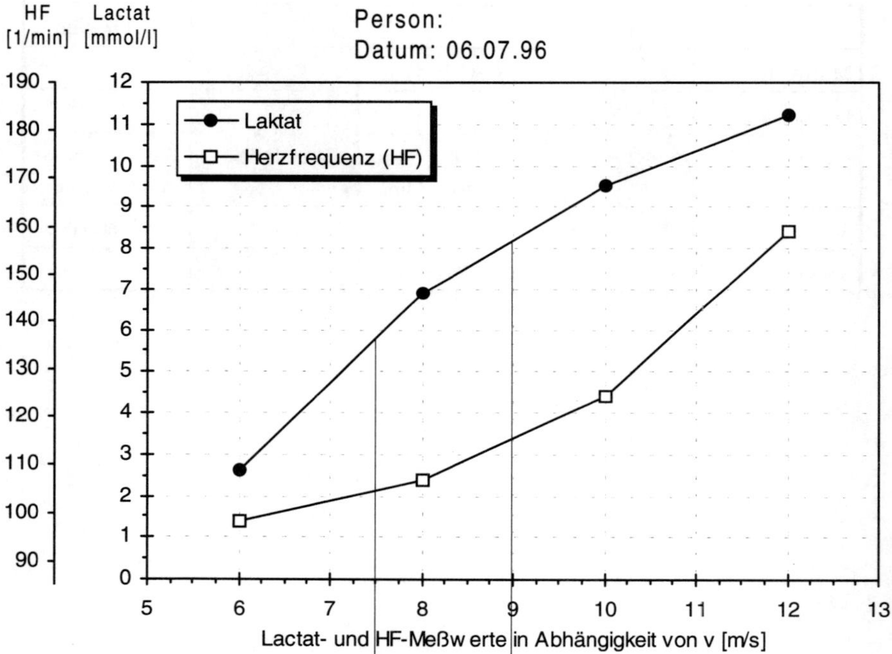

	GA1 Walking/Lauf	GA2 Lauf
km/h	5-6	7,5–9
HF	< 120	140–160

	1.–4. Woche	*5. Woche „Ruhewoche"*	*6.–8. Woche*	*9. Woche „Ruhewoche"*	*10.–12. Woche*
Mo	Lauf 30 Min. 6–7 km/h HF < 120	Lauf 30 Min. 6–7 km/h HF < 120	Lauf 45 Min. 6–7 km/h HF < 120	Lauf 30 Min. 6–7 km/h HF < 120	Lauf 50 Min. 6–7 km/h HF < 120
Di					
Mi	Walking 45 Min. 5–6 km/h HF < 120	Walking 30 Min. 5–6 km/h HF < 120	Walking 45 Min. 5–6 km/h HF < 120	Walking 30 Min. 5–6 km/h HF < 120	Walking 45 Min. 6 km/h HF < 120
Do					
Fr	Lauf 6x3 Min. 7,5–9 km/h HF 140–160	Walking 30 Min. 5–6 km/h HF < 120	Lauf 5x4 Min. 7,5–9 km/h HF 140–160	Walking 30 Min. 5–6 km/h HF < 120	Lauf 4x5 Min. 7,5–9 km/h HF 140–160
Sa					
So	Walking 45 Min., Rad, Schwimmen, Wanderungen				

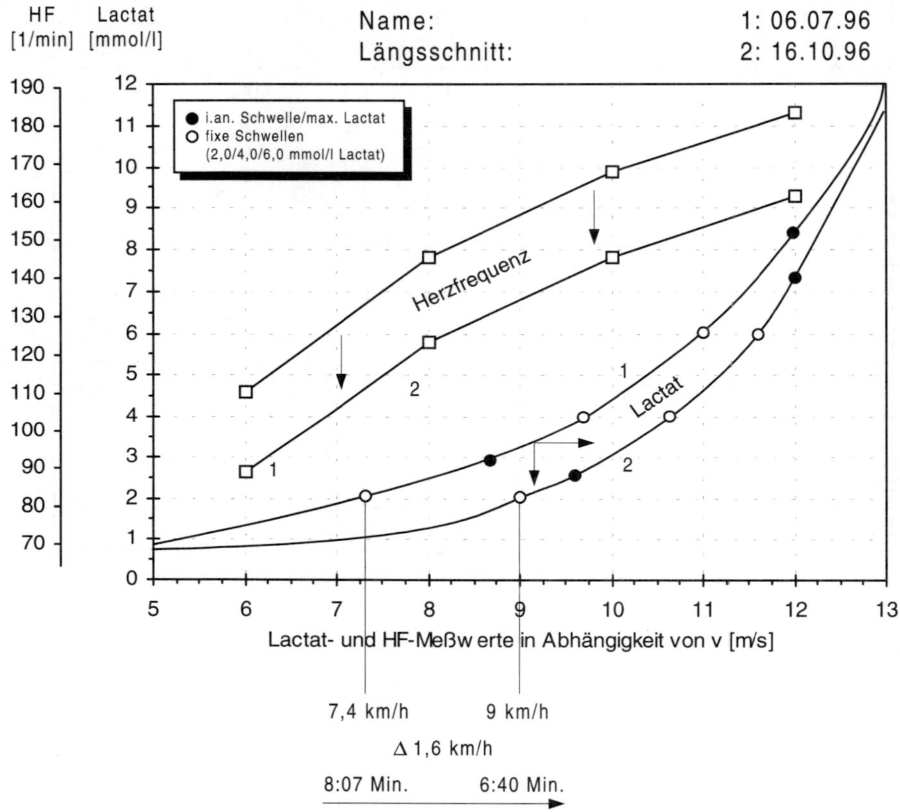

Unter Belastungsbedingungen sind ebenfalls klare Ökonomisierungsanzeichen zu erkennen. Auch in der Nachbelastungsphase (1., 3., 5. Min.) bestätigt sich das deutlich verbesserte Herz-Kreislauf-Verhalten (siehe Tabelle Belastung/Erholung – Ausgangs-/Endtest) nach 12 Wochen. Beim Stoffwechsel (Laktatausschüttung) ist dieses Ergebnis vorerst nur unter Belastungsbedingungen erzielt worden. Dies ist aber nicht außergewöhnlich, da die Anpassungen der unterschiedlichen Regulationsebenen des Organismus zeitlich differenziert erfolgen. Oftmals reichen 12–15 Wochen nicht aus, um eine relativ stabile Anpassung zu bewirken. Wenn das Ergebnis also nicht so klar ist wie bei unseren beiden Beispielen, dann müssen Testauswertung und Trainingsplanung nochmals „unter die Lupe" genommen werden bzw. der Körper benötigt einfach mehr Zeit zum Umsetzen des Trainings.

Messung	t [min]	v [km/h]	P [Watt]	HF [1/min]	Lactat [mmol/l]
1	–	6,00	–	111,0	1,40
2	–	8,00	–	147,0	2,40
3	–	10,00	–	170,0	4,40
4	–	12,00	–	185,0	8,40

Ausgangstest 06.07.96

Messung	Erholung [min]	Lactat [mmol/l]	HF [1/min]	RR [mmHg]
1	1 min	0,00	172,00	0/0
2	3 min	9,50	128,00	0/0
3	5 min	9,70	121,00	0/0
4	0 min	0,00	0,00	0/0
Ruhewerte:	0 min	0,00	0,00	0/0

Messung	t [min]	v [km/h]	P [Watt]	HF [1/min]	Lactat [mmol/l]
1	–	6,00	–	89,0	1,00
2	–	8,00	–	124,0	1,60
3	–	10,00	–	147,0	2,70
4	–	12,00	–	163,0	7,30

Endtest 16.10.96

Messung	Erholung [min]	Lactat [mmol/l]	HF [1/min]	RR [mmHg]
1	1 min	0,00	105,0	0/0
2	3 min	9,50	93,0	0/0
3	5 min	9,90	93,0	0/0
4	0 min	0,00	0,0	0/0
Ruhewerte:	0 min	0,00	0,00	0/0

Gehen – Walking

Zunehmend setzt sich der gesundheitsbewußte Sport durch. Sportarten mit möglichst geringem Verletzungsrisiko, guter Gesundheitswirkung und wenig Aufwand zu betreiben, das ist das Ziel von vielen Sporteinsteigern. Eine ausgezeichnete Möglichkeit stellt das schnelle Gehen, auch neudeutsch Walking genannt, dar. Umfangreiche Studien aus den USA bestätigen, daß Walking das Herz-Kreislauf-System, die Atmung, das Muskelsystem und den Bandapparat stärkt, die Durchblutung fördert, die Cholesterinwerte und den Blutdruck senkt, Linderung bei Krampfaderbeschwerden verschafft und eine gehörige Portion an Selbstvertrauen durch ein neues Körpergefühl vermittelt. Walking ist eine Ganzkörpersportart, bei der die Gelenke (da fehlende Flugphase) schonend beansprucht werden. Dies ist ein echter Vorteil gegenüber anderen Sportarten. Walking ist deshalb auch für Leute mit Gewichtsproblemen sehr gut geeignet. Aber auch Wiedereinsteiger finden über das Walking eine effektive Möglichkeit, zu einer regelmäßigen sportlichen Betätigung zu gelangen.

Was ist Walking?
Die Sportart Walking stammt aus den USA. Diese „Entdeckung“ ist uns jedoch schon aus der deutschen Wanderbewegung bekannt. Bezeichnet wird damit ein langsames bis zügiges Gehen (nicht zu verwechseln mit der Wettkampfsportart Gehen) anfangs auf flachen Strecken, später im profilierten Gelände bzw. bergan mit und ohne Handgewichten. Walking ist die ideale Einstiegs-/Wiedereinstiegssportart, die gute Voraussetzungen für andere Disziplinen wie Joggen oder Skilanglauf schafft.

Wann sollte mit Walking begonnen werden?
Für einen Start ins „Walkingzeitalter“ ist es nie zu spät. Zu prüfen sind jedoch die Ausgangsbedingungen; der Gesundheitszustand. Deshalb ist der Weg zum Fachmann (Sportmediziner/Trainingsmethodiker) zu wählen. Eine gründliche ärztliche Untersuchung, die Bestimmung des Fitneßzustandes und die daraus resultierenden Trainingsempfehlungen sind der Garant für den baldigen Erfolg. Das alles funktioniert natürlich nur, wenn ich will!

Wo sollte gewalkt werden?

Um ein rhythmisches und gleichmäßiges Walking zu gewährleisten, sind Straßen und Wege mit festem Untergrund zu bevorzugen. Wenn die technischen und konditionellen Fähigkeiten besser ausgeprägt sind, dann kann differenziertes Gelände als zusätzlicher Trainingsreiz genutzt werden. Doch anfangs sind die „Querfeldeinstrecken" aufgrund der Verletzungsgefahr und wegen der unklaren Belastungszuordnung zu meiden.

Wie sollte gewalkt werden?

Eine gerade und aufrechte Haltung ist beim Walking wichtig. Somit befindet sich die Wirbelsäule in einer günstigen Position. Der Kopf sitzt locker, und die Schultern sind nicht hochgezogen. Die Arme können entspannt die Gehbewegung mitschwingen. Arme und Beine werden diagonal (kein Paßgang) bewegt. Das Ausschreiten des Schwungbeines sollte aktiv und gerade nach vorne sein. Der Fußaufsatz erfolgt über die Ferse, den Mittelfuß bis hin zum Ballen als „runde" Abrollbewegung. Ein gut gedämpfter Joggingschuh mit breiter Sohle oder ein Spezial-Walking-Schuh unterstützen die saubere Gehbewegung und vermeidet somit bestimmte Verletzungen.

Walking – wie oft, wie lange, wie schnell?

Walking soll in erster Linie Spaß machen. Somit sollten Gespräche beim Walken keine Atemnot provozieren. Das Tempo ist also so langsam, daß ca. 3 bis 4 Schritte ein- und 3 bis 4 Schritte ausgeatmet werden kann.

Programmbeispiel:

Anfänger:	2–3 x pro Woche	3 x 6 Minuten/2 Minuten Pause
nach 6–8 Wochen	2–3 x pro Woche	2 x 15–20 Minuten/2 Minuten Pause
nach 12 Wochen	2–3 x pro Woche	30–45 Minuten/ohne Pause

Kleine Lauffibel – Rund um das Laufen

Gesundheitsrisiko Zivilisation?

In unserem hektischen Zeitgeschehen bleibt immer weniger Zeit für die eigene Gesundheit und das körperliche Wohlbefinden. Dabei ist längst erwiesen, daß zwischen körperlichem und geistigem Wohlbefinden enge Wechselbeziehungen bestehen.

„Wer rastet, der rostet" – weiß der Volksmund zu berichten. In der Medizin drückt man dies wissenschaftlicher aus: Die Funktion erhält die Struktur. Besinnen wir uns einmal kurz unserer Entwicklungsgeschichte. Seit etwa 3 Mill. Jahren entwickelt sich der Mensch in einer Balance von Biosystemen und Umwelt. Erst in den letzten 100 Jahren, mit einem evolutionsbiologisch betrachtet abrupten Einzug der Technik in den Alltag, pervertiert der Lebensstil.

Bewegungsmangel zusammen mit Fehlernährung sowie Streß und individuellen Risikofaktoren entwickeln sich zu Fehlbeanspruchungen, die die Balance von Umwelt und Biosystem Mensch zerstören. Das Alltagsbewegungsvolumen beträgt heute nur noch etwa 1 % im Vergleich zu dem vor 100 Jahren! Heute sind die meisten von uns täglich an den Stuhl gebunden. Nicht umsonst spricht man jetzt schon von einer neuen Menschenspezies: dem Homo sedens (sitzender Mensch). Für diese Art Lebensstil sind wir aber nicht geschaffen. Die Folge sind u. a. die sogenannten „Zivilisationskrankheiten" wie Herz-Kreislauf-Erkrankungen (Herzinfarkt, Schlaganfall, Bluthochdruck, ...), Stoffwechselerkrankungen (Diabetes mellitus, Fettstoffwechselstörungen ...) als auch vielfältige orthopädische Probleme wie z. B. der Rückenschmerz. Dieses verminderte oder auch einseitige berufliche Anforderungsprofil sollten wir eigentlich durch eine entsprechende Freizeitgestaltung kompensieren. Es ist bekannt, daß durch gezieltes Rückentraining Rückenschmerzen in vielen Fällen der Vergangenheit angehören können, daß das Ausdauertraining wie Wandern, Radfahren, Laufen das Herz und den Kreislauf stärkt und gleichzeitig wichtig bei vielen Stoffwechselerkrankungen und Befindlichkeitsstörungen ist. Bewegung und Sport kann damit ganz gezielt als Prävention und sogar als Therapie eingesetzt werden. Allerdings wird diese Art von Therapie nicht mehr von den Krankenkassen getragen, wobei die Verantwortung für die eigene Gesundheit auch nicht allein in den Schoß der Krankenversicherung gelegt werden kann. Vorbeugen ist immer noch besser als heilen, wenn die Erkrankung erst einmal vorhanden ist, dann ist dies mit viel Leid, Ärger, Ausfallzeiten und erheblichen Kosten verbunden. Wie meinte schon der Autor Eugen Roth:

„Damit es nicht erst kommt zum Knaxe,
erfand der Arzt die Prophylaxe.
Doch lieber beugt der Mensch, der Tor,
sich vor der Krankheit als ihr vor."

Im Spannungsfeld zwischen immer komplexeren geistigen Anforderungen und zu bewältigenden Konflikten werden auch die psychosozialen Erkrankungen zunehmen, die von Wissenschaftlern schlechthin als die Erkrankung des nächsten Jahrhunderts angesehen werden. Dieser Entwicklung können wir nur selber, jeder für sich, Einhalt gebieten. Wir müssen lernen, daß unsere Gesundheit und damit im Zusammenhang unser Wohlbefinden das eigentlich höchste persönliche Gut ist. Verantwortlich dafür ist primär jeder selbst. Die Gesellschaft kann dafür nur möglichst optimale Rahmenbedingungen schaffen und aufgrund der erheblichen finanziellen Belastungen im Gesundheitswesen nur den Teil Krankheit abdecken. Alles andere wird wohl für immer der Eigenverantwortung überlassen bleiben. Eine verbesserte Lebensqualität läßt sich schwer in den zeitlichen und finanziellen Mehraufwand umrechnen. Ich denke aber, daß sich dafür der jeweils persönliche Einsatz mehr als bezahlt macht.

Nie sitzen, wenn man stehen kann

Ein Muskelprotz sein wie Arnold Schwarzenegger? Schlank sein wie Claudia Schiffer? Sportliche Höchstleistungen erbringen wie Marathonläufer? Nein danke. Für viele ist dies nicht realistisch, allerdings auch nicht notwendig. Andererseits möchte sicherlich keiner am Herzinfarkt oder Schlaganfall erkranken.

Was ist denn nun wirklich gesund und für jeden auch machbar? Das Zauberwort heißt ganz einfach Bewegung. Mittlerweile ist anerkannt, daß Bewegungsmangel ein eigenständiger Risikofaktor für die Entstehung von Herz-Kreislauf-Erkrankungen ist. Viele der heutigen Zivilisationskrankheiten, wie Diabetes, Übergewicht, Bluthochdruck, Fettstoffwechselstörungen, Schlaganfall, degenerative Gelenk- und Knochenbeschwerden etc., sind ein Tribut an die inaktive Lebensweise.

Es gilt eben, eingefahrene, bequeme und liebgewonnene Lebensgewohnheiten zu ändern. Der erste Schritt könnte heißen: Jede Treppe (dafür keinen Fahrstuhl), jeden noch so kleinen Arbeitsweg (dafür das Auto weiter wegstellen oder einfach eine Haltestelle eher aussteigen), Spaziergänge, tägliche Gymnastik, aktive Wochenenden etc. als Herausforderung sehen. Wichtig ist, drei Grundregeln zu beachten:

1. Nie still stehen, wenn man sich bewegen kann.
2. Nie sitzen, wenn man stehen kann.
3. Nie liegen, wenn man sitzen kann.

Wer sich mehr und intensiver bewegen möchte, kann dies mit der Familie oder mit Freunden tun (Radeln, Wandern, Schwimmen, Tanzen etc.) oder auch in einer Sportgruppe. Hier sollte zuerst der Arzt konsultiert werden, ob evtl. Einschränkungen vorliegen. Dabei müssen Vorerkrankungen, der aktuelle Gesundheits- und Fitneßzustand und auch der persönliche Wunsch berücksichtigt werden. Generell kann für jeden sein Gesundheitsprogramm zusammengestellt werden. Das Optimalprogramm sieht 3 Stunden körperliche Betätigung in der Woche vor und führt bei richtiger Dosierung zu einer Verbesserung der Leistungsfähigkeit.

Es ist nie zu spät!

- Auch im fortgeschrittenen Alter gibt es keinen Grund, nicht mit dem Laufen zu beginnen – vorausgesetzt, Sie sind gesund. Konsultieren Sie also vorher einen Sportarzt. Nach wenigen Wochen gezieltem Training wird Ihr Wohlbefinden deutlich verbessert sein.

- Wie starten? Günstig ist es, einen Lauftreff aufzusuchen. Dort erhält man die entsprechenden Informationen zum Joggen.
- Wichtig ist, daß Sie mit zweimal Lauftraining in der Woche beginnen. Damit wird im Körper ein „Erinnerungsreiz" gesetzt, der bei einer längeren Regelmäßigkeit zu wirksamen Anpassungen führt.
- A und O bei den „Laufneulingen" ist ein ruhiges Lauftempo. Ca. 3–4 Schritte einatmen und 3–4 Schritte ausatmen stehen für ein lockeres (aerobes) Tempo. Der Puls sollte nicht höher als 150 Schläge/Minute beim Laufen sein. Eventuell müssen die ersten Trainingswochen mit „Walking" (zügiges Wandern) absolviert werden.
- Parallel zum Joggingstart sollte ein Dehnungs- und Kräftigungsprogramm begonnen werden. Einerseits werden muskuläre Ungleichgewichte vermieden, und andererseits wird die körperliche Geschmeidigkeit verbessert. Beides beugt Verletzungen vor.
- Wer für mehr „Farbe im Training" ist, der kann auch das Laufen mit Radfahren, Schwimmen, Rudern und anderen Ausdauersportarten kombinieren. Aufpassen: In der Ruhe liegt die Kraft!
- Wer eher ein „Spielertyp" ist, dem ist eine gründliche Erwärmung vor dem Badminton, Tischtennis, Tennis oder Fußballmatch zu empfehlen. Außerdem besteht durch die Spieleuphorie die Gefahr des schnellen Übersäuerns der Muskulatur. Unkonzentriertheit und Verletzungen sind die Folge. Auch hier sollten nicht alle „Register" gleichzeitig gezogen werden.

Die Laufprüfung

Nicht selten klopft das Herz stärker, wenn ein Laufanfänger erstmalig zum Lauftreff kommt. Da trifft sich eine alteingeschworene Gemeinschaft und frönt dem Laufkult. Die bekannten Laufschuhmarken und vielfältige Joggingtextilien blinken professionell entgegen. Der Atem stockt fast, wenn die „Ritter der Landstraße“ dem Neuen einen Blick zuwerfen. „Heute GA1 lang, Matting ist dran. Die 5:30er zu mir“, tönt eine Stimme am Startpunkt. Oh Gott, das klingt alles so fremd, und kann ich da überhaupt mithalten! Wieso habe ich auf meinen Freund gehört, der da meinte: „Du solltest mal wieder etwas für Deine Kondition und Form tun. Junge, der Wohlstand schaut Dir ja schon aus den Augen. Geh doch mal Montag 18.00 Uhr zum Siemens-Parkplatz am Westbad.“ Und nun stehe ich hier wie vor einer Prüfung, habe weiche Knie und bereue meinen Aktivitätsblitz. Lauftreff – es gibt ja viel angenehmere Dinge, seine Freizeit zu gestalten. Aber ich will ja abnehmen, und meine Lunge pfeift ja auch zu stark, wenn ich nur eine Treppe sehe …

Manchem neuen Gesicht beim Lauftreff sieht man solche oder ähnliche Gedanken an. Aber keine Angst! Die wenigen Insiderbegriffe hat jeder schnell drauf. Und keiner wird examiniert! Wir freuen uns über jeden, der sich selbst überwunden hat und sagt: Ich will etwas ändern! Diese Aussage ist die Grundvoraussetzung für den Erfolg des Unterfangens. Für die inhaltlichen Dinge stehen erfahrene Lauftreffleiter zur Verfügung, die mit viel Feingefühl die „Neuen“ einweisen. Die gestandenen Lauftreffteilnehmer sind auch gern bereit, diesen oder jenen Tip zu geben. Fragen muß man schon selbst, wenn etwas unklar ist. Vieles kann gerade für Laufeinsteiger während des Dauerlaufes geklärt werden, denn „in der Ruhe liegt die Kraft“, also langsam laufen! Laufen heißt also *nicht*, mit hochrotem Kopf, schweren Schrittes und Luftnot durch die Welt zu stürzen. Laufen ohne zu schnaufen, das Gespräch beim Joggen suchen, neue Leute kennenlernen und die Natur genießen, das ist der einzig richtige Weg, um sinnvoll eine neue Lebenserfahrung zu machen.

Verschnaufen

Die Pause, das Austrudeln, Ausruhen, Innehalten und Kraftschöpfen gehört ebenso zum Training wie die „schweren" Einheiten selbst. Auch die Pause muß konsequent geplant werden – es wäre sonst zu einfach, wenn immer nur die gewinnen, die am härtesten trainieren. So ist es zum Glück nicht. Meist kommen diejenigen voran, die am cleversten ihr Training gestalten. Und dazu gehört auf jeden Fall, im richtigen Moment die „Handbremse" zu ziehen. Andererseits bleiben sonst die Unzufriedenheit über die gelaufene Zeit, den Rennverlauf, das Laufgefühl und vieles mehr zurück. Wenn sich solche Mißerfolge häufen, meint manch einer, die falsche Sportart gewählt zu haben. Dabei hätte vielleicht – statt noch härter zu trainieren – eine klug eingesetzte Pause mehr gebracht.

Der Körper braucht eine gewisse Zeit, um auf sportliche Reize positiv zu reagieren. So ist es z. B. rein biologisch gesehen kein Problem, sich innerhalb weniger Wochen erstmalig auf einen Marathon vorzubereiten. Das Herz-Kreislauf-System, das Energiebereitstellungssystem und selbst die Struktur der Muskeln können in wenigen Wochen auf eine solche Ausdauerleistung vorbereitet werden. Das eigentliche Problem liegt in der deutlich längeren Anpassungszeit des Binde- und Stützgewebes. Ca. 2 bis 3 Jahre sind nötig, um für ein Marathontraining wirklich fit zu sein. Wer zu früh die Dauerbelastung steigert und dazu noch zu intensiv läuft, der wird früher oder später Knie-, Hüft- oder Fußprobleme haben. Das muß nicht sein. Ein ruhiger, langfristiger Trainingsaufbau mit gezielt gesetzten Pausen im Sinne der aktiven Entlastung, Wiederherstellung bzw. Umsetzung des vorherigen Trainings ist zwar der längere, aber solidere Weg. Also, in der Ruhe liegt die Kraft – macht öfters mal eine Pause!

Das verdammte Langsamlaufen

Es wäre viel zu einfach im Ausdauersport, wenn immer nur die gewinnen würden, die das „härteste" Training absolvieren. Zum Glück ist es nun einmal nicht so. Damit bleibt es auch im Marathonlauf weiterhin spannend. Aber was steckt hinter dem langsamen Training? Für den Ausdauersportler stellt das Grundlagenausdauerniveau das „Brot" der Leistung dar. Ein Marathonlauf z. B. wird überwiegend mit einem gut funktionierenden Fettstoffwechsel energetisch abgesichert. Dieser Stoffwechsel ist träge und wird nur beim Langsamlaufen als Hauptenergielieferant genutzt. Sobald ich also über ein höheres Lauftempo mehr Energie pro Zeit benötige, ist der Körper gezwungen, zunehmend Kohlenhydrate (schnellere Energiequellen) aus der Leber, dem Herzmuskel und der Arbeitsmuskulatur abzubauen. Wenn ich also den Fettstoffwechsel trainieren will, dann muß ich gezielt lang und locker laufen. Bei den meisten Sportlern liegt der Herzfrequenzbereich zwischen 120 bis 150 Schlägen pro Minute im Dauerlauf. Ein guter „Nebeneffekt" zeigt sich in einer echten Gewichtsreduzierung, da beim Joggen im niedrigen Tempo tatsächlich die Fettpolster schwinden. Also, wer bisher glaubte, er hat nur dann gut trainiert, wenn er nach dem Laufen ausgepowert war, der muß sein Training überdenken. Ca. 70–80 % des Gesamttrainingsumfanges sollten im lockeren (aeroben) Bereich stattfinden. Zudem macht es auch viel mehr Spaß, beim Laufen die Natur bewußt zu genießen. Wer mit dem Herzfrequenzzählen nicht klarkommt, der kann auch die Atemzüge beachten. Jeweils vier Schritte ein- bzw. ausatmen sind ein gutes Maß, um ökonomisch zu joggen. Die Grundlagenausdauer stellt das Fundament für die sportliche Leistung dar. Wer hier permanent zu schnell läuft, der baut sein Haus auf Sand! Wer in dieser Beziehung aber fit ist, der schafft Voraussetzungen für eine höhere Leistung im Wettkampf und ist außerdem schneller wiederhergestellt. Dabei ist das langsame Laufen ebenfalls zu pflegen, denn wer gezielt trainiert, kann auch bei höherem Tempo Fette verbrennen und nur damit seine Laufleistung verbessern.

Erlebnis Laufen

Wenn das Laufen einschließlich der Wettkämpfe zum Erlebnis werden soll, dann müssen bereits im Vorfeld dazu die Weichen gestellt werden. Nichts ist gefährlicher, als die zu erbringende Leistung zu unterschätzen und vielleicht mittels einer unrealistischen Wette beispielsweise einen Marathon zu „erquälen“. Die Haupteinlaufzeit bei Citymarathonläufen liegt bei 3:30–4:30 Stunden. Mehrere Stunden Bewegung werden also vom Körper abverlangt. Doch wer kennt die Dunkelziffer der „geplatzten Marathonträume“? Sicherlich machen mitunter das Wetter oder kurzfristige Erkältungen so manchem Laufvorhaben einen Strich durch die Rechnung. Doch in 90 % aller Fälle ist ein unzureichendes Training die Ursache für das unzufriedenstellende Abschneiden beim Wettkampf. Oft wird auch die Zielstellung zu hoch veranschlagt, so daß man sich an den Durchgangszeiten „aufreibt“. Es gibt auch (nicht wenige!) Fälle, bei denen die Vorbereitung paßte, doch die Starteuphorie ein viel zu hohes Anfangstempo erzeugte. Wochenlanges, gezieltes Training ist dahin, nur weil die Nerven nicht im Zaum gehalten werden konnten. Es gibt viel falsch zu machen! Es genügt nicht, „nur mal so“ an einem Laufwettkampf teilzunehmen und „irgendwie“ zu trainieren. Dazu ist die kostbare Zeit zu schade bzw. die Gesundheit zu wichtig! Der menschliche Organismus muß über eine längere Zeit (nicht selten 2–3 Jahre) in eine Ausdauerbelastung hineinwachsen. Laufen heißt auch, sich im Einklang mit der Natur zu befinden und dies nicht nur im Sinne des Bewegens in ihr, sondern auch aus der Sicht heraus, die Signale des eigenen Körpers sensibel zu beachten. Dann wird Laufen einschließlich der Laufwettkämpfe zum Erlebnis.

Quereinsteiger

Quereinsteiger sind sportbegeisterte Leute, die zwischen den Sportarten wechseln.

Im Breitensport gibt es eine Vielzahl von Leuten, die zwischen den Sportarten pendeln. Ihr Motiv ist in der Regel, der Eintönigkeit einer Sportart zu entgehen. Auch Witterungsbedingungen spielen eine wichtige Rolle. Im Winter stehen Fitneßzentrum, Badminton und Squash im Mittelpunkt, und im Sommer wird Radeln, Joggen, Schwimmen, Inlineskating u. v. m. betrieben. Der Trend, universell Sport zu treiben, ist weiter stark im Kommen.

Nun gibt es beim Wechseln der Disziplinen aus trainingsmethodischer Sicht ein großes Problem. Die Bewegungsabläufe sind mitunter sehr konträr. Wenn ich z. B. vom Joggen oder Radfahren zum Badminton wechsle, dann habe ich zwar eine gute Ausdauergrundlage, aber die Muskulatur des Oberkörpers kann möglicherweise den anderen Anforderungen (Verwringung beim Schlag ...) nicht gerecht werden. Oft treten Probleme im Rükkenbereich auf, die auf eine ungenügend ausgebildete Rumpfmuskulatur zurückzuführen sind. Andererseits kann es passieren, daß ich trotz vielfältiger Wintertrainingseinheiten im Frühjahr nicht die Kondition besitze, die ich zum Dauerlauf brauche. Die Ursache liegt in der Art des Trainings. Zumeist ist das Wintertraining von Belastungen bestimmt, die eher einen intensiveren Charakter tragen. Die klassischen Ausdauerdisziplinen benötigen aber eine gute aerobe (Muskelarbeit mit geringer Sauerstoffschuld) Grundlage. Diese kann im Winter u. a. mit Skilanglauf oder Skiwandern gelegt werden.

Die Quintessenz der genannten Beispiele ist, daß sowohl beim Wechsel in eine andere Sportart als auch beim Pendeln zwischen den Disziplinen die jeweiligen körperlichen und geistigen Anforderungen bekannt sein müssen, damit seitens des Trainings eine „saubere Linie" gefahren werden kann. Es wäre schade, wenn ein gut gemeintes Vorhaben an vermeidbaren Verletzungen scheitert.

Joggen und immer die Nerven behalten

Wie in allen Dingen des Lebens, so gibt es auch beim Lauftraining ein Wechselbad der Gefühle. An manchen Tagen könnte man die Welt „erlaufen", andere Tage wiederum stellen die reinste Quälerei dar. Weshalb ist das so? Abgesehen von verschiedenen äußeren Einflüssen, spielt die Qualität des Trainings eine große Rolle. Vor allem der Laufanfänger unterliegt, aufgrund der noch sehr frischen körperlichen und geistigen Anpassung an das Laufen, größeren Formschwankungen. Man muß es nur wissen, um nicht aus der Unkenntnis heraus die Laufkarriere wieder zu beenden. So

z. B. ist es eine ganz normale Sache, daß das Körpergewicht in den ersten Lauftrainingswochen nicht sofort eine deutliche Reduzierung aufweist. Der Körper muß sich gewissermaßen erst umstellen. Er muß lernen, Strukturen für eine günstige Fettverbrennung zu aktivieren. Und dies braucht Zeit! Andererseits werden mit Beginn des regelmäßigen Trainings auch neue Muskelfasern entwickelt, die letztendlich wiederum Gewicht einbringen. Somit bewegt sich der Zeiger der Waage in der ersten Phase des Lauftrainings nicht nach unten. In einigen Fällen war sogar eine Gewichtszunahme zu verzeichnen. Aber einige Körperproportionen verändern sich: Das Körpergewicht steigt (z. B. „Ich fühle, daß meine Muskeln fester werden"), und die Freude am Training kommt zusehends. Deshalb ist es eben so wichtig, ein regelmäßiges (mindestens zweimal pro Woche), lockeres und ausdauerndes Training zu absolvieren. Lieber länger und langsamer laufen! Wer etwa zwei bis drei Wochen Training geschafft hat, der verspürt erste Anzeichen von „Lauflust", d. h. er hat sich an eine gewisse Regelmäßigkeit gewöhnt, und bestimmte Umgangsformen im Lauftreff sind einem geläufig geworden. Leider geht das nicht so weiter. In der Regel stellt sich nach 6–10 Wochen ein Formtief ein. Der Körper beendet die erste Phase der inneren Umstellung. Man kann es als eine Art Überreaktion bezeichnen. Müdigkeit und Laufunlust sind oft die Folge. In dieser Situation gibt es nur einen Weg: nicht über Sinn oder Unsinn des Laufsportes nachdenken und vor allem die Belastung reduzieren. Wer durch dieses Tal kommt, der hat die erste, aber entscheidende Hürde genommen. Im weiteren Training gibt es immer wieder solche Situationen. Doch wer einmal diese Hürde überwunden hat, der schafft es immer wieder. Anschließend geht es um so besser. Dieses Prinzip trifft auch auf hochtrainierte Sportler zu. Diese sind z. B. in „Ruhewochen" (Wochen mit wenig Umfang und ohne intensive Belastungen) müder und zerschlagener als in Belastungswochen. Das muß so sein! Denn nur wirksame Belastungsreize führen zu einer neuen Anpassung. Und in der „Ruhewoche" hat der Körper Zeit, das Trainierte umzusetzen, es „wachsen" zu lassen. Also, wenn es einmal nicht so rollt im Training, nicht die Nerven verlieren und alles anzweifeln. Schweiß gehört nun einmal zum Erfolg der Arbeit!

Fitneß ist meßbar

Fitneß ist meßbar. Und dies nicht nur in weniger Pfunden, sondern auch im verbesserten Zusammenspiel von Herz, Kreislauf, Atmung, Muskelarbeit und weiteren wichtigen Lebensmechanismen. Zu oft werden das Maßband und die Waage als alleiniger Maßstab angelegt. Leider werden fast ausschließlich Traumfiguren in den Medien als „Spiegel" der Gesellschaft dargestellt. Dabei ist die Gesundheit ein viel komplexeres Gebäude, in dem die körperliche und geistige Fitneß eine „Familie" bilden.

So gibt z. B. ein Stufentest auf dem Laufband oder Radergometer (die Belastung wird in einem bestimmten Zeitintervall gleichmäßig gesteigert) eine klare Ausgangsbestimmung der einzelnen Organsysteme. Von Stufe zu Stufe muß das Herz kräftiger schlagen, um den Blutkreislauf in Schwung zu halten, damit die Muskulatur letztendlich mit Sauerstoff und anderen Stoffen, die zur Muskelarbeit notwendig sind, versorgt wird. Über eine tiefe und kräftige Atmung muß die verbrauchte Luft aus den Lungenflügeln geblasen werden, damit Platz für Frischluft gegeben ist. Und letztlich müssen die Muskeln selbst ökonomisch arbeiten, so daß eine lockere und „flüssige" Bewegung möglich ist.

Nun ist die Anzahl der Stufen, die beim Test bewältigt werden, abhängig vom Fitneßzustand. Unabhängig, wieviel Stufen geschafft werden, am Ende können zwei wesentliche Ableitungen aus dem Test getroffen werden: 1. bekomme ich „grünes Licht" zum Sporttreiben oder sollte noch etwas vom Spezialisten abgeklärt werden und 2. wenn ich belastbar bin, wo liegen dann meine Belastungsbereiche? Vom letzteren gibt es drei Grundbereiche – den lockeren (aeroben), den zunehmend anstrengenden (aerob/anaeroben) und den sauren (anaeroben) Bereich. In erster Linie ist der aerobe Bereich für die sportliche Verbesserung der Lebensqualität wichtig. Konkret heißt dies, daß es besser ist, eine langsame Radwanderung über einen halben Tag anzugehen, als eine halbe Stunde im „sauren Bereich" zu kämpfen. Wer zu hart trainiert, der verliert mit Sicherheit schnell die Lust. Also, in der Ruhe liegt die Kraft! Dann erst macht das Sporteln Spaß und bringt Anpassungen, die zur positiven Veränderung des gesamten Körpers führen. Ein großer Teil der Verbesserung kann schon nach 12 bis 15 Wochen tatsächlich gemessen werden. Und das gibt weiteren Auftrieb, „am Ball" zu bleiben. Fitneß ist meßbar und damit steuerbar im Interesse unserer Gesundheit.

Wie sollte ich mich optimal belasten?

Wie wir zuvor schon gesehen haben, ist für viele als Ausgleich für eine einseitige und eher durch Bewegungsmangel gekennzeichnete alltägliche Tätigkeit ein regelmäßiges Ausgleichstraining mehr als sinnvoll. Anderen geht es um eine gezielte Vorbereitung für ein sportliches Ereignis wie z. B. auf einen Halbmarathon oder sogar Marathon. Was sollte dabei alles beachtet werden?

In erster Linie sollte Bewegung und Training natürlich Spaß machen, da sonst die Gefahr einer nur kurzfristigen Beschäftigung mit diesem Thema besteht. Jedoch sind auch einige wichtige medizinische und sportmethodische Kriterien zu beachten. Vor allem sollte die durchgeführte sportliche Belastung im Einklang mit der medizinischen Belastbarkeit stehen. Die Belastbarkeit kann der Arzt u. a. mit der Ergometrie und dem Belastungs-EKG feststellen. Insbesondere unter Belastung zeigen sich am ehesten Organstörungen, wie z. B. Herz-Kreislauf-Erkrankungen, die unter Ruhebedingungen noch gar nicht ersichtlich sind. Jeder sollte seine eigenen Grenzen kennen und sich nur so weit belasten, daß die individuellen Grenzen der Belastbarkeit nicht überschritten werden. Ansonsten können über einen mehr oder minder langen Zeitraum Funktions- oder Organstörungen drohen.

Des weiteren kommen dann trainingsmethodische Kriterien zur Geltung. Schon die alten Philosophen haben sich mit diesem Thema auseinandergesetzt. So schrieb z. B. der altgriechische Philosoph Plato: „Der sicherste Weg zur Gesundheit ist es, jedem Menschen möglichst genau die erforderliche Dosis an Nahrung und Belastung zu verordnen, nicht zu viel und nicht zu wenig." Man weiß heute, daß für strukturelle Anpassungen genau definierte Belastungsreize gesetzt werden müssen. Diese müssen eine bestimmte Mindestintensität überschreiten, um überhaupt zu Anpassungen zu führen, sollten aber auch eine bestimmte Grenze nicht überschreiten, weil somit langfristig eher Schäden die Folge sein können. Die jeweils individuell optimale Belastungsintensität ist von mehreren Faktoren wie z. B. dem Gesundheits- und Trainingszustand, der betriebenen Sportart, den jeweiligen Zielsetzungen, der Trainingsperiode etc. abhängig. In den Ausdauersportarten bedient man sich dabei u. a. der sogenannten Laktat-Leistungs-Kurve. Der Hintergrund ist folgender: Mit zunehmender Belastungsintensität bzw. Bewegungsgeschwindigkeit (z. B. Lauftempo) steigt die Herzfrequenz kontinuierlich an, ab einem bestimmten Punkt auch der Laktatspiegel (Milchsäure in der Muskulatur und im Blut). Dies ist dann Hinweis dafür, daß die Muskulatur nicht mehr im „Schongang" arbeiten kann, die herkömmliche sogenannte aerobe Energiegewinnung (mit Sauerstoff) für die Muskulatur ist nicht mehr ausreichend. Der Organismus muß auf eine andere Art der Energielieferung umschalten, den sogenannten anaeroben Weg (unter Sauerstoffschuld). Die Muskulatur wird dabei zunehmend sauerer, weswegen solche Belastungen auch nicht über einen längeren Zeitraum durchgehalten werden können. In der Sportmedizin werden aus diesen und anderen Parametern u. a. die sogenannte aerobe und anaerobe Schwelle bestimmt, die für die weitere individuelle Strukturierung des Trainings wertvolle Empfehlungen ableiten läßt. Zum Beispiel können anhand dieser „Schwellen" individuelle Herzfrequenzvorgaben erarbeitet werden, die die Anwendung der Pulsuhren erst sinnvoll macht. Der Trainierende, der sich im Ausdauerbereich vor allem unter gesundheitlichen Zielstellungen betätigt, sollte wissen, daß insbesondere der aerobe Bereich der optimale Intensitätsbereich ist. Dieser garantiert eine entsprechende Fettverbrennung und ist mit einer niedrigen Streßhormonausschüttung verbunden. Daher fühlt man sich nach solchen Trainingseinheiten auch wirklich entspannt und erholt. Auch der unter Leistungsaspekten trainierende Sportler absolviert in diesem Bereich mindestens zwei Drittel seiner gesamten Trainingszeit. Höhere Belastungsintensitäten stellen einen zunehmenden Streß für den Körper dar, u. a. verbunden mit einem überproportionalen Blutdruckanstieg. Daher sollten diese Belastungen nur wirklich Gesunden vorbehalten sein. Eingebettet in den Trainingsplan sind solche intensiveren Trainingseinheiten aber notwendig, um die eigene Leistungsfähigkeit zielgerichtet weiterzuentwickeln. Wer allerdings ständig zu hart und intensiv trainiert, verliert nicht nur bald die Lust, sondern betreibt mit seinem Körper unter gesundheitlichen und trainingsmethodischen Aspekten eher „Raubbau". Als allgemeine optimale Bewegungsintensität für eine aerobe Belastung kann gelten, daß diese als leicht empfunden werden sollte. Nach Beendigung des Trainings sollte man sich nicht kaputt fühlen, sondern eher die Strecke nochmals zurücklegen können. Während des Laufens gilt ein Atemrhythmus von mindestens 3–4 Schritten für die Ein- bzw. Ausatmung als Richtgröße. Eine sinnvolle Ergänzung kann eine Laktatbestimmung während des Trainings sein, die Aufschluß über ein eventuell zu schnelles Tempo gibt. Das Optimum ist natürlich die aus der modernen Sportmedizin bekannte Leistungsdiagnostik, die komplexe Aussagen zu Gesundheit, Trainingszustand und Trainingsplanung zuläßt.

„Die Laufampel"

anaerober Bereich: sehr intensives Training unter „Sauerstoffschuld" wird bevorzugt beim Intervalltraining angewendet, Training von Mobilisationsfähigkeit und Tempohärte (nur für gesunde Personen geeignet!!!)

aerob-anaerober Übergangsbereich (GA 2-Training): Mischstoffwechsel – Kohlenhydrate und Fette werden zur Energiegewinnung genutzt, Verbesserung der Grundlagenausdauer, oftmals identisch mit Marathon- und Halbmarathontempo

aerober Bereich (GA 1-Training): Fundament der Leistungsentwicklung, Fettstoffwechseltraining, wichtiger Bereich des Gesundheitssports, sollte mindestens zwei Drittel des gesamten Trainingsumfanges betragen

Leistungsdiagnostik

Bei jedem von uns sind Leistungen auf vielfältige Art und Weise überprüft worden, in der Schule, im Arbeitsprozeß, in der Freizeit oder auch beim Sport und Wettkampf. Die Leistung an sich ist dabei das Resultat eines komplexen Vorgangs, der sich aus vielfältigen Einzelkomponenten zusammensetzt wie psychische Fähigkeiten (u. a. Motivation), Talent, Umgebungsbedingungen, den sog. konditionellen Fähigkeiten (Kraft, Ausdauer, Beweglichkeit, Schnelligkeit, Koordination) und natürlich der Gesundheit. Dabei nimmt insbesondere die Gesundheit eine zentrale Stellung ein. Denn die Gesundheit ist die wichtigste Voraussetzung für die Erbringung einer jeden Leistung, ob nun zu Hause, in der Arbeit oder in der Freizeit.

In der Medizin haben sich Verfahren etabliert, bei denen der Mensch nicht nur in Ruhe, sondern unter Belastung untersucht wird. Als Beispiel sei hier nur die Ergometrie erwähnt. Insbesondere unter Belastung zeigen sich am ehesten Organstörungen, wie z. B. im Herz-Kreislauf-System, die unter Ruhebedingungen noch gar nicht ersichtlich sind. Jeder sollte seine eigenen Grenzen kennen und sich nur so weit belasten, daß die individuellen Grenzen der Belastbarkeit nicht überschritten werden. Ansonsten drohen über einen mehr oder minder langen Zeitraum Funktions- oder sogar Organstörungen.

In der Sportmedizin ist man noch einen Schritt weiter gegangen. Das Hauptziel der Leistungsdiagnostik ist auch hier die Beurteilung des Gesundheitszustandes durch eine Belastungsuntersuchung. Durch verschiedene Testgeräte, wie z. B. Fahrradergometer, Laufband, Handkurbelergometer, Ruderergometer oder auch einen Schwimmkanal werden verschiedene Sportarten simuliert. Ein jeder wird sich vorstellen können, daß ein guter Läufer noch lange kein guter Radfahrer sein muß. Beurteilt werden im Endeffekt die erbrachte Leistung und die für die Leistungserbringung wichtigen Funktionssysteme wie das Herz-Kreislauf-System, die Muskulatur und das Atmungssystem. Anhand dieser Daten werden Störungen und Defizite herausgearbeitet. Diese individuellen Parameter und Kurven erlauben dann eine gezielte Trainingsberatung und Trainingsplanung, insbesondere in dem für die Herz-Kreislauf-Prävention wichtigen Bereich des Ausdauertrainings. Hier kann für jeden, ob nun Gesundheits- oder Leistungssportler, ein gesundheitsorientiertes und auf Wunsch auch leistungssteigerndes Trainingsprogramm zusammengestellt werden. Wichtig sind diese Empfehlungen vor allem für Neu- oder Wiedereinsteiger in den Sport, für Personen mit Risikofaktoren und durchgemachten Erkrankungen und natürlich auch für alle, die sich sportlich intensiv belasten.

Für den Gesundheitssportler ist in der Regel eine ergometrische Untersuchung ausreichend. Bei komplexen Sportarten und bei höherem Leistungsniveau werden im Rahmen der komplexen Leistungsdiagnostik weitere Testverfahren hinzugezogen wie z. B. die Untersuchung der Muskelkraft, der Schnelligkeit, der Koordination, der Beweglichkeit und von ganzen Bewegungsabläufen.

Durch all diese Untersuchungen soll für jeden ein Maximum an Gesundheit und Leistung für ein Minimum an Risiko gewährleistet werden.

Hand aufs Herz

Immer wieder geistern Schreckensmeldungen durch die Presse wie „Todesfall beim Marathon" oder „Herzkrank durch Leistungssport?", was im letzteren Fall auf den bekannten Geher Hartwig Gauder anspielt. Aber was ist daran nun wahr, wo liegen die wirklichen Risiken von sportlichen Belastungen für das Herz?

Nüchtern betrachtet muß man feststellen, daß bei jeder Belastung – so auch bei sportlichen Belastungen – u. a. das Herz-Kreislauf-System zeitweise enorm gefordert wird. Liegen dort irgendwelche Schädigungen oder Erkrankungen vor, die vielleicht bisher nicht bekannt waren, können unerwartete Herzprobleme bis hin zum plötzlichen Herztod auftreten. In Studien zeigte sich, daß das Risiko des plötzlichen Herztodes bei einer maximalen Belastung ansteigt, bei einem schlechten Trainingszustand 56fach, dagegen bei einem besseren Trainingszustand nur 5fach.

Die Ursachen für den plötzlichen Herztod liegen im jüngeren Lebensalter vor allem in angeborenen Herzerkrankungen, Herzmuskelschädigungen (Kardiomyopathien), koronaren Herzerkrankungen (Verengung der Herzkranzgefäße) und in infektiösen Herzmuskelschädigungen (Myokarditis). Mit steigendem Alter liegt den Herzzwischenfällen zunehmend eine koronare Herzerkrankung zugrunde. Gefährdet sind damit am ehesten die älteren Sportler, die sich hohen und intensiven Trainingsbelastungen bis hin zum Wettkampfgeschehen aussetzen, aber auch diejenigen, die den Wiedereinstieg in das Training nach längeren Pausen suchen als auch Personen mit Risikofaktoren und Begleiterkrankungen.

Nun braucht einem nicht gleich Bange um sein eigenes Herz zu werden. Denn bevor wirklich etwas passiert, treten zumeist Vorzeichen oder auch Vorerkrankungen auf, die jeder kennen sollte. Also „Hand aufs Herz", und sich auch selber einmal intensiver beobachten. Wenn im „Inneren" etwas nicht stimmt – und das ist bei jedem von uns schon einmal vorgekommen –, kann es zu folgenden Erscheinungen kommen: Atemnot (man kommt schnell aus der Puste), Schwindel, evtl. auch kurzzeitige Ohnmachtsanfälle, unbekannte und unerklärliche Leistungseinbuße, hohe Ruhe- und Belastungsherzfrequenzwerte, Herzbeschwerden vom Herzschmerz bis hin zu Herzrhythmusstörungen. Des weiteren können Müdigkeit, erhöhte Temperaturen (also ruhig auch mal die Temperatur messen), allgemeine Schwäche, vermehrtes Schwitzen auftreten. Bei diesen Symptomen sollte unbedingt mit dem Training pausiert und eine ärztliche Abklärung gesucht werden. Ansonsten kann es eben wirklich passieren, daß infolge eines angegriffenen Herzens durch sportliche Belastungen größere Schäden ausgelöst werden. Das heißt, nicht der Sport ist die Ursache, sondern die bisher unerkannte oder auch ignorierte Grunderkrankung. Von Sportmedizinern wird ohnehin empfohlen, daß alle intensiv sporttreibenden Personen sich vor Aufnahme des Trainings einer sportmedizinischen Belastungsuntersuchung unterziehen sollten. Bei Kadersportlern ist dies sowieso Pflicht, aber auch im Freizeitsportbereich werden hohe und intensive Trainingsbelastungen umgesetzt. Auch der sogenannte banale Infekt kann Schäden setzen. Wird z. B. trotz erhöhter Temperatur die Trainingsbelastung weiter fortgesetzt oder ein Infekt nicht richtig ausgeheilt, kann in der Folge der Herzmuskel in Form einer Myokarditis angegriffen werden. Die Verursacher können dabei Viren oder Bakterien sein. Das heißt im Klartext: Wer Fieber hat, gehört ins Bett. Auch nach einem banalen Infekt dauern die Stoffwechselveränderungen mehrere Tage über die Entfieberung hinaus. Nach ca. 3–4 Wochen ist erst der Ausgangszustand wieder erreicht! Als Richtlinie kann folgendes gelten: Ab dem 3.–5. Tag nach Entfieberung leichte, moderate körperliche Belastung im regenerativen Bereich, ca. 1 ½ Wochen nach dem Infekt langsame Steigerung der Belastung.

Bei dem eingangs erwähnten Fall von Hartwig Gauder handelt es sich also nicht um eine Herzschädigung durch den Leistungssport, sondern um eine bakterielle Infektion, die er sich mit hoher Wahrscheinlichkeit während eines Praktikums auf einer Geflügelfarm zugezogen hat. Diese lange unerkannte Erkrankung führte in der Folge zu einer starken Einschränkung der Leistungsfähigkeit des Herzens, so daß letztendlich eine Herztransplantation notwendig wurde. Man kann im Gegenteil behaupten, daß Hartwig Gauder ohne sein langjährig trainiertes Herz diese Erkrankung wohl nicht so lange kompensiert hätte.

Abschließend und ermunternd für alle möchte ich zwei Studien aus dem Jahre 1989 und 1992 erwähnen, die eindeutig belegen, daß ein guter Fitneßzustand und dabei insbesondere Ausdauertraining die Todesrate von Herz-Kreislauf-Erkrankungen im Vergleich zu einer untrainierten Gruppe deutlich reduziert. Aber es ist wie so immer mit allen Dingen des Lebens – alles in vernünftigen Maßen. Und Hand aufs Herz, wem nützt schon ein kaputtes Herz durch überzogenen Ehrgeiz?

Infekt

Jeder kennt die Symptome – man fühlt sich unwohl, ist nicht mehr leistungsfähig, bei geringsten Belastungen rast das Herz, der Kopf tut weh, die Temperatur steigt. Und jedesmal kommen diese Infekte ungelegen. Im Sport stellt die Infektanfälligkeit nach den Verletzungen und Überlastungsschäden am Halte- und Bewegungsapparat die häufigste Ursache für Trainingsbeeinträchtigungen dar. Vor allem infektgefährdet sind dabei die Luftwege, die Harnwege und die Haut. Gefürchtet werden weiterhin insbesondere Herzmuskelentzündungen bei Aufrechterhaltung der körperlichen Belastung. Und dies betrifft nicht nur den Sportler, sondern jeden von uns. D. h. im Klartext: Bei Infekten mit Fieber ist absolute Ruhe angesagt, am besten Bettruhe.

Was kann und sollte man nun bei sog. „banalen" Infekten tun? Im Anfangsstadium kann man sicher auf „Großmutters Rezeptküche" zurückgreifen: Schwitzbäder, Dampfbäder, heiße Getränke, warm eingepackt ins Bett legen und über Nacht möglichst viel schwitzen. Hilft dies alles nichts, ist es sicherlich sinnvoll, seinen Hausarzt zu konsultieren.

Was die wenigsten wissen, ist, daß auch ein sog. „banaler" Infekt mit der Entfieberung nicht auskuriert ist. Auch nach einem banalen Infekt dauert die Phase der Stoffwechselveränderungen mehrere Tage über die Entfieberung hinaus. Nach ca. 3–4 Wochen ist erst der Ausgangswert wieder erreicht. Wenn nun durch zu frühe Steigerung der Muskelarbeit die Regeneration hinausgezögert wird, bleibt die Infektanfälligkeit weiter bestehen. Bei einem noch nicht völlig ausgeheilten Infekt kann es in dieser Phase leicht zu einem Rückfall kommen. Aus diesen Gründen sollte nicht sofort nach einem Infekt mit der körperlichen Belastung wieder voll begonnen werden. Als Richtlinie kann folgendes gelten: ab dem 3. bis 5. Tag nach Entfieberung leichte, moderate körperliche Belastung im regenerativen Bereich, ca. 1,5 Wochen nach dem Infekt langsame Steigerung der Belastung. Natürlich sind dies nur grobe Richtlinien, in Abhängigkeit von der Art und des Verlaufes der Erkrankung ergeben sich individuelle Empfehlungen. Diese sollten mit dem Hausarzt besprochen werden.

Wie kann man sich nun sinnvoll vor Infekten schützen? Unser Immunsystem und damit auch die Infektabwehr stellt ein kompliziertes System von Vorgängen dar, die noch nicht bis ins letzte Detail erforscht sind. Die akute Immunantwort auf sportliche Belastungen fällt relativ gleichförmig aus, es kommt zu einer Unterdrückung von Einzelfunktionen im Immunsystem.

Diese ist ca. 24 Stunden nach der Belastung ausgeglichen und nicht als krankheitsverursachender Faktor aufzufassen. Im Gegenteil, diese Reaktion schützt unseren Körper vor überschießenden immunologischen Reaktionen. Wird dem Körper aber nicht ausreichend Zeit für eine entsprechende Erholung gelassen, wird das Immunsystem immer weiter unterdrückt. Die Folge können dann natürlich Infekte sein. Daraus leitet sich auch die wichtigste Regel zur Infektprophylaxe ab: ausreichende Regeneration. Und dazu gehören im weitesten Sinne: ein ausreichender Erholungszeitraum bis zur nächsten Belastung, genügende Schlafzeiten, eine ausgewogene Vollwerternährung mit viel Obst und Gemüse, Abhärtung des Körpers mit Wechselduschen (morgendliche kalte Dusche), frische Luft ... und nicht zuletzt ein ausgeglichener psychischer Zustand. Sportler nehmen zusätzlich als Prophylaxe vor Infekten spezielle Präparate ein, basierend auf pflanzlichen und bakteriellen Bestandteilen. Oder ganz einfach zusammengefaßt: Eine gesunde Lebensweise ist die beste Methode einer sinnvollen Infektprophylaxe.

Schwitzen

Das Schwitzen und das Trinken stellen zwei wichtige Grundfunktionen für unseren Körper dar. Die herkömmliche Meinung, daß man bei körperlicher Belastung wenig trinken soll, ist falsch. Auch die Schlußfolgerung, daß schwitzende Personen weniger leistungsfähig sind, kann so nicht behauptet werden. Dazu im folgenden einige kurze Erläuterungen:

1. Schwitzen ist Pflicht – bei jeder Muskelarbeit entsteht Wärme, die irgendwie aus dem Körper abtransportiert werden muß. Nur etwa 30 % des Energiestoffwechsels können in mechanische Energie umgesetzt werden. Der Rest wird als Wärme freigesetzt, so daß die Körpertemperatur ansteigt. Der Mensch ist eben ein schlechter „Verbrennungsmotor". Die Bildung und Verdunstung von Schweiß von der Körperoberfläche ist der wichtigste Mechanismus der Temperaturregulation unter körperlicher Belastung und bei Hitze. Funktioniert dieser Mechanismus

nicht ausreichend, ist der Körper nicht optimal leistungsfähig, und eine Belastung muß frühzeitiger abgebrochen werden. Probleme wie Müdigkeit, Schwäche, Konzentrationsmangel, Kopfschmerz bis hin zu Krämpfen, Erbrechen und neurologischen Störungen können auftreten. D. h.: Schwitzen ist Pflicht. Besonders wichtig ist dieser Mechanismus für Sportler, aber auch für übergewichtige Personen. Fett speichert bekanntlich die Wärme gut, so kann sie denn auch schlechter abgegeben werden. Damit nimmt für diesen Personenkreis insbesondere die Herz-Kreislauf-Belastung zu.

2. Schweiß ist nicht nur Wasser – der Schweiß enthält neben Wasser auch Elektrolyte (Mineralstoffe und Spurenelemente), Kohlenhydrate und Schleimstoffe. Neben den Mineralstoffen Natrium, Kalium, Calcium, Magnesium, Phosphor und Chlorid werden auch wichtige Spurenelemente wie Eisen, Zink und Jod ausgeschieden. Der Schweiß gelangt einerseits passiv durch Diffusion und andererseits aktiv durch sog. Schweißdrüsen an die Hautoberfläche und verdunstet dort. Der von jedem Menschen individuell unterschiedliche Schweißgeruch kommt nicht primär durch einen speziellen Schweiß, sondern infolge Zersetzung des Schweißes durch Mikroben auf der Hautoberfläche zustande.

3. Trainingsanpassung – nicht jeder schwitzt gleich viel. Dies ist zum einen bei jedem individuell festgelegt. Andererseits läßt sich auch das Schwitzen durch Training beeinflussen. Im allgemeinen schwitzen trainierte Sportler mehr als untrainierte. Trainierte besitzen mehr und effizienter arbeitende Schweißdrüsen als Nichtsportler. Gleichzeitig ist die Konzentration an Elektrolyten im Schweiß von Sportlern geringer als im Schweiß von Untrainierten. Sportler können somit den Schweiß besser „verdünnen“, halten also wichtige Mineralstoffe im Organismus besser zurück.

4. Hitzeanpassung – die Anpassung an Hitze äußert sich in frühzeitiger und vergrößerter Schweißbildung. Damit kann mehr Wärme vom Körper abgeleitet werden. Ebenso nimmt der Salzgehalt des Schweißes ab, um den Körper von zu hohen Elektrolytverlusten zu schützen. Außer-

dem nehmen Größe und Zahl der aktiven Schweißdrüsen zu. Dies trifft nicht nur für Sportler zu, sondern auch für Reisende in wärmeren Regionen. Der Körper benötigt etwa 5–10 Tage, um sich optimal anzupassen.

5. Schwitzen – Trinken – Leistungsfähigkeit – bei mittlerer Belastungsintensität verliert der Körper etwa 0,5–1 l Schweiß pro Stunde. Bei intensiven Belastungen oder beim Sport in der Hitze können mehr als 3 l Schweiß pro Stunde ausgeschieden werden. Bereits bei einem Flüssigkeitsverlust von 2 % des Körpergewichts, das sind bei einer 60 kg schweren Person 1,2 l, verringert sich die Leistungsfähigkeit um bis zu 20 %. Das heißt für den, der schwitzt: Auch Trinken ist Pflicht. Als Grundlage gilt: Pro 1 Stunde körperliche Belastung sollten 0,5–1 l Flüssigkeit mehr getrunken werden. Optimal ist eine Flüssigkeitszufuhr alle 20 Minuten von jeweils einem Glas. Was getrunken werden sollte, ist häufig Streitpunkt vieler Diskussionen. Mittlerweile besteht Einigung darüber, daß es sog. isotonische Getränke sein sollten. Man braucht dafür aber nicht unbedingt zu teuren Produkten zu greifen. Eine ausreichend verdünnte Apfelsaftschorle tut es auch. Je länger eine Belastung aber dauert, desto mehr muß natürlich auch die Energieversorgung im Vordergrund stehen. Hier müssen Kompromisse zum vorherig geforderten isotonischen Getränk eingegangen werden. Obst, Fruchtschnitten, Schokoladenriegel sind zusätzlich eine willkommene Abwechslung. Generell kann gesagt werden, daß wir meistens zu wenig trinken, ob nun im Alltag oder beim Sport. Daher muß das Trinken fest in den Speise- und Trainingsplan eingebaut werden, um nicht unliebsame Überraschungen zu erleben.

Trinken – „Faß ohne Boden“

Die oftmals sommerlichen Temperaturen und der Gedanke an einen Marathonlauf erzeugen automatisch ein Durstgefühl bei jedem Sportler. Schleichend entziehen die Wärme und der Belastungsgrad beim Laufen dem Körper die notwendige Flüssigkeit. Wohl dem, der sich vor und während des Laufes gut präpariert hat. Denn wenn das Durstgefühl erst auftritt, dann ist es in der Regel zu spät. „Der Durst kommt nach dem Flüssigkeitsmangel!“

Voraussetzung für eine gute sportliche Leistung ist eine auf die jeweilige Belastung ausgerichtete Vorbereitung im Training, d. h. ein Marathonlauf muß auch konsequent über das Training im Fettstoffwechselbereich (lange, lockere Läufe bis zu 35 km/einmal pro Woche/ca. 6 insgesamt) vorbereitet werden. Wenn der Körper sich an diese Dauerbelastung angepaßt hat, dann reguliert er auch den Flüssigkeitshaushalt dementsprechend. Läuft der Sportler über seine Verhältnisse bzw. kommen noch erhöhte Temperaturen hinzu, ist die Störung der Wasser-Salz-Konzentration vorprogrammiert. Bereits 2 % Flüssigkeitsverlust (z. B. 1,5 l bei 70 kg Körpergewicht) erzeugen erste Zeichen der Leistungsminderung. Da der menschliche Körper aus ca. 60 % Flüssigkeit besteht, bewirken stärkere Schwankungen (kritischer Bereich bei etwa 10 %) beträchtliche Regulationsstörungen. Unter Ruhebedingungen werden täglich 2–2,5 l Flüssigkeit über den Schweiß, den Urin, den Stuhlgang und die Atmung ausgeschieden bzw. verbraucht. Bei erhöhter sportlicher Belastung spielt zunehmend die Wärmeregulation eine größere Rolle. Neben Wärmeleitung und Wärmestrahlung wird mittels der Schweißbildung und dessen Verdunstung Wärme abgeführt. Deshalb ist es u. a. auch notwendig, beim Marathon luftige Kleidung zu tragen, damit der „Kühlereffekt“ (Wegblasen des Schweißes von der Haut) auftreten kann. Wenn also der Wasserentzug zu groß wird, dann treten einerseits Stoffwechselstörungen auf (denn nur gelöste Stoffe werden verstoffwechselt), und andererseits entstehen Probleme im Stofftransport bzw. in der gesamten Herz-Kreislauf-Funktion durch die Eindickung des Blutes. In der Literatur werden unterschiedliche Angaben über die Höhe des Wasserverlustes beim Laufen gemacht. So verbraucht der trainierte Körper etwa 1 l/Stunde Dauerlauf bei Temperaturen zwischen 12 °C und 20 °C. Bei höheren Temperaturen kann er auf 3 l/Stunde und bei einem Marathon über 30 °C sogar auf 5 l/Stunde ansteigen (Bringmann, LAUFZEIT 7/8 – 1995). Eine Störung des Elektrolythaushaltes (Kalium, Magnesium, Eisen, Natrium, Kalzium) und damit eine negative Beeinflussung von Blutdruck, Enzymaktivität, Zellstoffwechsel und Herztätigkeit gehen einher.

Was tun?
Wie eingangs kurz angedeutet, so spielt die gezielte Vorbereitung auf den Marathon eine wichtige Rolle. Ein ausdauertrainierter Organismus hat unter Belastung einen günstigeren Flüssigkeits- und Elektolytverbrauch. Des weiteren kann der Grad der Belastung entsprechend des aktuellen Trainingszustandes, der äußeren Bedingungen (Temperatur, Strecke) und der jeweiligen persönlichen Zielstellung angemessen gewählt werden. Die Erstellung eines konkreten Zeitplanes (Marschtabelle) ist angezeigt und kann durch eine leistungsdiagnostische Untersuchung im Vorfeld des Wettkampfes (1 Woche) auf den Punkt gebracht werden. Natürlich sollte dieser auch konsequent eingehalten werden, auch wenn die Stimmung beim Marathon oft zu einem höheren Anfangstempo verleitet!

Nachfolgend sind einige praktische Tips zum Thema Trinken aufgeführt:

1. Eine gezielte, marathongerechte Vorbereitung auf den Wettkampf schafft günstige Voraussetzungen für die Flüssigkeits- und Wärmeregulation.

2. Auch im Training sollte bei den „langen Kanten" (in Abhängigkeit von der Außentemperatur) ab ca. 60 Minuten Flüssigkeit (verdünnte Säfte, leicht gesüßter Tee) zugeführt werden. Alle 20–30 Minuten 0,1–0,3 l sind ausreichend (Trinkflasche kann am Gürtel mitgeführt werden).

3. Im Trainingsprozeß sind täglich mindestens 2,5 l Flüssigkeits- und Elektrolytaufnahme zu sichern. Tee, Mineralwasser, fertige Elektolytgetränke, Apfelsaftschorle und diverse Obst- und Gemüsesäfte sind dazu gut geeignet.

4. Insbesondere in den letzten Tagen vor dem Wettkampf ist auf eine gute Hydrierung (Wasseranreicherung im Körper) zu achten, damit der Marathon nicht schon mit einem Flüssigkeitsdefizit begonnen wird. Natürlich ist ein übertriebenes „Aufschwemmen" nicht sinnvoll.

5. Im Marathon selbst sollte schon bei der ersten Getränkestelle etwas getrunken werden, auch wenn kein Durstgefühl vorhanden ist. Dieses kommt immer mit etwas Verzögerung und ist dann nicht mehr auszugleichen.

6. Alle 20–25 Minuten (oder entsprechend an jeder Getränkestelle) reichen 0,1–0,3 l (kleiner Becher) aus, um „flüssig" zu bleiben.

7. Als Getränke während des Marathonlaufes sind nicht zu empfehlen: köhlesäurehaltige Getränke (Blähungen), konzentrierte Säfte (vermehrte Magensäure) und eiskalte Getränke (Magenkrämpfe).

8. Im Marathonlauf sind die im Training empfohlenen (Punkt 2) und persönlich bewährten Getränke zu verwenden. Im Zweifelsfall lieber zu reinem Wasser greifen.

9. Die landläufig angenommene übermäßige Salzaufnahme während des Wettkampfes ist falsch! Die Wasseraufnahme aus dem Darm wird damit erschwert.

10. Nach dem Marathonlauf auf keinen Fall zum „Faß ohne Boden" werden und literweise alles in sich hineinschütten. Besser ist es, jede Viertelstunde 0,25 l, d. h. kleinere Portionen Flüssigkeit zuzuführen. Auf diese Art und Weise sollten etwa 2–4 l Flüssigkeit über mehrere Stunden zugeführt werden. Bewährt haben sich: Mineralwasser, Honigtee, Suppen, spezielle Fertiggetränke, Milchprodukte und verdünnte Fruchtsäfte.

Die Herzfrequenz

Die Herzfrequenz oder der Puls beschreiben die Anzahl der Schläge des Herzens pro Minute. Sie werden durch die Druckwelle vom Herz an den großen Arterien spürbar.

Der Normalwert in Ruhe liegt bei ca. 70–80 Schlägen in der Minute. Bei Ausdauersportlern kann dieser Wert bis auf ca. 40 S/min abfallen. Diese

Sportherzen arbeiten aufgrund ihrer Anpassungserscheinungen sehr effektiv und ökonomisch.

Unter Belastung oder bei Erregung kann die Herzfrequenz stark ansteigen. Bei Kindern sind Werte über 200 S/min keine Seltenheit. Im Alter werden je nach Grad der sportlichen Betätigung immer noch Werte von ca. 180 S/min erreicht. Mit zunehmenden Alter sinkt dieser Wert immer weiter ab.

Die Herzfrequenz sagt sehr gut etwas über den Grad der Fitneß aus. Die Höhe und der Verlauf der Herzfrequenz, besonders nach einer Belastung, lassen Rückschlüsse auf das Leistungsvermögen und die Leistungsentwicklung zu. Sie wird immer mehr für eine gezielte Trainingssteuerung herangezogen und ist ein ganz individueller Wert. Zur leichteren Bestimmung des Pulses gibt es eine Vielzahl von Herzfrequenzmeßgeräten. Die Anwendung ist sehr einfach und kann unter allen Bedingungen im Sport durchgeführt werden.

Wem es gelingt, seine Ruheherzfrequenz langfristig um ein paar Schläge zu senken, dessen Herz unterliegt einer geringeren Belastung und beugt späteren Problemen vor.

Trainingskontrolle ist die halbe Miete

Wer regelmäßig joggt, der trifft erfreulich viele Läuferinnen und Läufer, die ihrem Hobby frönen. Nicht selten wird ein kurzer Gruß oder eine scherzhafte Bemerkung freundlich beantwortet. Es ist eine Augenweide, diese Leute zu beobachten, mit welchem Elan sie den Laufsport betreiben. Doch wie in vielen anderen Gegenden unseres Landes, so habe ich auch in Bayern festgestellt, daß ein Teil der Läuferinnen und Läufer einfach zu schnell läuft. Dies erkennt man an hochroten Köpfen, zu schneller Atmung, hochkonzentrierten Gesichtsausdrücken und schweren Schritten. Natürlich sollte bei einem gezielten Training eine Geschwindigkeitsvarianz gepflegt werden, aber alles ist eine Frage der Dosierung. Erfahrungswerte besagen, daß mindestens 60 % des gesamten Trainings in einem Tempo gelaufen werden sollte, welches locker und „flüssig" realisiert werden kann. Dieses Tempo ist bei gut trainierten Leuten etwa um 5 Minuten pro km, bei Fortgeschrittenen um 6 Minuten pro km und bei Anfängern um 7–8 Minuten pro km (manche auch langsamer) anzusiedeln. Als Richtwerte für die Herzfrequenzen kann ein Bereich von 100–150 Schlägen pro Minute empfohlen werden. Die Notwendigkeit für dieses stark gebremste Training liegt in der Art der Energiebereitstellung begründet. Bei tatsächlich langsamem Training wird hauptsächlich der Fettstoffwechsel aktiviert. Dieser ist die trägste Form der Energiegewinnung. Sie läuft ohne eine wesentliche Sauerstoffschuld (Körper benötigt mehr Sauerstoff, als er über die Atmung gewinnt) ab. Im anderen Fall wird Laktat als Stoffwechselprodukt gebildet, und die für den zunehmenden Ermüdungszustand typischen „schweren Beine" lassen nicht lange auf sich warten. Auch die Energiereserven (Kohlenhydrate) im Herzmuskel, in der Leber und im Arbeitsmuskel (z. B. Beinmuskulatur) sind begrenzt. Viele Untersuchungen an Marathonläufern und anderen Langzeitausdauersportlern haben jedoch gezeigt, daß der Fettstoffwechsel das „Brot" für die Leistung darstellt. Wer also zu wenig Wert auf die langen und langsamen „Sauerstoffläufe" legt oder versäumt, ab und zu einmal eine ruhige Einheit einzuschieben, der „baut auf Sand". Extrem harte Belastungen zu setzen, ist keine Kunst! Aber mit Sachverstand und einem guten Körpergefühl wohldosiertes, gezieltes Training zu gestalten, darin liegt das „Geheimnis" erfolgreichen Trainings.

Lieber langsamer und länger …

als kurz und schnell laufen. Diese Aussage trifft insbesondere für Laufeinsteiger zu. Laufen lernen heißt auch: Belastungen mit Freude und Spaß empfinden. Außerdem muß aus der Sicht der Biologie heraus zuerst die lockere Ausdauerfähigkeit (aerobes Laufen) geschult werden. Hierbei werden im Körper Anpassungen erzielt, die eine ökonomische Fortbewegung sichern. So werden schonend (sauerstoffreich) wirksame Veränderungen im Herz-Kreislauf-, Atmungs- und Muskelstoffwechsel erzielt. Doch diese Anpassungen benötigen Zeit. Nach etwa 12 bis 15 Wochen sind erste spürbare Veränderungen vorhanden. Insider sagen dazu: „das Training wachsen lassen". Gemeint ist, daß alles seine Zeit braucht. Das eigentliche Problem beim Laufeinsteiger liegt eher auf der Ebene des Binde- und Stützgewebes. Dieses benötigt erfahrungsgemäß mindestens 2 Jahre, um einigermaßen angepaßt zu sein. Wer also zu schnell (anaerob) läuft und die Trainingsumfänge zu sehr steigert, der wird wenig Freude am Laufen haben. Schienbeinreizungen, Schmerzen im Fuß-, Knie- oder Hüftgelenk können die Folge sein, und ein gutes Vorhaben zerplatzt wie eine Seifenblase.

Aerobes Laufen ist lockeres, langsames Bewegen. Ein Indikator hierfür ist, daß beim Joggen ca. 3–4 Schritte ein- und 3 bis 4 Schritte ausgeatmet werden können. Auch wer gut reden kann während des Laufes, ist nicht zu schnell. Sicherer ist die Methode, durch einen Stufentest seine individuellen Trainigsbereiche zu bestimmen. Somit wird auf der Grundlage von Laktat-, Puls- und Atemanalyse eine aktuelle Trainingsempfehlung (Pulsbereiche) gegeben. In der Praxis hat sich die Steuerung des Trainings mittels Pulsuhr bewährt.

Probleme beim langen Laufen

Wer länger als eine Stunde unterwegs ist, kann beim Laufen bestimmte Probleme bekommen. Hier einige Tips, um das Laufvergnügen nicht zu schmälern:

1. Druckstellen an den Füßen

- spezielle Laufsocken mit Flachnähten verwenden
- Zehnägel kurz halten
- auf gleichmäßige, nicht zu straffe Schuhschnürung achten
- Einlagen auf Faltenbildung/Verrutschung prüfen
- Hornhaut entsprechend behandeln

2. Reibestellen im Schritt / unter den Armen

- Laufbekleidung auf unsauber verarbeitete Nähte untersuchen
- nicht zu enge Sachen anziehen

- Problemzonen mit Vaseline einreiben
- anderes Wasch- bzw. Spülmittel verwenden

3. Schweiß in den Augen

- Mütze oder Stirnband mit Schweißzone tragen
- Schweißband am Handgelenk, um Stirn freizuwischen
- Wasserstelle nutzen, um Gesicht zu waschen

4. Entzündung der Brustwarzen

- anderes BH- bzw. Laufhemdmaterial ausprobieren
- Abkleben der Brustwarzen mit hautverträglichem und nässebeständigem Pflaster
- Lotionspflege vor und nach dem Training

5. Seitenstechen

- Hauptursache ist zu schnelles Laufen. Die Leber wird oft mit der Kohlenhydratfreisetzung überfordert. Seitenstiche rechts sind die Folge. Ein deutlich langsameres Tempo muß gelaufen werden. Gegebenenfalls hilft auch eine Gehpause, ein Schluck zu trinken und eine Hand voll Rosinen zu essen.
- Oft sind sogenannte „Atemklemmer“ die Ursache für Seitenstechen. Es hilft, einige Schritte zu gehen, die Luft kurz anzuhalten, etwas zu pressen und kräftig auszuatmen. Anschließend langsam weiterlaufen.
- Bei häufigem Seitenstechen bitte den Fachmann aufsuchen.

In der Ruhe liegt die Kraft!

Obwohl ich schon sehr oft über das Thema „aerobes Training“ (d. h. lockeres, sauerstoffreiches Laufen) geschrieben und referiert habe, entdecke ich immer wieder Läuferinnen und Läufer, die einen Funlauf mit Maximalleistung absolvieren. Ausgenommen sind natürlich Wettkampfsportler, bei denen ab und zu ein schneller Lauf zum Programm gehört. Ziel des Einsteigerlaufes darf es nicht sein, jeden Tag auf der Haussstrecke einen neuen persönlichen Rekord zu laufen. Es muß erreicht werden, daß die sicher gelaufene Geschwindigkeit auf eine langsam länger werdende Strecke übertragen wird. Wer nicht 3 bis 4 Läufe pro Woche mindestens eine Stunde sicher laufen kann, der sollte die Finger vom schnellen Dauerlauf oder gar Tempolauftraining lassen!

Sicherlich, oft wird anerkennend auf die „schnellen Hirsche", die einem im Gelände begegnen, geschaut. Doch diese Läuferinnen und Läufer haben oft jahrelange Erfahrungen im Training.

Wer als Einsteiger sich nicht bremsen kann, der wird wenig Freude am Laufen haben. Der Körper geht eine große Sauerstoffschuld ein, um das Lauftempo zu sichern. Mehr und mehr Laktat (ein Stoffwechselprodukt) wird gebildet, und die „schweren Beine" lassen nicht lange auf sich warten. Des weiteren baut sich ein Lauffrust auf, der letztendlich einen guten Vorsatz sterben läßt.

Laufen als Gesundheitstraining und z. T. Therapie muß Spaß machen. Wer reden und lachen kann im Lauftraining, der befindet sich auf dem richtigen Weg.

Und was ist nach dem Training?

Auch das Verhalten nach Training und Wettkampf will gelernt sein. Vor allem die „langen Kanten" (Läufe > 90 Min.) sind eine außergewöhnliche Belastung für den Körper. So wie beim Marathon selbst spielen die Renntaktik, die Tagesform, das Streckenprofil und natürlich auch die äußeren Bedingungen eine entscheidende Rolle für den Grad der Ermüdung. In jedem Fall ist ein Auffüllen des Eiweiß- und Kohlenhydratdepots sowie des Elektrolythaushaltes angezeigt. Sofort nach dem Lauf wird in der Regel zuerst das Durstverlangen gestillt. Hier nicht zum „Faß ohne Boden" werden! Mitunter ist es schwer, sich zu beherrschen, aber kleinere Mengen Flüssigkeit (0,3–0,4 l) portioniert über mehrere Stunden (bis zu 4 l Gesamtmenge) einzunehmen, ist sinnvoller. Bewährt haben sich verdünnte Sportgetränke, mit stillem Mineralwasser gestreckte Fruchtsäfte, Honigtee und leicht gesalzene Suppen. Die feste Nahrungsaufnahme ist gefühlsmäßig zu regulieren. Erfahrungsgemäß tritt nach 1–2 Stunden das Hungergefühl ein. Sportriegel, fettarme Milchprodukte, zubereitete Hülsenfrüchte, mageres Fleisch, Fisch oder die Kombination aus Kartoffeln und Ei sind zu empfehlen. Auch hier ist auf kleinere Protionen zu achten. Unmittelbar nach dem Training/Wettkampf ist es immer sehr angenehm, die Beine hoch zu lagern und an einer schattigen Stelle auszuschütteln. Ein lockeres Dehnungsprogramm kann nach einer kurzen Verschnaufpause angeschlossen werden Dieses ist aber nur dann wirkungsvoll, wenn es auch vorher schon regelmäßig praktiziert wurde. Nach besonders „harten" Trainingsläufen/Wettkämpfen sehr sensibel die Dehnung betreiben. Eine Überstrapazierung der sowieso schon stark beanspruchten Muskeln, Muskelansätze und Sehnengewebe muß nicht sein. Manchmal ist eine Selbstmassage der Waden (mehrfach beide Waden von der Achillessehne bis hin zur Kniekehle ausstreichen), ein Schütteln der Beine oder eine „Fremdmassage" viel angenehmer.

Dies alles kann durch ein entspannendes Wannenbad oder einen Saunabesuch noch abgerundet werden. Die Sauna sollte jedoch nach einem erschöpfenden Training oder nach einem Marathonlauf mehr im Sinne eines Aufwärmens betrachtet werden, um den Flüssigkeitsverlust nicht weiter zu erhöhen.

Nicht zu unterschätzen ist der anschließende Erfahrungsaustausch. Das Reden über die Erlebnisse in Natur, auf der Straße, mit den Mitmenschen und mit sich selbst ist ein wesentlicher Bestandteil im Regenerationsprozeß.

Das Training nach solch einer Belastung muß mindestens 2 Tage kompensatorischen Charakter tragen. Nach einem Marathon müssen ein bis zwei Wochen im lockeren Dauerlaufbereich absolviert werden. Wer die Möglichkeit und die Erfahrung in anderen Sportarten (Schwimmen, Radfahren ...) hat, der kann auch „locker fremdgehen", um zu regenerieren.

Die Regeneration

Unter der Regeneration versteht man Wiederherstellung bzw. Erneuerung und aus medizinischer Sicht einen Heilungsprozeß. Im Sport ist die Regeneration gleichzusetzen mit der Erholung. Sie beschreibt die Wiederherstellung der psychophysischen Funktionssysteme nach einer Belastung. Der Regeneration ist unbedingt der gleiche Stellenwert wie der Belastung beizuordnen. Training ist immer Be- und Entlastung!

Eine besondere Berücksichtigung gilt den unterschiedlichen Regenerationszeiten verschiedener Systeme. Sehnen und Bänder z. B. benötigen mehr Zeit als Muskeln.

Zur schnelleren Beseitigung der Ermüdungserscheinungen in Folge einer Trainingsbelastung und zur Förderung einer beschleunigten Regeneration wird im Sport die aktive Erholung genutzt. Umfang und Intensität werden stark reduziert. Die Wiederherstellung der ermüdeten Muskeln und Organsysteme wird auch durch die Tätigkeit anderer Muskelgruppen beschleunigt. Im Sport wird diese Tatsache durch ein gezieltes Kompensationstraining genutzt. Zur Förderung der Regeneration im Sport ist eine aktive Erholung einer passiven vorzuziehen, wobei ein komplexes regeneratives Verhalten (Kompensationstraining in Einheit mit einer sinnvollen Gestaltung von Ernährung, Schlaf, positives Denken, Sauna ...) weitaus wirkungsvoller ist. Zur Beurteilung des Grades der Erholung kann die Herzfrequenz genutzt werden. Wenn z. B. der Ruhepuls über mehrere Tage deutlich erhöht ist, dann kann eine mögliche Ursache in der Belastungssummation (Übertraining) liegen.

Eine zu kurze Regenerationszeit kann zu einer Ermüdungsaufstockung führen, in deren Folge die körpereigenen Abwehrkräfte geschwächt werden. Eine Erkrankung, verbunden mit Trainingsausfall, sind die Folgen. Besonders bei ungewohnter körperlicher Betätigung ist Vorsicht geboten. Das Herz-Kreislauf-System ist gut angepaßt, aber die neue Muskelbeanspruchung ist ungenügend ausgeprägt. Ein Muskelkater ist oft das Ergebnis.

Der Trainingswettkampf

Wer schon etwas Lauferfahrung hat, der kennt die Bedeutung von Trainingswettkämpfen. Oft steckt der Teufel im Detail. Zuerst sollte die Ausrüstung geprüft werden. Sind die Laufschuhe im Training schon über eine längere Strecke erprobt worden? Sitzt der Schuh auch bei Nässe gut, drückt die Schnürung etwa? Erfahrungsgemäß darf das Schuhband nicht zu straff gezogen werden, da bei längerer Belastung die Füße etwas anschwellen. Weiterhin ist es günstig, einen Doppelknoten zu binden. Das erspart unliebsame Pausen. Auch die Strümpfe können zum Problem werden, wenn sie zu neu sind oder gar unbequeme Nähte haben. Beim Sportfachhändler gibt es spezielle Laufsocken zu kaufen, die Reibestellen fast gänzlich ausschließen. Die Wettkampfkleidung muß entsprechend der jeweiligen Witterung gewählt werden. Ein erfahrener Läufer hat jederzeit Laufgarnituren für jedes Wetter im Gepäck! Auch solche Dinge wie Pflaster zum Abkleben von Brustwarzen, Vaseline zum Einreiben von „Problemstellen" (unter den Armen, im Schritt), Sicherheitsnadeln, Tüte für nasse Sachen bzw. Laufschuhe, Badesachen, Trinkflasche für den letzten Schluck vor dem Lauf und den ersten danach sowie Wechselsachen unmittelbar nach dem Lauf sind zu beachten. Auch sollte die Trinktechnik in der Bewegung (wenn nötig) geschult werden. Am Ende sammelt jeder mit Hilfe von Trainingswettkämpfen viele Erfahrungen, um dann beim Hauptwettkampf alles bedacht zu haben.

Marathon mit Frühform?

Der Sommer war bisher sehr dem Marathontraining gewogen. Nur wenige zermürbende Hitzeläufe im Training waren nötig, so daß die sonst übliche Gefahr des „Austrocknens" deutlich geringer war. Andererseits führten diese guten Trainingsbedingungen nicht selten zu einer Frühform. Es macht natürlich großen Spaß, die bis dato geltenden persönlichen Leistungen „spielend" zu erlaufen. Aber was soll dieses Leistungsniveau 4 bis 10 Wochen vor den eigentlichen Marathonläufen? Noch ist es nicht zu spät, regulierend einzugreifen. Im anderen Fall ist es leicht möglich, daß gerade zum sportlichen Höhepunkt das berühmte Tief vorliegt.

Anzeichen einer Frühform:
Wenn 4 und mehr Wochen vor dem geplanten Wettkampfhöhepunkt ein für die persönlichen Verhältnisse optimaler sportlicher Zustand erreicht ist, dann wird von einer Frühforrn gesprochen. Dabei sind Psyche und Physis in einer blendenden Verfassung. Der Sportler „reitet auf einer Welle" und fühlt sich grenzenlos belastbar. Nicht selten hält dieser Zustand 2 bis 3 Wochen an.

Wenn im Zuge eines Trainingsaufbaus einzelne Trainingseinheiten besonders gut absolviert werden und ansonsten das Training normal verläuft, dann ist keine Frühform vorhanden. Diese Erscheinung hängt mit dem phasenhaften Anpassungsverlauf des Körpers an gezielt gesetzte sportliche Belastungen zusammen. Die Be- und Entlastungsgestaltung spielt in diesem Zusammenhang eine besonders große Rolle.

Was tun?
1. Auf Wettkämpfe (2 bis 3 Wochen) verzichten, da die Gefahr des unkontrollierten Laufens besteht.
2. Zehn Tage konsequent keine intensiven Belastungen (Intervalltraining, schneller Dauerlauf, Fahrtspiel ...) realisieren.
3. Nach dieser Zeit sollten die Programme wieder fortgesetzt werden. Im Unterschied zur Frühformphase muß das Training jedoch extensiver ablaufen, d. h. das Tempo wird etwas reduziert („bewußtes Laufen"), der Umfang kann erhöht werden, und die Pausen sind kürzer und damit ermüdender.
4. Innerhalb der Woche und im Mehrwochenverlauf sind die Entlastungstage (lockeres, erholsames Training) konsequent durchzuführen.
5. Zusätzliche Maßnahmen wie ausgewogene Ernährung, angemessene Flüssigkeitszufuhr, individuelle prophylaktische Methoden (Selbstmassage, Wechselduschen, Sauna, Formen der Gymnastik ...) sind bewußt einzubauen.

Dehnung

„Windhunde machen kein spezielles Dehnungsprogramm und laufen trotzdem schnell" – so etwa lauten die Argumente von Dehnungsmuffeln. Der Organismus eines Sporttreibenden braucht eine gewisse Betriebstemperatur und Geschmeidigkeit, um eine gute Leistung zu erbringen. Dies gilt für jeden Menschen, ob Fun- oder Leistungssportler. Insbesondere die Erkenntnisse der letzten Jahre haben gezeigt, daß eine gezielte Vor- und Nachbereitung des Trainings mit Dehnungsübungen zu einer günstigeren Leistungsfähigkeit und zu einer verminderten Verletzungsanfälligkeit führen.

So vielfältig wie der Sport, so unterschiedlich sind die Dehntechniken. Sie sind abhängig vom Ziel der Übung, von der Belastungsart, dem Belastungsgrad. Um eine wirksame Dehnung zu erzielen, sollte der Fachmann aufgesucht werden. Eine individuelle Standortbestimmung erspart unliebsame Erfahrungen, denn die Dehntechniken können auch falsch angewendet werden. Einschränkungen in der Gelenkbeweglichkeit, Hypermobilität, muskuläre Dysbalancen, Knochenerkrankungen, Deformationen, Schmerzzustände, Muskelentzündungen müssen beim Dehnen beachtet werden, sonst löst sich ein guter Vorsatz in Enttäuschung auf.

Einige Regeln sollten beachtet werden:

- Häufiges dezentes Dehnen ist besser als einmal kräftig, Dehnen am Abend nutzt die Entspannung der Nacht, morgens und abends dehnen ist besser.
- Dehnungen mindestens sieben Sekunden bis mehrere Minuten.
- Langsam und sanft in die Dehnrichtung gehen, beim isometrischen Gegenspannen keinen Dehnweg aufgeben.
- Lieber weniger Dehnübungen konsequent als viele halb durchführen.

Günstig ist es, ein individuell abgestimmtes Heimprogramm mit Hilfe eines Fachmannes zu erstellen, welches von Zeit zu Zeit überarbeitet wird.

Warmlaufen

Für viele Prozesse im Leben benötigt der Mensch eine gewisse Anlaufzeit, um so richtig in Schwung zu kommen. Ebenso verhält es sich beim Sporttreiben. Bevor nicht die richtige „Betriebstemperatur" im Körper herrscht, ist die Belastungs- und Leistungsfähigkeit eingeschränkt. Die Zeitdauer der Erwärmung ist u. a. in Abhängigkeit von Trainingszustand und Intensität der Bewegungen sehr unterschiedlich. So benötigt z. B. ein Leistungssportler zwischen 45 und 90 Minuten Aufwärmzeit, um richtig loslegen zu können. Für einen Anfänger sind dies natürlich unrealistische Vorstellungen. Sein Ziel muß es sein, die Aufwärmzeit direkt in die Trainingsbelastung einfließen zu lassen. Damit wird die Gesamtbelastungszeit verlängert, und ein wirksamer sportlicher Reiz kann erzielt werden. D. h., daß die anfängliche Gymnastik im Stand allmählich und ohne größere Pause in eine Laufschule (Fußgelenkarbeit, Kniehebelauf usw.) und schließlich in den Wechsel von Laufen und Walking übergehen kann. Am Ende stehen beispielsweise 30 Minuten Trainingszeit, in der der Körper einen größeren Energieumsatz (im Vergleich zum Nichtstun) hatte. Außerdem werden durch die Belastungen Grundsteine für bestimmte sportliche, gesundheitsorientierte Anpassungen gelegt. Ziel der Erwärmung ist nicht nur das Erreichen der besseren Arbeitsfähigkeit von Bändern, Sehnen, Muskeln und inneren Organen, damit eine Belastungsbereitschaft hergestellt und Verletzungen vermieden werden können. Auch das Erlernen bestimmter koordinativer Anforderungen (z. B. mittels Stretching, Lauf-ABC) führt zu einem besseren Bewegungsempfinden. Das „Warmlaufen" sollte auch unter psychologischen Gesichtspunkten gesehen werden. Das lockere Gespräch unter Sportkameraden führt zum Vergessen des Alltagsgeschehens. Bestimmte stereotype Verhaltensmuster werden über die körperliche Belastung durchbrochen. Nicht umsonst sprechen vor allem Anfänger, die 2–3 Monate im regelmäßigen Training stehen, vom „aktiven Streßabbau". Allerdings muß die Erwärmung nicht immer von einem Redeschwall begleitet sein. Das Lösen vom Alltag kann auch still genossen werden.

Wenn die Beine schmerzen

Nicht selten kommt es vor allem bei Laufanfängern zu Beschwerden in den Beinen. Diese können während und nach dem Laufen auftreten. Die Muskeln schmerzen, die Beine sind wie „Blei", die Venen drücken, Knie-, Hüft- oder Fußgelenke tun weh bzw. eine Laufunlust macht sich breit. Oftmals ist die Umstellung des Körpers auf die regelmäßige Laufbelastung eine Ursache. Auch wird zumeist das Laufniveau überschätzt und zu schnell gelaufen. Zum Teil können auch muskuläre Ungleichgewichte (Verkürzungen, Abschwächungen oder einseitige Entwicklung der Muskeln) zu Problemen führen. Andererseits können durchaus Defizite in der Versorgung der Muskulatur vorhanden sein, die über den Hausarzt mittels unterschiedlicher Untersuchungen festgestellt werden können.

Was ist zu beachten?

Vor der Belastung:

- durchblutungsfördernde Einreibung (Salbe)
- nicht gerade nach einem zeitaufwendigen Einkaufsbummel sofort trainieren
- gut gedämpfte Laufschuhe mit fester Fersenkappe und gutem Abrollverhalten tragen
- leichte Lockerungs- und Dehnungsübungen durchführen
- Selbstmassage der Beinmuskulatur

Während der Belastung:

- flache Strecken wählen und Lauftempo im lockeren Bereich ansiedeln (in der Regel weniger als 150 Herzschläge/Minute)
- beim Laufen muß man sich unterhalten können
- wenn Beschwerden auftreten, dann Pause einlegen und Beine ausschütteln, lockern und dehnen
- Schuhschnürung prüfen, ob sie nicht zu fest ist

Nach der Belastung:

- Lockerung, Dehnung der Muskulatur
- Beine hochlegen, Fersen z. B. auf einen Stuhl ablegen und einige Minuten in dieser Position verharren
- durchblutungsförderndes Muskelfluid verwenden
- Beinmassage
- Wechselduschen (abwechselnd kaltes und vertretbar heißes Wasser über die Beine gießen)
- Fuß- oder Beinbäder mit anregenden Zusatzstoffen nutzen
- warmes Vollbad

Wenn ein muskuläres Ungleichgewicht vorliegt, dann sollte unter therapeutischer Aufsicht ein gezieltes Muskeltraining durchgeführt werden. So manche „chronische" Beschwerden können beseitigt werden.

X-Beine

Dieses Problem betrifft gar nicht so wenige, ob nun X-Beine, O-Beine oder andere Bein- und Fuß-Deformitäten. Man kauft z. B. ein paar neue, gute Turnschuhe und stellt plötzlich fest, daß sich während und nach dem Laufen Knieprobleme einstellen. Wo liegen die Ursachen, was kann getan werden?

Bei Neugeborenen findet man eine O-Bein-Stellung vor, die sich in der Folge in eine X-Bein-Stellung des Kindes wandelt. Erst mit ca. dem 6./7. Lebensjahr bildet sich die endgültige Beinachse heraus. Durch Wachstumsdifferenzen, Erkrankungen der Füße, Knie, Hüften und andere Krankheiten sowie Verletzungen kann sich eine mehr oder minder ausgeprägte Fehlstellung der Beine entwickeln. Probleme bereiten in der Folge eine rasche Ermüdbarkeit und Schmerzen, vor allem im Kniebereich.

Der Behandlung muß eine gründliche Untersuchung vorausgehen. Diese sollte sich nicht nur auf das Stand- und Gangbild beschränken, sondern vor allem bei Läufern auch eine Laufanalyse einbeziehen. Behandelt wird zuallererst die ursächliche Erkrankung, falls diese einer Therapie zugeführt werden kann. Weiterhin erfolgt ein sog. konservatives Vorgehen, bevor bei Erfolglosigkeit der Behandlung eine Operation mit Korrektur der Achsen vorgenommen werden muß. In der Regel wird eine Schuhaußenranderhöhung bei O-Beinen oder eine Schuhinnenranderhöhung bei X-Beinen bzw. eine entsprechende Einlagenversorgung zur Korrektur durchgeführt. Bei länger bestehenden Beinfehlstellungen werden allerdings dadurch nicht immer die Beschwerden gelindert. Der bisherige Trainingsschuh hat sich gut an die vorhandene Fehlstellung angepaßt. Jede Veränderung, so auch der neue korrigierte Trainingsschuh, führt zu einer Veränderung der Statik vom Fuß bis zur Hüfte und kann dadurch auch erst richtig Beschwerden auslösen.

Viele der bei Läufern auftretenden Beschwerden wie Achillessehnenreizungen, Knie- und Sprunggelenksbeschwerden, Schienbeinschmerzen etc. lassen eine gestörte Bewegungsdynamik erkennen. Ein objektives Analyseverfahren ist eine Laufbandanalyse mit und ohne Schuhe mittels Video in der Hand eines geübten Untersuchers. Unter Umständen zeigen sich erst bei höheren Geschwindigkeiten Fehlbelastungen, währenddessen bei normalem Tempo nichts zu erkennen ist. Wichtig ist natürlich, daß dabei auch der sonst benutzte Sportschuh getragen wird.

Eine effektive Einlagenversorgung muß demzufolge nicht nur die Beinachsen korrigieren, sondern auch die Fußform, Zehenfehlstellungen, Laufstil und das Abrollverhalten berücksichtigen und Beinlängendefizite ausgleichen. Sportschuhmaßeinlagen sollten zudem in der Landephase optimal dämpfen, in der Stützphase ausreichend stabilisieren und in der Abstoßphase sicher führen. Der entsprechende Trainingsschuh sollte u. a. folgende Eigenschaften besitzen: feste Fersenführung, hochgezogene, gut gepolsterte Fersenlasche, Aussparung im Achillessehnenansatz, eine geräumige Zehenbox und natürlich eine herausnehmbare Einlegesohle, um eine korrigierte Sohle einlegen zu können. Insgesamt kommt dem Sportschuh mit seiner Einlage keine ursächliche, sondern nur eine symptomatische Bedeutung für die Therapie zu. Dem Fortschreiten von muskulären Dysbalancen wird durch eine Einlagenversorgung nicht entgegengewirkt. Daher sollte auch die Muskulatur einer Untersuchung auf evtl. bestehende Defizite zugeführt werden. Fehlstellungen im Achsenskelett verursachen häufig muskuläre Dysbalancen oder sind die Ursache selbst. Je nach Deformität lassen sich verkürzte, abgeschwächte und hypertone Muskeln finden. Sinnvoll ist ein entsprechend des Befundes spezielles Ausgleichstraining mit einem abgestimmten Dehn- und Kräftigungsprogramm.

Letztendlich kann ein guter Erfolg nur durch das Zusammenwirken einer Optimierung des Schuhwerks, einer entsprechenden Einlagenversorgung, eines muskulären Übungsprogrammes und einer Laufstiländerung erreicht werden.

Biken

Das Bike als ideales Trainingsgerät

Das Bike ist der ideale Trainingspartner und hat eine Vielzahl von Vorteilen gegenüber anderen Sportarten. Wir können in der Gruppe oder individuell trainieren. Wir können uns aussuchen, wo wir biken und sind nicht an eine bestimmte Sportstätte gebunden. Biken ist mit eine der naturverbundensten Sportarten. Es schont unser Binde- und Stützgewebe (ist gerade bei Übergewicht von Bedeutung) und kräftigt den ganzen Körper. Mit dem MTB haben wir eine große Reichweite. Wir können unsere Apfelsaftschorle auch im übernächsten Biergarten trinken. Wir können den Rausch der Geschwindigkeit erleben, ohne die Umwelt zu belasten. Unser Bike ist auch als Transportmittel für die Sonntagssemmeln geeignet. Wer in der glücklichen Lage ist, den Bäcker als Nachbarn zu haben, der kann ja einen kleinen Umweg nehmen. Warum soll das Auto nicht mal geschont werden und das MTB die Aufgaben übernehmen (Arbeitsweg)? Das sind nur einige der positiven Seiten des Bikens. Ja, ich weiß, es gibt da auch ein paar Nachteile. Was ist, wenn es regnet? Wenn es warm ist, stellt der Regen kein Problem dar, und bei Kälte können wir ja auch mal ein Läufchen machen oder ein paar Kilometer auf dem Ergometer strampeln.

Welche Muskelgruppen werden beim Biken beansprucht?
Die Hauptarbeit müssen die Beine leisten, d. h. Oberschenkel- und Unterschenkelmuskulatur werden beansprucht. Der gesamte Rumpf, Schultergürtel und die Arme werden gleichfalls beansprucht. Sie sind jedoch mehr statisch gefordert.

Nicht nur unsere Muskeln trainieren wir, sondern auch unsere Lunge und unser Herz. Nicht zu unterschätzen ist die Schulung unserer Sinnesorgane und der Reflexe.

Aufgrund der sehr schonenden Art des Trainings ist das Radfahren auch für den Rehabilitationsbereich geeignet. Nach bestimmten Fuß-, Knie-, Rücken- und Hüftoperationen oder bei Problemen mit den Krampfadern ist das Bike ein ideales Sportgerät, um die Muskulatur aufzubauen und die Kondition zu steigern. Es belastet kaum unser Binde- und Stützgewebe. Übrigens verbrauche ich bei 1 Std. Radfahren ca. 290 bis 360 kcal und bei 1 Std. Schwimmen ca. 650–710 kcal. Doch wer schafft es schon, eine Stunde durchzuschwimmen? Ich bin also in der Lage, mich – wie bei kaum einer anderen Sportart – sehr lange zu belasten! Der Gesamttagesbedarf eines Mannes an Energie liegt bei leichter körperlicher Arbeit bei ca. 2600 kcal und bei einer Frau bei ca. 2200 kcal. Durch Sport bin ich in der Lage, diesen Bedarf enorm zu steigern (um ca. 1000–2500 kcal).

Programmvorschlag:

Ich bin gesund, habe über die Wintermonate etwas zugenommen und möchte mit dem Biken anfangen. Wie kann ein Training für Einsteiger aussehen?

Arbeitswoche:	
MO	frei
DI	30–45 min Bike
MI	30–45 min lockere Ausfahrt (ggf. mit dem Bike zur Arbeit)
DO	30–45 min Bike
FR	frei
SA	1–1:30 mit dem Bike ohne nennenswerte Pausen
SO	2–3 Std. Tour

Im Laufschuhdschungel

Das Angebot an Laufschuhen ist überwältigend groß. Mindestens 15 Laufschuhanbieter in Deutschland ringen um die Gunst der Läuferinnen und Läufer. Halbjährlich kommen neue Modelle auf den Markt, die als eleganter, modischer und funktioneller ausgewiesen werden. Wer soll bei dieser Vielfalt noch den individuell richtigen Laufschuh finden? Es gibt viele Speziallaufschuhe. Die Rede ist von Straßen-, Gelände,- Bahn-, Einlauf-, Wettkampf- oder Mehrzweckschuhen. Insbesondere orthopädische Begriffe finden sich in den Modellbeschreibungen wieder. So gibt es Pronationsschuhe (sind gegen das „Abknicken" der Füße nach innen gestützt), Supinationsschuhe (sind gegen das „Abknicken" der Füße nach außen gestützt) und Schuhe für „Normalfüßler". Des weiteren spielt das Aufsetz- und Abrollverhalten der Füße beim Laufen eine wichtige Rolle bei der Laufschuhauswahl. Davon hängt u. a. die Nutzung des jeweils notwendigen Dämpfungssystems (Vorfuß-, Rückfußdämpfung) ab. Hinzu kommt die Verarbeitung einer Vielzahl von Zusatzelementen, die sich einerseits als sehr nützlich erweisen (z. B. Reflektorstreifen) und andererseits auch modischer „Schnick-Schnack" sein können. Und dann ist da noch das Preisgefälle … Kurzum: Wer die Wahl hat, hat die Qual. Da uns die Füße noch ein ganzes Leben tragen sollen, ist eine wohlüberlegte Auswahl der Laufschuhe wichtig.

1. Aus den o. g. Gründen ist unbedingt der Fachmann als Berater gefragt. Gute Laufschuhfachgeschäfte erfragen den orthopädischen Fußstatus, haben ein Laufband mit Videoanalyse und nehmen sich Zeit für eine umfangreiche Modellberatung.

2. Gegebenenfalls kann auch ein Gutachten über den Fußtyp beim Orthopäden eingeholt werden.

3. Wichtig ist auch, für welchen Zweck ich Laufschuhe nutzen möchte. Bin ich Jogger, Marathonläufer, Ultrasportler, Straßenwettkampf- oder Geländesportler? Die Spezialisierung der Modelle ist sehr hoch, so daß die hauptsächliche Benutzung klar sein sollte.

4. Auch das Körpergewicht spielt eine entscheidende Rolle beim Laufschuhkauf. Oft wird angenommen, daß schwere Läufer (über 80 kg) weiche Schuhe benötigen. Diese Auffassung ist falsch! Die Labilität dieser Modelle ist zu hoch und damit die Verletzungsgefahr für den Sportler zu groß (Scherkräfte). Umgekehrt sind zu harte Schuhe für „Leichtgewichte“ auch nicht gut, da die Sohle nicht gebogen werden kann und der „Platsch-Effekt“ ebenfalls Probleme bereiten kann.

5. Generell sollten die Laufschuhe für alle Läufertypen einen guten Rückfußhalt (stabile Fersenkappe) bieten.

6. Auch der Schuhschaft muß gut an die Fußform anzupassen sein. Insbesondere die Schnürung darf keine Druckstellen hinterlassen. Es gibt einige neue Varianten der Schnürung. Aber bislang hat sich die herkömmliche Kreuzschnürung am meisten bewährt.

7. Der Zehenbereich muß etwas großzügiger bemessen sein. In der Regel ist das „Daumenmaß“ für die Bestimmung der Schuhlänge richtig angesetzt. Individuelle Abweichungen bei Trainings- und Wettkampfschuhen sind üblich.

8. Stützelemente, Zwischensohlenkonstruktion und Dämpfungsvarianten hängen größtenteils vom Fußtyp ab.

9. Bei Notwendigkeit können auch zusätzliche Einlagen eine bessere Stützung gewähren.

10. Zum Teil benötigen Laufschuhe eine gewisse Einlaufzeit. Aus Gewöhnungsgründen sollten Laufschuhe daher nicht sofort zum Wettkampf getragen werden. Ein vorheriges Austesten der Laufschuhe unter verschiedenen Bedingungen (Profil, Untergrund, Tempo, Socken, Nässe ...) erspart mitunter unangenehme Reibstellen und Blasen.

11. Die Laufschuhe der jüngsten Generation brauchen auch mal eine Pause! Im Zuge der Gewichtsreduzierung für Laufschuhe wird die Zwischensohle geschäumt und schlägt bei häufiger Beanspruchung Falten. Damit verliert der Schuh seine Stütz- und Dämpfungsfunktion. Ein häufiger Schuhwechsel in der Woche ist also angezeigt.

Nacht – sehen und gesehen werden

Bei Dämmerung und Dunkelheit ist beim Sporttreiben im Freien oft schlechte Sicht gegeben. Nun steht man vor der Wahl: „Sporteln oder nicht sporteln?" Der innere „Schweinehund" findet tausend Ausreden, gerade heute, bei diesem schlechten Wetter, nicht in die Sportsachen zu steigen. Morgen ist ja auch noch ein Tag. Die Vernunft sagt: Wenn ich mich heute nicht bewege, ist die Woche gelaufen, denn morgen ist Mutters Geburtstag, Mittwoch kommen unsere Freunde und das Wochenende ist auch schon verplant. Schließlich erreiche ich nur über eine gewisse Regelmäßigkeit den Effekt, der mir die Vorteile des Sporttreibens verschafft.

Wenn dann (hoffentlich!) die Entscheidung für die Bewegung gefallen ist, dann sind die Sportsachen gefragt, die vor allem in der „blauen Stunde" Sicherheit geben. Sicherheit, was die Frage „sehen und gesehen werden" anbelangt.

So gibt es im Sporthandel z. B. Reflektorstreifen, die an beliebigen Stellen der Kleidung angebracht werden können. Dabei sollte bedacht werden, daß von allen Seiten Licht reflektiert werden kann. Günstige Stellen sind die

Rückenmitte, rechter und linker Oberarm sowie die Unterschenkel (möglichst rundum) und die obere Brustseite. Die Kopfbedeckung kann auch reichhaltig „geschmückt“ werden. Des weiteren gibt es im Radfachhandel „Katzenaugen“ bzw. „Blinklichter“, die bei schlechter Sicht zusätzlich benutzt werden können. Für „Nachtläufer“ ist eine kleine Stabtaschenlampe zu empfehlen. Auch die Laufschuhe haben z. T. Leuchtpunkte. Es muß ja nicht gleich eine Glimmlampe im Schuh eingebaut sein, doch auch der eigenen Phantasie sind keine Grenzen gesetzt. Im wesentlichen sollte natürlich helle Kleidung bevorzugt werden. Zur Not genügt auch eine „Technoweste“. „Safety first“ – dazu gehört auch, daß die Streckenführung verkehrsarm und möglichst beleuchtet sein sollte. Also keine Angst vor schlechtem Wetter. Insider sagen: „Es gibt kein schlechtes Wetter, nur ungünstige Bekleidung!“

Abnehmen

Für viele ein Reizwort, Wunsch oder auch verdrängtes Thema. Dabei leiden in Deutschland ca. 40 % der Bevölkerung an Übergewicht – dies ist (leider) ein internationaler Rekord. Besonders nach der Weihnachtszeit läßt viele der Blick auf die Waage erschrecken – und neue Vorsätze fassen.

Wo liegen die Ursachen für das zu hohe Gewicht?
Unser Lebensstil hat sich insbesondere in den letzten 100 Jahren deutlich gewandelt. So überwog früher die körperliche Tätigkeit, während heute viele Tätigkeiten im Sitzen ausgeführt werden. Damit aber nimmt der Energieverbrauch erheblich ab. Vor etwa 100 Jahren haben sich die Menschen deutlich mehr bewegt. Zum anderen haben sich unsere Ernährungsgewohnheiten nicht an die reduzierte körperliche Tätigkeit angepaßt. Im Gegenteil, wir essen viel zu gut und vor allem zu fettreich. Zusätzlich spielen natürlich auch erbliche Faktoren eine wichtige Rolle, die zu etwa 40 % für das Übergewicht verantwortlich sind.

Welche Risiken entstehen durch Übergewicht?

Durch vielfältige wissenschaftliche Untersuchungen wurde nachgewiesen, daß durch Übergewicht das Risiko an Erkrankungen des Herz-Kreislauf-Systems wie Bluthochdruck, Herzinfarkt, Schlaganfall sowie an Stoffwechselerkrankungen wie z. B. Zuckerkrankheit, erhöhte Blutfettwerte zunimmt. Auch viele degenerative Erkrankungen wie Rücken- und Gelenksbeschwerden hängen eng mit einem zu hohen Gewicht zusammen. Je größer das Gewicht, desto höher das Risiko. Andererseits läßt sich auch klar belegen, daß mit einer Gewichtsreduktion das Risiko deutlich reduziert werden kann.

Warum versagen viele Diäten?

Die Werbung führt uns viele kurzfristige Wunderdiäten vor, die aber zumeist nach einem raschen Gewichtsverlust schon bald wieder zum Ausgangsgewicht oder schlimmer noch zu einem höheren Gewicht führen. Was viele nicht wissen, ist, daß man bei zu schnellem Gewichtsverlust auch Wasser und Eiweiß, d. h. eben auch Muskulatur verliert. Aber gerade die Muskulatur verbrennt die Fette und bis zu 75 % der aufgenommenen Kalorien. Jedes Gramm weniger Muskulatur wirkt sich also negativ auf den Energieverbrauch aus. Durch solche „Blitz-Diäten" kann es weiterhin zu einer Mangelversorgung mit Vitaminen, Mineralien, Spurenelementen kommen. Der Körper verfällt in einen „Sparmodus" und verbraucht weniger Energie. Dies alles kann auch zu gesundheitlichen Problemen führen. Bei anschließender normaler Ernährung ist der sogenannte Jo-Jo-Effekt vorprogrammiert. Das letztendliche Gewicht ist noch höher, es entsteht ein Gefühl des „Versagens". Auch sind Ernährungsgewohnheiten nicht von heute auf morgen zu verändern und bedürfen einer langfristigen Betreuung. Unser Körper benötigt ca. ½ bis 1 Jahr, um sich auf sein neues Sollgewicht umzustellen. Fazit: Rasches Abnehmen bringt auf Dauer keinen Erfolg.

Können Medikamente das Problem lösen?

Nein. Neue Medikamente wie z. B. die neue Anti-Fett-Pille „Xenical" können aber eine anfängliche Unterstützung zur Gewichtsreduktion darstellen. Diese reduziert die Fettresorption im Darm. Damit wird dem Körper weniger Fett und Energie zugeführt. Wichtig sind aber begleitende Maßnahmen wie die langfristige Veränderung von Ernährungsgewohnheiten, vermehrte körperliche Aktivität, Umgang mit Belastungssituationen etc., für die es natürlich keine Medikamente gibt.

Wie kann man denn nun erfolgreich abnehmen?
Durch eine Umstellung von Ernährungs- und Eßgewohnheiten sowie durch eine Erhöhung der körperlichen Aktivitäten. Bei der Ernährung ist in erster Linie auf eine fettarme und ausgewogene Ernährung zu achten. Fett macht eben fett. Fette sind vor allem in Ölen, Butter, Margarine, Wurst und Milchprodukten (Käse!) enthalten. Hier also immer auf die fettärmeren Sorten zurückgreifen, nach dem Motto: teure Wurst und billiger Käse. Bei starkem Übergewicht haben sich zu Beginn der Behandlung spezielle bilanzierte Diäten bewährt, die mittlerweile als unverzichtbarer Baustein gelten.

Körperliche Aktivität ist wichtig, aber als alleinige Maßnahme für eine Gewichtsreduktion nicht ausreichend. 1 kg Fett speichert 7000 kcal Energie, und diese müssen erst einmal verbraucht werden. Fährt z. B. eine untrainierte Person 1 Stunde Rad, so werden zusätzlich etwa 300 kcal Energie und ca. 15 g Fett verbrannt. Daran kann man erkennen, daß man schon sehr lange Radfahren müßte, um effektiv abzunehmen. Wichtig für eine effektive Fettverbrennung ist eine mindestens 20minütige Dauerbelastung bei niedriger Intensität und Regelmäßigkeit der Belastung. Körperliche und sportliche Aktivitäten sind insgesamt auch aus dem Grund wichtig, da sie den Energieverbrauch erhöhen, den Grundumsatz steigern, zur Erhaltung der Muskelmasse beitragen und eine langfristige Veränderung des Ernährungsverhaltens fördern.

Sinnvoll ist eine langfristige Gewichtsabnahme von 0,5 bis 1,0 kg pro Woche. Die Gewichtsabnahme sollte dabei ausschließlich aufgrund der Reduktion des Fettanteils bei Erhaltung der Muskelmasse vonstatten gehen. Trotz der individuell unterschiedlichen Veranlagung kann jeder sein Schicksal selbst aktiv beeinflussen.

Gibt es eine Erfolgskontrolle?
Dauerhaft abnehmen kann nur derjenige, der seinen Körperfettgehalt bei Erhaltung der Muskelmasse langfristig verringert. Die Waage ist dabei leider nur ein unzuverlässiges Instrumentarium. Mittels moderner Körperfettanalysen, wie z. B. der Bioimpedanzanalyse (BIA), kann die Körperzusammensetzung bestimmt und so der Erfolg regelmäßig überprüft werden.

Welche Qualitätsanforderungen sollten an Abnehmprogramme gestellt werden?
Diese sollten eine ausgewogene Ernährung gewährleisten, die zu keiner Mangelversorgung mit allen lebenswichtigen Bausteinen wie Kohlenhydrate, Fette, Eiweiße, Vitamine, Minerale, Spurenelemente führt. Auch sind diese Programme langfristig mit einer regelmäßigen Betreuung und ohne psychischen Druck und Strafen auf die Patienten auszurichten. Während der Programme ist eine umfassende Information und Schulung vorzunehmen. Eine ärztliche Begleitung ist empfehlenswert.

„Auch ein langer Weg beginnt mit dem ersten Schritt."
(Chinesisches Sprichwort)

Cholesterin

„Ihr Cholesterinspiegel ist zu hoch" – für viele eine unerfreuliche Botschaft. Aber was hat das zu bedeuten? Die wenigsten wissen, daß Cholesterin ein natürlicher Bestandteil unseres Körpers ist. Es ist ein Baustein unserer Körperzellen, es ist Ausgangsstoff für Hormone (u. a. Geschlechtshormone), es ist wichtig für die Synthese von Vitamin D (wirkt der Osteoporose entgegen) und ist Bestandteil der Gallensäuren. Es ist also – schlichtweg – unentbehrlich. Mehr als die Hälfte des Cholesterins wird in unserem Körper selbst produziert. Nur etwa 20 bis 40 % des Cholesterins sind damit durch die Nahrung zu beeinflussen.

Der Cholesterinwert allein ist an sich wenig aussagekräftig. Um ihn richtig beurteilen zu können, muß man weitere Parameter berücksichtigen. Es gibt verschiedene Transportformen des Cholesterins in unserem Körper. Das sog. „schlechte" Cholesterin, auch LDL-Cholesterin genannt, transportiert vor allem Cholesterin auf dem Blutweg und schleust es in die Zellen ein. Damit ist diese Form ein wesentlicher Risikofaktor für Herz-Kreislauf-Erkrankungen. Der Durchmesser von Blutgefäßen wird durch Ablagerungen immer enger, und die Blutversorgung von Herz und Gehirn wird schlechter. Im schlimmsten Fall sind Herzinfarkt und Schlaganfall die Folge. Aber es gibt auch das sog. „gute" Cholesterin – das HDL-Cholesterin. Dies ist in der Lage, aus den Zellen Cholesterin wieder aufzunehmen und in die Leber zu transportieren. Dort wird es weiterverarbeitet und unschädlich gemacht. Damit ist eine hohe HDL-Konzentration ein Schutzfaktor vor Arteriosklerose.

Wie hoch sollen denn nun die verschiedenen Cholesterinwerte sein? Der Gesamtcholesterinspiegel gilt als tolerabel bis 230 mg/dl, der LDL-Spiegel bis 160 mg/dl, falls keine weiteren Risikofaktoren vorliegen. Im Falle von z. B. Bluthochdruck, Diabetes mellitus, koronare Herzkrankheit, Zigarettenrauchen und eine familiäre Belastung sind niedrigere Werte anzustreben. Das schützende HDL-Cholesterin sollte bei Männern höher als 35 mg/dl und bei Frauen größer als 45 mg/dl sein.

Was ist bei zu hohen Cholesterinwerten zu tun? Die meisten Menschen regulieren ihren Cholesterinspiegel von selbst, d. h. wird zuviel durch die Nahrung zugeführt, wird die eigene Produktion gedrosselt. Kritisch wird es bei den sog. „Nichtkompensierern". Bei diesen führt eine cholesterinreiche Ernährung zu erhöhten Cholesterinwerten. Die Konsequenz: Ernährungsumstellung hinsichtlich einer cholesterinarmen, ausgewogenen Mischkost. Zu meiden sind dann vor allem tierische Nahrungsmittel wie z. B. Innereien, Eigelb, Meerestiere, Vollmilcherzeugnisse und fettes Fleisch und Fisch. Allerdings sind diese Maßnahmen zumeist unzureichend, um den Cholesterinspiegel effektiv zu senken. Erst zusammen mit der Beachtung einer ausgewogenen, gesunden Ernährung und viel Bewegung kann mit einem Effekt gerechnet werden. Die Ernährung ist dabei auf den Kalorienbedarf abzustimmen, der Gesamtfettgehalt sollte nicht mehr als 30 % betragen. Gesättigte Fettsäuren (vor allem in tierischen Lebensmitteln) sind einzuschränken und durch einfach und mehrfach ungesättigte Fettsäuren zu ergänzen (Olivenöl, Pflanzenöl, Diätmargarine). Weiterhin wichtig ist eine ballaststoffreiche Kost, d. h. viel Obst, Gemüse, Vollkornprodukte. Ein regelmäßig durchgeführtes, wohldosiertes Ausdauertraining im „Fettstoffwechselbereich“ unterstützt dabei die Behandlung. Als Trainingsprogramm sollten 3mal in der Woche jeweils mindestens 30 Minuten Radfahren, Wandern, Schwimmen, Laufen etc. im lockeren Tempo durchgeführt werden. Erst bei einer Dauer von ca. 20 bis 30 Minuten werden die Fette zur Verbrennung effektiv herangezogen. Nicht das Tempo, sondern die Dauer der körperlichen Betätigung ist der entscheidende Faktor.

Erhöhte Cholesterinwerte sollten auf jeden Fall durch den Hausarzt kontrolliert werden. Erst wenn alle nichtmedikamentösen Maßnahmen erschöpft sind, und nicht den gewünschten Nutzen brachten, kann der Einsatz von gezielten Medikamenten erwogen werden.

Osteoporose

Viele Menschen glauben, daß ein Knochen aus einem festen, harten Material besteht und sich nicht verändert. Aber dabei sind auch die Knochen ein dynamisches, sich ständig veränderndes Gewebe. Man kann es eben nur nicht direkt sehen. In der Kindheit und Jugend werden mit dem Längenwachstum nicht nur die Knochen länger, sondern auch fester – die gesamte Knochenmasse nimmt zu. Mit dem 30.–35. Lebensjahr wird etwa das Maximum erreicht. Danach nimmt die Knochenmasse jährlich um etwa 0,5 bis 1,5 % ab. Dies ist normal und gehört zum natürlichen Altersvorgang. Im Knochen findet dabei ein ständiger Auf- und Abbau von Knochenmasse statt. Erst wenn der Abbauprozeß übermäßig stark wird, sprechen die Ärzte von einer Krankheit, der Osteoporose. Das Wort Osteoporose kommt aus dem Griechischen und heißt poröser Knochen. Die Folgen sind unter anderem eine erhöhte Gefahr von Knochenbrüchen und ein Zusammensinken der Wirbelsäule, verbunden mit chronischen Schmerzen, Muskelverspannungen und Überlastungen von Gelenken und Bändern. Betroffen sind zumeist Menschen im höheren Lebensalter. In der Altersgruppe der 50- bis 70jährigen ist jeder 12. Mensch betroffen. Die Mehrzahl der Patienten sind Frauen, aber auch Männer können davon betroffen sein. Die Ursachen der Osteoporose sind vielfältig. Zum einem ist eine Vielzahl von Risikofaktoren zu nennen wie Fehlernährung mit kalziumarmer und phosphatreicher Kost, Untergewicht, übermäßiger Genuß von Alkohol und Nikotin, Bewegungsmangel, Einnahme von bestimmten Medikamenten über einen langen Zeitraum, aber auch eine Reihe von hormonellen, Nieren- und Magen-Darm-Erkrankungen. Bei Frauen kommt als weiterer wesentlicher Faktor der Mangel an weiblichen Geschlechtshormonen nach den Wechseljahren oder nach operativer Entfernung der Eierstöcke hinzu. Gefährdet sind auch Sportlerinnen mit Eßstörungen und bei ausbleibender Regelblutung.

Was kann aber nun jeder zur Prophylaxe gegen die Osteoporose tun? Dies fängt eigentlich schon in der Kindheit an. Je höher die maximale Knochenmasse, desto besser die Ausgangssituation. Auch wenn genetische Faktoren die Knochenmasse entscheidend vorher bestimmen, spielt unabhängig davon eine kalziumreiche Ernährung eine wichtige Rolle. In der weiteren Phase soll die vorhandene Knochenmasse möglichst viele Jahre auf hohem Niveau gehalten werden. Dabei sind zwei Faktoren von entscheidender Bedeutung: die Ernährung und die Bewegung. Die Ernährung sollte dabei einerseits kalziumreich und andererseits phosphatarm sein, da Phosphate die Kalziumaufnahme aus dem Darm hemmen. Sinnvoll sind alle Milchprodukte wie Käse, Milch, Joghurt, aber auch Gemüse wie Brokkoli, Porree, Grünkohl, Fenchel und kalziumreiches Mineralwasser. Phosphatreiche Kost, wie Fleisch- und Wurstwaren, sollten reduziert werden. Genußmittel wie Alkohol, Kaffee, Salz bewirken eine schnellere Kalziumausscheidung über die Nieren. Nichts ist gegen ein kühles Bier oder ein Glas Wein am Abend einzuwenden, aber das richtige Maß ist wichtig. Des weiteren ist auf eine ausreichende Vitamin D-Zufuhr zu achten. Vitamin D sorgt in unserem Körper dafür, daß das Kalzium aus dem Darm in das Blut aufgenommen werden kann. Wichtige Vitamin D-Lieferanten sind Seefisch wie Hering und Makrele und die Frucht Avocado. Allerdings kann unser Körper auch Vitamin D selbst herstellen, dafür braucht unsere Haut aber ausreichend Sonnenlicht. Ein ausgiebiger Spaziergang ist sicher nicht nur für die Osteoporoseprophylaxe sinnvoll.

Je mehr ein Knochen belastet wird, desto mehr überwiegen die Aufbauvorgänge. Vor allem die Schwerkraft und die Muskelkontraktion stellen die wesentlichen mechanischen Kräfte dar, die am Knochen wirken. Kräftigende Übungen sind damit in ihrer Wirkung am höchsten einzuschätzen. Im Bereich des Ausdauersports ist ein dosiertes Lauftraining aus präventiver Sicht besser geeignet als Radfahren.

Menschen mit klinisch manifester Osteoporose sollten neben der durch den Arzt verordneten medikamentösen Therapie auch eine kontrollierte Bewegungstherapie durchführen. Die Anpassungen im Skelettsystem finden in jedem Alter statt. Es ist also nie zu spät, mit dem körperlichen Training zu beginnen und sich bewußter zu ernähren.

Vitamine

Vitamine sind für den Menschen unentbehrliche Nährstoffe, die vor allem über die pflanzliche, aber auch tierische Nahrung regelmäßig aufgenommen werden müssen. Sie gelten als Nahrungsbestandteile, die im Körper selbst nicht aufgebaut werden können und deshalb täglich durch vitaminreiche Kost dem Körper zugeführt werden müssen. Da sie an allen wichtigen Stoffwechselvorgängen als Katalysatoren (Beschleuniger) beteiligt sind, wirkt sich Vitaminmangel leistungsmindernd aus und kann gegebenenfalls zu Erkrankungen führen. Seeleute, die früher lange Zeit ohne Frischkost auskommen mußten, erlitten Skorbut, eine Krankheit infolge Mangels an Vitamin C, die Zahnausfall und negative Wirkungen auf das Skelett hatte. Wer sich heute vielseitig ernährt und nicht gänzlich frisches Obst und Gemüse verschmäht, leidet in unseren Breiten in der Regel nicht an Vitaminmangel. Allerdings sollte die Kost nicht nur aus der Dose sein, denn je höher die industrielle Aufbereitung und je länger die Lagerung, um so weniger Vitamine werden am Ende darin enthalten sein. Insofern sollte jeder, der sich gesund ernähren möchte, die Nahrung so naturbelassen wie möglich aufnehmen und auch bei der Zubereitung schonende Gar- und Aufbereitungsverfahren verwenden. Vollwertkost bzw. Vollwerternährung ist durch seine Naturbelassenheit und den hohen Anteil an Frischkost vitaminreich, gesund und deshalb zu empfehlen. Vorsicht ist insbesondere im Sport vor übertriebenen Vitamingaben durch Konzentrate (Tabletten etc.) geboten. Zum einem ist noch kein wissenschaftlich fundierter Nachweis geführt, daß Vitaminisierung automatisch die sportliche Leistung erhöht, andererseits liegen Befunde vor, daß allzu hohe Dosierungen Erkrankungen hervorrufen können. *Viel hilft eben nicht viel;* dies ist wie im normalen Leben. Der größere Vitaminbedarf durch mehr Bewegung und Sport wird in der Regel durch eine erhöhte Nahrungsaufnahme ausgeglichen, vorausgesetzt, sie ist vitaminreich. Also *frisches Obst, Gemüse, Vollkornprodukte* und andere vollwertige Nahrungsmittel gehören täglich auf den Tisch. Vitaminsubstitutionen in Form von Tabletten und anderen Konzentraten sollten in der Regel mit dem Arzt abgestimmt werden.

Wundermittel Elektrolyt?

Schaut man in die Marathonlaufgeschichte, so gab es in den 50er Jahren die Auffassung, daß ein Marathonlauf ohne Trinken zu erbringen ist. Es wurden sogar „Austrocknungsversuche" unternommen, um eine Gewichtsreduzierung wie bei Sportarten mit Gewichtsklassen zu erreichen. Je leichter, je ausgemergelter, um so schneller. Diese Auffassung stimmte nur bedingt. Sicherlich spielt das Wettkampftempo eine große Rolle. Doch was nützt das beste Auto, wenn der Motor streikt. Der Sportler benötigt zur optimalen Aufrechterhaltung seiner Körperfunktionen Wasser. Im Altersgang ändert sich dieses Verhältnis zwar (Senioren nur noch 50–55 %), aber die Stellung des Flüssigkeitshaushaltes und damit auch der Elektrolyte bleibt wichtig. „Flüssig bleiben!" Oft hört man diese Aufforderung im Training oder Wettkampf. Und sie ist berechtigt! So werden bei einer ausreichenden Flüssigkeitszufuhr „Transportprobleme" von Kohlenhydraten (Glucose), Spurenelementen und anderen funktionserhaltenden Stoffen besser gelöst. Auch die flüssige Aufbereitung (Lösung) der Stoffe funktioniert besser.

Wenn dann noch in der zugeführten Flüssigkeit die richtige Konzentration an Elektrolyten ist, dann findet der Prozeß des Wasser- und Stofftransportes vom Magen in den Darm bzw. bis in die Zelle aktiver statt. Somit wird die Zellversorgung schneller gesichert. Wenn nur reines Wasser gegeben wird, dann dauert dieser Prozeß erheblich länger. Doch wie bei so vielen Dingen ist auch in der Elektrolytkonzentration die Dosis entscheidend. Eine zu hohe Konzentration bewirkt genau das Gegenteil. Dem Darm wird Flüssigkeit entzogen, da die Konzentration an Elektrolyten im Magen höher ist. In der Regel werden pro Liter Wasser 50 g Glucose und 400–800 mg Natrium als Marathongetränk empfohlen. Das ganze verfeinert mit Obstsaft schmeckt zwar nicht so himmlisch, ist aber zweifelsohne wirksamer und preiswerter als so manches marketinggesteuertes Getränk. Und noch ein Tip am Ende: Trinken sollte auch im Training bei langen Läufen geübt werden. Einerseits prüft man die Verträglichkeit der Mixtur, und andererseits gehört eine gewisse Trinktechnik in der Bewegung dazu.

Die findusFitneß-Tabelle

Lebensmittel und ihre Wirkung

	Portion in g	kcal/ Portion	Säure/ Base	Aus-dauer	Regene-ration	Abwehr-kräfte
Apfelsaftschorle 1 : 1	200	25	B	■	■	■
Aprikose	200	99	B	■	■	■
Avocado	100	212	B	□	■	■
Banane	150	132	B	■	■	■
Barsch	150	152	S	□	■	□
Bergkäse	30	125	S	□	□	☒
Bier	500	225	S	☒	□	☒
Brokkoli	200	52	B	■	□	□
Buttermilch	200	74	B	□	■	□
Chinakohl	150	17	B	■	□	■
Cola	300	264	S	☒	□	☒
Distelöl	10	93	S/B	☒	□	■
Emmentaler	30	125	S	□	□	□
Erdnüsse, geröstet	25	155	S	☒	☒	☒
Forelle	150	176	S	□	■	■
Grapefruit, 1 ganze	250	103	B	■	☒	■
Haferflocken	40	154	S	■	☒	□
Hähnchen mit Haut	150	310	S	☒	□	☒
Heidelbeeren	200	187	B	■	■	■
Hühnerei, 1 ganzes	60	101	S	■	■	■
Kalbsleberwurst	30	135	S	☒	☒	☒
Karotten	200	56	B	■	■	■
Kartoffeln	200	168	B	■	■	■
Kiwi, 1 ganze	200	115	B	■	■	■
Kopfsalat	50	6,5	B	■	☒	□
Krabben	100	106	S	□	□	☒
Mandeln	25	154	B	■	■	■
Milch	200	99	B	□	□	□
Nudeln	80	275	S	■	■	□
Orange, 1 ganze	150	73	B	□	□	■
Paprika, grün	200	42	B	■	■	■
Putenfleisch	150	179	S	□	□	□
Rindfleisch, mager	150	231	S	□	■	□
Schinken	30	65	S	□	□	□
Spinat	150	22	B	■	■	■
Teewurst	30	129	S	☒	☒	☒
Vollkornbrot, 1 Scheibe	50	108	S	■	■	■
Weizenkleie	20	74	S	■	□	■
Wiener Würstchen	100	273	S	☒	□	☒
Zucchini	200	45	B	■	■	■

■ = gut   □ = mittel   ☒ = schlecht

Mit freundlicher Genehmigung: findusFit, Sportdiätica GmbH,
Nolteweg 12, 94336 Hunderdorf, Tel. 09422/501043, Fax 09422/501049

Ziel

Gibt es im Gesundheitssport und körperlichen Training überhaupt ein Ziel im Sinne einer Beendigung, eines „Zieleinlaufs“? Eigentlich nicht. Bei einer regelmäßigen körperlichen Belastung paßt sich der Körper langsam in Form von funktionellen und strukturellen Veränderungen an. Die ersten Anpassungen vollziehen sich innerhalb der ersten Wochen im Herz-Kreislauf-System und der Muskulatur. Diese sind anfänglich funktioneller Natur, d. h. es geschehen zuallererst positive Veränderungen im Nervensystem. Das Herz fängt an, ökonomischer zu arbeiten, und die Muskulatur stellt sich immer besser auf die körperliche Beanspruchung ein. Erst mit zunehmender Zeit kommt es zu strukturellen Anpassungsreaktionen wie u. a. verbesserter Blutversorgung und kräftigerer Muskulatur. Sehnen und Bänder benötigen z. B. für das Erreichen einer höheren Festigkeit und Stabilität durch das Training Monate. Im Knorpel und Knochen sind diese Prozesse sogar noch langsamer, erst Jahre eines regelmäßig durchgeführten Trainings führen zu Veränderungen wie Dickenzunahme des Knorpels und festerer Knochenbau. Andererseits sind diese Prozesse bei körperlicher Inaktivität auch rückläufig, so daß der mühevoll erarbeitete Nutzen schwindet. Auch aus diesem Grund sollte man sich eher auf ein langfristiges körperliches Trainingsprogramm orientieren.

Ein Ausdauertraining ist besonders wichtig für die Prävention von Herz-Kreislauf-Erkrankungen wie Herzinfarkt, Bluthochdruck, Schlaganfall und Stoffwechselerkrankungen wie Diabetes und Fettstoffwechselstörungen. Des weiteren werden die Lungen gekräftigt, Übergewicht und Streß werden abgebaut, Infektionskrankheiten kann vorgebeugt werden. Das Krafttraining hingegen hat keinen positiven Einfluß auf die Herz-Kreislauf-Erkrankungen. Allerdings kann nur ein muskelkräftigendes Training altersbedingten Kraftverlusten und der Osteoporose vorbeugen. Mit einer kräftigen Muskulatur kann vielen degenerativen Erkrankungen begegnet werden. Als Beispiel sei nur der Rückenschmerz erwähnt, unter dem ca. 30 % aller Erwachsenen in Deutschland leiden. 10 % der Patienten sind chronisch krank und verursachen damit 80 % der Kosten für die Behandlung von Rückenproblemen. Ein rückenkräftigendes Training kann bei einem Großteil dieser Patienten die Schmerzen zumindest erheblich lindern.

In einer kürzlich veröffentlichten Studie wurde der Zusammenhang zwischen Sport und Gesundheit untersucht. Wie sich zeigte, sind Personen, die regelmäßig körperlich aktiv sind, gesünder und insgesamt mit ihrem Leben zufriedener als inaktive. Zudem klagen sportlich aktive Menschen seltener über berufsbedingte Belastungen und zeigen auch bei der Analyse von Risikofaktoren für Herz-Kreislauf-Erkrankungen bessere Werte.

Das eigentliche Ziel besteht somit in einer dauerhaften gesundheitsbewußten Lebensweise, bei der u. a. die körperliche Aktivität wie die gesunde Ernährung eine wichtige Rolle spielen. Das Erreichen eines hohen Alters ist dabei nicht garantiert. Viel wichtiger ist die Verbesserung der Lebensqualität, des Wohlbefindens, der Lebensfreude, der Leistungsfähigkeit. Oder auch anders ausgedrückt – gesund alt werden.

Damit wird immer mehr der Weg das Ziel. Bisherige Lebensgewohnheiten sollten überprüft und in kleinen Schritten geändert werden. Ausgangspunkt kann ein Gespräch mit dem Arzt, der Familie oder Freunden sein. Vielleicht trifft man sich in der Folge regelmäßig zum Wandern, Fahrradfahren, Schwimmen oder schließt sich einem Sportverein an. Der Spaß an der Bewegung sollte dabei natürlich an erster Stelle stehen. Auch eine gesunde Ernährung kann gut schmecken, man muß es eben vielleicht nur einmal ausprobieren. Ein Kochkurs oder eine Ernährungsberatung können sicherlich wertvolle Impulse vermitteln. Wichtig ist, ständig am Ball zu bleiben.

Fortgeschrittene – Trainingsplanung Laufen

1. Regenerations- und Kompensationstraining (KB)

Ziel:

- Unterstützung der Wiederherstellung nach intensiven Trainingseinheiten oder Wettkämpfen
- Beschleunigung des Regenerationsprozesses nach Belastungszyklen
- Mentale Einstimmung auf nachfolgende Belastungen

Trainingsmethode: Kontinuierliche Dauermethode

- lockerer Dauerlauf zwischen 30 Min. und 1 h
- Geschwindigkeit ordnet sich der vorgegebenen Belastungsherzfrequenz unter
- Gymnastikpause kann eingelegt werden

Geländeprofil: flach

2. Grundlagenausdauer 1 (GA 1)

Ziel:

- Entwicklung und Ökonomisierung der Grundlagenausdauerfähigkeit (aerobe Kapazität)
- Die Energiebereitstellung erfolgt vorwiegend über den Fettstoffwechsel

Trainingsmethode: Kontinuierliche Dauermethode

- Jeweiliger Einsatz unter Beachtung der Trainingsperiode mit dem Ziel, die GA 1 zu entwickeln und zu stabilisieren
- Einsatz von kurzen (8–12 km), mittleren (13–20 km) und langen (> 20–40 km) Dauerlaufstrecken
- Die Dauerlaufstrecken werden ohne Unterbrechung absolviert

Geländeprofil: flach bis leicht profiliert

3. Grundlagenausdauer 2 (GA 2)

Ziel:

- Erhöhung der Grundlagenausdauerfähigkeit (aerobe Kapazität)
- Die Energiebereitstellung erfolgt aerob über Kohlenhydrat- und Fettstoffwechsel (Mischstoffwechsel)

Trainingsmethoden:

A Kontinuierliche Dauermethode

- Schnellere Dauerläufe über 5–15 km
- Herzfrequenz im angegebenen Bereich halten

B Variable Dauermethode

- Dauerläufe mit leicht variiertem Tempo über 8–20 km
- Freies Fahrtspiel (FS) mit Tempoerhöhung (nicht maximal) zwischen 30 Sekunden und 3 Minuten
- Tempowechseltraining (TW) mittels regelmäßigem Wechsel von schnellen und mittleren Tempoabschnitten zwischen 1–4 km

C Extensive Intervallmethode

- Strecken zwischen 100 m und 3 km werden mit mittlerer Geschwindigkeit, kurzen Pausen und hohen Wiederholungszahlen absolviert

D Berganlauf

- Berganstrecken zwischen 1–6 km werden gleichmäßig langsam absolviert (Wiederholungen sind möglich)
- Herzfrequenzbereiche sind unbedingt einzuhalten
- Steigungen zwischen 6–15 % wählen

Wichtiger Hinweis! Bei der Marathonvorbereitung entspricht das GA 2-Tempo des kontinuierlichen Dauerlaufes dem geplanten Wettkampftempo.

Geländeprofil:

A/B flach bis leicht profiliert

C flach

D bergan

4. Wettkampfspezifische Ausdauer (WSA)

Hinweis:
Ist für Marathontraining Ausprägung der Unterdistanzleistungsfähigkeit.
Ist für Mittel- und Langstrecke Ausprägung der Wettkampfleistung.

Ziel:
- Herausbildung der für den Wettkampf notwendigen Ausdauerfähigkeit bzw. für den Marathon die notwendigen Zubringerleistungen
- Gewöhnung an wettkampfnahe Geschwindigkeiten und Belastungszeiten
- Verbesserung der komplexen energetischen Leistungsvoraussetzungen
- Die Energiebereitstellung erfolgt überwiegend anaerob über den Kohlenhydratstoffwechsel
- Entwicklung von Willensspannkraft und Tempogefühl

Trainingsmethoden:

A Intensive Intervallmethode
- planmäßiger Wechsel von Belastungs- und Erholungsphasen (je nach Streckenlänge zwischen 95–115 % der Zielgeschwindigkeit der Wettkampfstrecke)
- Pausenzeiten liegen zwischen 8–12 Minuten
- Pause ist passiv, keine Trabpause

B Wiederholungsmethode
- wird vorwiegend beim Mittelstreckentraining angewandt, z. B. 2 x 600 m max.
- Pausen sind lang und liegen zwischen 15–20 Minuten
- Pause ist passiv, keine Trabpause

Geländeprofil: flach (Bahn)

5. Schnelligkeitsausdauer (SA)

Ziel:
- Erhöhung der Mobilisationsfähigkeit aus dem ermüdeten Zustand heraus
- Erarbeiten einer Geschwindigkeitsreserve

- Erweiterung der physiologischen und neuromuskulären Funktionsamplitude
- Ausprägung der Willensschnellkraft

6. Schnelligkeit (S)

- Reaktionsschnelligkeit, max. Bewegungsfrequenz bis maximal 20 Sek.

7. Allgemeine athletische Ausbildung (a. a. A.)

- allg. Krafttraining
- Kraftgymnastik
- Lauf-ABC1

8. Semispezifisches Training (andere Sportarten)

- Skiroller/Ski
- Aquajogging
- Rad, MTB
- Walking
- Schwimmen …

Die Nutzung anderer Sportarten zur Verbesserung der Grundlagenausdauerfähigkeit, zur unspezifischen Rehabilitation und zur mentalen Entspannung sollte je nach persönlicher Neigung und Beherrschungsgrad der jeweiligen Disziplin unbedingt eingeplant werden.

Lauf-ABC

Vor dem Lauf-ABC sollte eine leichte Erwärmung stattfinden. Das Einlaufen bzw. Einrollen ist sicherlich individuell zeitlich unterschiedlich, darf aber aus Gründen der Verletzungsanfälligkeit nicht vernachlässigt werden. Eine anschließende Lockerungs- und Dehnungsgymnastik (10 Minuten) des gesamten Körpers mit Schwerpunktsetzung im Bein- und Fußbereich bereitet das Lauf-ABC gut vor.

Grundvariante

1. *Fußgelenkarbeit;* flüssiger Wechsel rechts/links zwischen Zehenstand und Ganzfußaufsatz
2. *Anfersen;* lockeres, wechselseitiges Führen des Unterschenkels zum Gesäß, Knie bleiben geschlossen, Oberschenkel des angefersten Beines befindet sich senkrecht zum Untergrund
3. *Kniehebelauf;* wechselseitiges Heben des Oberschenkels bis etwa zur Parallellage zum Untergrund, Oberkörper bleibt aufrecht
4. *Seitspreizlauf;* leicht sprunghafter Nachstellschritt 90 Grad zur Laufrichtung, je Durchgang mit links bzw. rechts beginnend, Oberkörper nicht verdrehen
5. *Überkreuzlauf;* ähnlich wie Seitspreizlauf, nur wird das Nachziehbein einmal vor und einmal nach dem Standbein aufgesetzt, Oberkörper bleibt 90 Grad zur Laufrichtung, Hauptverdrehung erfolgt über die Hüfte
6. *Hopserlauf;* lockere, wechselseitige Sprünge nach vorn oben, Beineinsatz ähnlich wie bei Kniehebelauf, Sprungbeinabdruck bis zum großen Zeh, diagonale Armbewegung über den Kopf nach oben

Übungsreihenfolge:	1.–6.
Übungsstrecke:	30 m
Rückweg (30 m):	gehend, trabend oder kombiniert
Wiederholung:	2–3 x (1.–6.), wobei der erste Durchgang etwas lockerer und betont auf Technik orientiert ist
Zeitpunkt/Woche:	mind. 2 x pro Woche, günstig vor anspruchsvolleren Programmen

Zusatzvariante (koordinativ anspruchsvoller)

7. Kombination Fußgelenk/Kniehebelauf, 4 : 4-Rhythmus
8. Kombination Fußgelenk/Anfersen, 4 : 4-Rhythmus
9. Kombination Kniehebelauf/Anfersen, 4 : 4-Rhythmus

Zu beachten ist die technisch saubere Ausführung der Einzelbewegung. Der Rhythmuswechsel kann auch variiert werden.

Übungsreihenfolge:	7.–9.
Übungssstrecke:	40–50 m
Rückweg:	gehend, trabend, kombiniert
Wiederholung:	2 x (7.–9.)

10. Koordinationsläufe; 15 m Fußgelenkarbeit, flüssiger Übergang zum Kniehebelauf (20 m) und aus dem Kniehebelauf Sprint (95 %) über 30 m

Zu beachten ist der klare und deutliche Übergang der Übungen und deren technisch gute Ausführung. Beim Wechsel zum Sprint ist der Oberkörper deutlich nach vorn zu verlagern (kein Abknicken!).

Übungsstrecke:	65 m (15 m, 20 m, 30 m)
Rückweg:	gehend, trabend, kombiniert
Wiederholungen:	3–6 x 10

Zwei bis vier Steigerungsläufe über 100 m und eine leichte Lockerungsgymnastik komplettieren das Lauf-ABC.

Die Laufpause ist wichtiger, als so mancher denkt

Verschnaufen!

Die Pause, das Austrudeln, Ausruhen, Innehalten, Kraftschöpfen gehört ebenso zum Training wie die „schweren" Einheiten selbst. Auch die Pause muß konsequent geplant werden. Meist gewinnen diejenigen, die am cleversten ihr Training gestalten. Und dazu gehört auf jeden Fall, im richtigen Moment die „Handbremse" zu ziehen. Wer trotz harter Leistungsanforderungen zwischendurch nicht immer mal wieder auftankt, wird nie seine mögliche und optimale Wettkampfleistung erreichen. Unzufriedenheit, über die gelaufene Zeit, den Rennverlauf und vieles mehr, sind dann die Folgen. Wenn sich solche Mißerfolge häufen, meint manch einer, die falsche Sportart gewählt zu haben, glaubt, nicht fürs Laufen geeignet zu sein. Dabei hätte vielleicht – statt noch härter zu trainieren – eine klug angelegte Pause mehr gebracht.

Nachfolgend werden einige Überlegungen zur Be- und Entlastungsdynamik beim Training angestellt. Der Körper braucht eine gewisse Zeit, um auf sportliche Reize positiv zu antworten, er braucht Zeit, sich dementsprechend anzupassen. So ist es beispielsweise rein biologisch gesehen kein Problem, sich innerhalb weniger Wochen erstmalig auf einen Marathon vorzubereiten. Das Herz-Kreislauf-System, der Atemgasstoffwechsel, das Energiebereitstellungssystem und selbst die Struktur der Muskeln können in wenigen Wochen auf eine solche Ausdauerleistung vorbereitet werden. Das eigentliche Problem liegt in der deutlich längeren Anpassungszeit des Binde- und Stützgewebes. Ca. 2 bis 3 Jahre sind nötig, um für ein Marathontraining fit zu sein. Wer zu früh die Dauerbelastung extrem steigert und dazu noch intensiv läuft, der wird früher oder später Knie-, Hüft- und Fußprobleme haben. Das muß nicht sein. Mitunter gehören Monate, Jahre dazu, ein erarbeitetes Leistungsniveau zu stabilisieren. Die Pause im Sinne der aktiven Entlastung, Wiederherstellung bzw. Umsetzung des vorher Trainierten in eine stabile und höhere Leistungsfähigkeit ist also tatsächlich als Trainingsmittel anzusehen. Wer den Zusammenhang von Be- und Entlastung in einer Richtung überbewertet, der wird niemals eine optimale Leistung erbringen können.

Der Wochenaufbau

Innerhalb der Trainingswoche wird zu oft monoton trainiert. Es sollte mehr Farbe ins Training gebracht werden. So ist z. B. für die Vorbereitung eines Marathonläufers, der drei Stunden im Wettkampf laufen möchte, wichtig, auf folgende Schwerpunkte innerhalb einer Belastungswoche zu achten:

1. Stabilisierung der Grundlagenausdauer (GA 1), die als Zubringerleistung zum großen Anteil in die Marathonleistung eingeht und zudem noch die Belastungsverträglichkeit und die Wiederherstellungsfähigkeit (nach Wettkampf und Training) verbessern hilft. Dies wird über lange, lockere „Sauerstoffläufe“ (vorwiegend im Fettstoffwechsel) bzw. über mittlere Dauerläufe (in unserem Beispiel GA 1 20–25 km/GA 1 8–15 km) erzielt.

2. Training im Wettkampftempo (GA 2) welches zur Erhöhung des Grundlagenausdauerniveaus führt und z. B. die Laufmotorik im geplanten Marathontempo schult. Hier sind schnelle Dauerläufe zwischen 10–12 km, später 15 km mit einer Wiederholung (15 + 5 km im GA 1-Tempo) angezeigt.

3. Schulung der höheren Laufmotorik – dabei wird eine Geschwindigkeitsreserve erarbeitet, die man für den Wettkampf benötigt. Ein gezieltes Fahrtspieltraining (FS) wirkt marathonspezifisch in der genannten Richtung. Harte Intervalle auf der Bahn sind nicht notwendig! Die schnellen Intervalle innerhalb des Fahrtspiels sollten auch als Spiel mit der Geschwindigkeit angesehen werden. Der Sportler muß das Tempo beherrschen und nicht umgekehrt! Wenn nun die Anordnung der Belastung im Wochenverlauf (Montag bis Sonntag) in der Grafik betrachtet wird, dann fallen folgende Belastungskriterien auf:
   - deutliche Be- und Entlastungsdynamik von Montag bis Sonntag
   - Belastungen liegen im jeweiligen Zielbereich; so z. B. ist die Geschwindigkeit der Intervalle das Fahrtspiels über dem Marathontempo.

Dieses Prinzip wird auch im Mehrwochenverlauf angewandt. Nach einem 3-Wochen-Belastungsblock folgt eine Ruhewoche. In dieser hat der Körper die Chance zu regenerieren und die Belastungsbereitschaft für den nächsten Zyklus herzustellen. Meist fühlt man sich in dieser „Ruhewoche" zerschlagen und matt. Das ist nicht bedenklich. Als Sportler fällt man auch mental in das berühmte Loch. Diese körperliche Reaktion ist ein sicheres Zeichen für die Notwendigkeit einer Entlastungswoche. Dabei sollte auf jeden Fall die Intensität und bei Bedarf auch der Trainingsumfang herausgenommen werden. Nur kein schlechtes Gewissen! Am Ende zahlen sich die geplanten Ruhepausen aus. Die Verletzungs- und Krankheitsanfälligkeit sinkt, und die Leistungsfähigkeit steigt.

Mikrozyklus (Woche) – Belastung

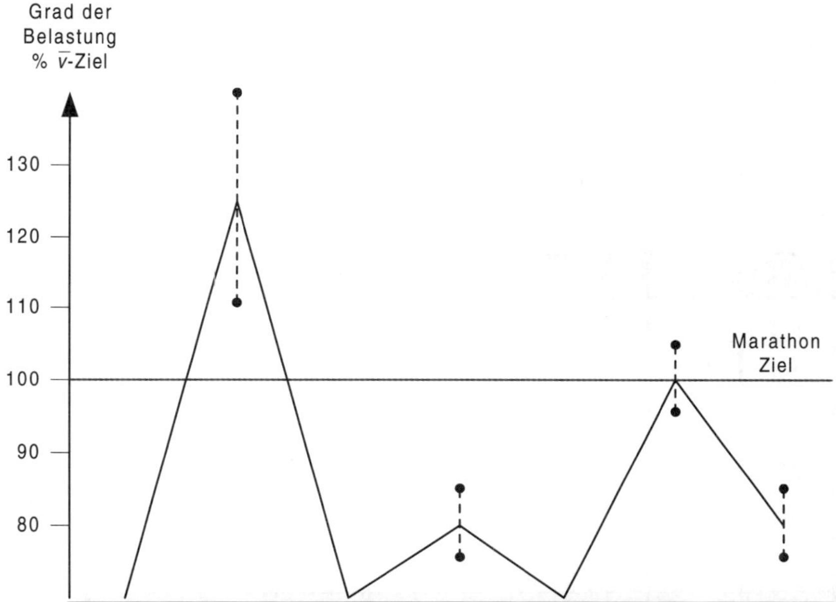

Mo	Di	Mi	Do	Fr	Sa	So
	FS		*GA 1*		*GA 2*	*GA 1*
	8–12 km mit 5 x 0,4 km		8–15 km		10–12 km	20–25 km
	Σ 110 % (140 %)		75–85 %		95–105 %	75–85 %
	8/45'/70"		37'–41' 70'–78'		40'–44' 48'–53' (3:00:00 h)	1:35–1:45 h 2:00–2:10 h

Abb. 1: Be- und Entlastungsdynamik im Wochenverlauf am Beispiel Marathonvorbereitung (3:00:00 h) mit 4 Trainingseinheiten/Woche

Mesozyklen (3 : 1; 2 : 1)

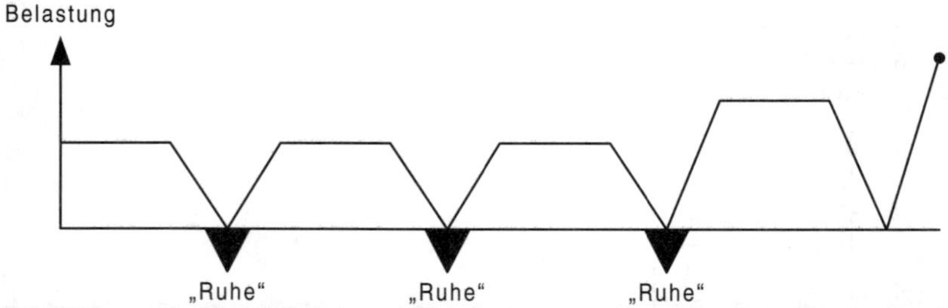

Woche	1.–3.	4.	5.–7.	8.	9.–11.	12.	13./14.	15.
Mo								
Di	8 FS 5x0,3–0,5	GA 1 8–12 km	10 FS 5x0,8	GA 1 10–15 km	12 FS 5 x 1,0	GA 1 10–15 km	10 FS 7 x 0,4	GA 2 10 km! (Wk- $\bar{v}$)
Mi								GA 1 15 km
Do	GA 1 8–15 km	GA 1 15 km	GA 1 15 km	GA 1 10–15 km	GA 1 20 km	GA 1 10–15 km	GA 1 20 km	
Fr								komp. 8–10 km
Sa	GA 2 10–12 km	GA 1 8–12 km	GA 2 14–16 km	GA 1 10–15 km	GA 2 15 + 5 km	GA 1 10–15 km	GA 2 15+10 km	Marathon
So	GA 1 20–25 km	GA 1 20 km	GA 1 25–30 km	GA 1 25 km	GA 1 30 km	GA 1 25 km	GA 1 25–30 km	komp. 8–10 km

Abb. 2: Trainingsmittelentwicklung im Mehrwochenverlauf

Letztendlich soll noch auf die Übergangsperiode nach dem Wettkampfhöhepunkt (Marathonlauf) hingewiesen werden. Auch hier gilt: Pause ist Training!

Besonders im höheren Alter sind die Übergangsphasen bewußt regenerativ zu gestalten. Nur keine Angst, mal andere Sportarten regenerativ zu nutzen und nicht „nur“ zu laufen. Nach zwei bis drei Wochen ohne Lauftraining fühlt man sich enorm frisch und ist stark motiviert, wieder loszujoggen.

Der Körper wird es danken – in jedem Fall, egal, wie alt oder wie schnell man ist.

Im Trend: Halbmarathon mit Einsteigerplan

Trainingstips für Jogger und Fortgeschrittene

Grundsätzliches

Die Faszination der längeren Straßen- und Landschaftsläufe erfaßt zunehmend mehr Läuferinnen und Läufer. Oft fällt einem bei der Fülle der Wettkampfangebote die Auswahl der Startmöglichkeiten schwer.
Die nachfolgenden Trainingsempfehlungen beziehen sich auf Läuferinnen und Läufer, welche ca. vier bis fünf Trainingseinheiten pro Woche zu realisieren in der Lage sind. Auch für Jogger werden konkrete Tips gegeben.

Wer erstmalig einen Halbmarathon vorbereitet, sollte in erster Linie auf die Erfüllung der Laufkilometer bei zweitrangiger Betrachtung der Laufgeschwindigkeit achten. Ziel sollte es sein, die 21,1 km sicher zu bewältigen. Diejenigen, welche bereits Erfahrungen mit diesem Streckenbereich besitzen, müssen die Trainingseinheiten in eine genaue Relation zur Zielzeit des Halbmarathons setzen, d. h. die real vorgenommene Zeit über diese Distanz stellt den Mittelpunkt der Trainingsberechnungen dar (Zielgeschwindigkeit Halbmarathon = 100 %). Neben der Realisierung der Umfangsanforderungen spielt die gezielte Umsetzung der einzelnen Tagesaufgaben eine wichtige Rolle. Das bedeutet bei dem vorliegenden 20-Wochen-Plan im einzelnen:

- *mittlerer bis schneller Dauerlauf* entspricht dem geplanten Halbmarathon (bei Beachtung von Tagesformschwankungen)
- *Fahrtspiel* = Spiel mit der Geschwindigkeit, langsames bis mittleres Grundtempo im Dauerlauf der ruhigen Abschnitte und kontrolliertes, zügiges Laufen der angegebenen Intervalle, wechselnder Untergrund, z. T. profiliertes Gelände;

- *lockerer Dauerlauf* zur Auflockerung der Muskulatur bzw. zur Entwicklung und Stabilisierung der Dauerlaufleistungsprozesse, kann mit Endspurt gelaufen werden (500 m), um mehrmals wöchentlich motorische Akzente zu setzen. Anschließend einige Steigerungsläufe über etwa 100 m haben den gleichen Effekt.
- *Athletik* im Sinne einer allgemeinen muskulären Kräftigung (mind. 2 x pro Woche) beugt Verletzungen vor; bei Bedarf können laufspezifische Muskelgruppen gesondert entwickelt werden.
- *Sauna* ist als passive Entspannungs- und Entschlackungsmöglicheit sehr zu empfehlen;
- *Gymnastik* sollte (auch wenn die Zeit immer zu knapp ist) als Lockerung vor und als Dehnung nach jeder Trainingseinheit konzentriert und regelmäßig durchgeführt werden;
- die *Belastungsfolge* basiert auf unzähligen Erfahrungen und ist einzuhalten; vor allem die Be- und Entlastung im Wochen- und Mehrwochenverlauf garantiert einerseits die nötige „Ruhe" und andererseits die gezielte Belastung pro Einheit;
- *Sauerstoffwochen* dienen zur weiteren Entwicklung des Grundstoffwechsels und zur Entschlackung von Restprodukten aus „härteren" Einheiten; der Wille zur Dauerleistung wird ebenfallls geschult.

Die ersten 5 Wochen (siehe Plan 1.–5. Woche)

Zur Schaffung von relativ gleichen Ausgangsbedingungen ist es günstig, eine „Sauerstoffwoche" als Einstieg in den Trainingsplan zu wählen. Sie ist gekennzeichnet durch lockere bis mittlere Dauerläufe zwischen 15 und 25 km sowie Sauna und Athletik (siehe gesonderten Abschnitt).

Es folgt ein Belastungszyklus von drei Wochen, der die oben beschriebenen Trainingsmittel in einer bestimmten Reihenfolge aufweist. Beim lockeren Dauerlauf ist es sinnvoll, zuerst Wert auf den Umfang zu legen und das Tempo als sekundär zu betrachten. Anders verhält es sich beim schnellen Dauerlauf. Hier sollte von Anfang an der Bereich des Zieltempos im Halbmarathon angesprochen werden. Sind 12 bis 15 km noch nicht realisierbar, dann sollte bei 8 bis 12 km eingestiegen werden. Eine stabile Übertragung der Zielgeschwindigkeit auf eine permanent zu verlängernde Strecke muß

das Ziel sein. Diese Trainingseinheit kann auch im Rahmen von Trainingswettkämpfen umgesetzt werden.
Im dritten Teil des ersten Zyklus, der „Ruhewoche“, steht eine Umfangs- und Geschwindigkeitsreduzierung im Vordergrund. Oftmals tritt in dieser Zeit die Müdigkeit trotz verminderten Trainings besonders zutage. Dies ist jedoch ein sicherer Indikator, daß die Entlastung nötig war.

Plan: 1.–5. Woche					
	1. Woche („Sauerstoffwoche“)	*2. Woche*	*3. Woche*	*4. Woche*	*5. Woche („Ruhe“)*
Mo	Sauna/ Athletik	Sauna/ Athletik	Sauna/ Athletik	Sauna/ Athletik	Sauna/ Athletik
Di	lockerer Dauerlauf 15–20 km	Fahrtspiel 10 km mit 8–10x eine Minute schnell	Fahrtspiel 10 km mit 8–10x eine Minute schnell	Fahrtspiel 10 km mit 8–10x eine Minute schnell	lockerer Dauerlauf 10 km
Mi					
Do	lockerer Dauerlauf 15 km Athletik	lockerer Dauerlauf 15–20 km Athletik	lockerer Dauerlauf 15–20 km Athletik	lockerer Dauerlauf 15–20 km Athletik	lockerer Dauerlauf 10 km Athletik
Fr					
Sa	mittlerer Dauerlauf 12–15 km	schneller Dauerlauf 10–15 km	schneller Dauerlauf 10–15 km	schneller Dauerlauf 10–15 km	lockerer Dauerlauf 15 km
So	lockerer Dauerlauf 20–25 km	lockerer Dauerlauf 20–25 km	lockerer Dauerlauf 20–25 km	lockerer Dauerlauf 25–30 km	lockerer Dauerlauf 20 km

Ergänzt wird das Lauftraining durch allgemeine Athletik, die das Ziel hat, ein allgemeines muskuläres Grundniveau zu schaffen. Dieses trägt zur Verletzungsvorbeugung sowie zur Erhöhung der Entspannungs- und Bewegungsfähigkeit bei. Dieser Effekt wird jedoch nur bei mindestens einem zweimaligen Athletiktraining pro Woche erreicht.

Programmvorschlag:

Pro Übung 30 Sekunden Belastung und 20 Sekunden Pause (Stellungswechsel), Serienpause 2 Minuten, 2–3 Serien:

1. Rumpfaufrichten aus der Rückenlage mit angestellten Beinen
2. Rumpfaufrichten aus der Bauchlage (nicht überstrecken)
3. Seitlage und rechtes Bein ohne Ablage mehrfach abspreizen
4. Seitlage und linkes Bein ohne Ablage mehrfach abspreizen
5. Liegestütz
6. Rückenlage und Beine im Winkel von 45 Grad scheren (ohne Ablage)
7. raumgreifendes Trockenschwimmen in Bauchlage
8. Rumpfaufrichten aus der Rückenlage mit Eindrehen (rechts/links)
9. Rumpfaufrichten aus der Bauchlage mit Eindrehen (rechts/links)
10. Wechsel vom Fußsohlen- zum Zehenstand

Diese Übungen sind ohne Hilfsmittel und unkompliziert zu Hause zu schaffen.

Wichtig erscheint noch der Hinweis, daß besonders die intensiven Einheiten gründlich vor- und nachbereitet werden müssen – und das nicht nur im Winter!

Plan 6. bis 10. Woche

Der erste Abschnitt mit vier bis fünf Trainingseinheiten pro Woche ist bewältigt. Die Wirkung von Belastungswoche, „Sauerstoffwoche“ und „Ruhewoche“ müßte jedem Läufer gegenwärtig sein, so daß der folgende Trainingszyklus in einer ähnlichen Art und Weise umgesetzt werden kann. Aufgrund der Kenntnis, in welcher Relation die Einheiten zueinander stehen, ist es nun einfacher, den Plan 6. bis 10. Woche abzuschätzen. Dieser ist vom Prinzip her mit der Einstiegsphase vergleichbar. Die vier bis fünf Trainingseinheiten werden beibehalten. Auch die Anordnung der Inhalte pro

Woche wird nicht verändert. Belastungserhöhungen, die den Organismus „zwingen", sich auf neue Anforderungen einzustellen (und nur diese bringen bekanntlich neue Anpassungen), sind jedoch an drei Stellen des Wochentrainings nötig:

- Der zügige Anschnitt während des Fahrtspiels (10–12 km) wird auf ein 2-Minuten-Intervall (6–8 x) erhöht.
- Der schnelle Dauerlauf (geplantes Halbmarathon-Tempo) sollte ca. 15 km erreicht haben. Nach einer Pause von etwa 10 bis 15 Minuten ist es günstig, einen kürzeren Lauf von 2 bis 5 km mit einem leicht höheren Tempo zusätzlich zu realisieren. Dies stellt physisch und psychisch ein völlig neues Niveau dar.
- Der längste Lauf der Woche (Sonntag) ist auf 25 bis 30 km sicher zu entwickeln. Des weiteren sollte auch in der Athletik das Prinzip der permanenten Belastungserhöhung angewandt werden. Neben einer weiteren technischen Verbesserung der Übungen ist die Serienzahl um ein bis zwei Serien zu erhöhen. Um Verspannungen zu reduzieren, ist nach der Athletik generell eine ruhige und korrekt ausgeführte Dehnungs- und Lockerungsgymnastik angezeigt.

Plan: 6.–10. Woche					
	6. Woche	*7. Woche*	*8. Woche („Sauerstoff-woche")*	*9. Woche*	*10. Woche („Ruhe")*
Mo	Sauna/ Athletik	Sauna/ Athletik	Sauna/ Athletik	Sauna/ Athletik	Sauna/ Athletik
Di	Fahrtspiel 10–12 km mit 6–8x zwei Min. schnell	Fahrtspiel 10–15 km mit 8–10x zwei Min. schnell	lockerer Dauerlauf 15–20 km	Fahrtspiel 12–15 km mit 8–10x zwei Min. schnell	lockerer Dauerlauf 10 km
Mi					
Do	lockerer Dauerlauf 15 km Athletik	lockerer Dauerlauf 15 km Athletik	lockerer Dauerlauf 15–20 km Athletik	lockerer Dauerlauf 15 km Athletik	lockerer Dauerlauf 10 km Athletik
Fr					
Sa	schneller Dauerlauf 15 km + 2 km	schneller Dauerlauf 15 km + 3 km	mittlerer Dauerlauf 15 km	schneller Dauerlauf 15 km + 5 km	lockerer Dauerlauf 15 km
So	lockerer Dauerlauf 25 km	lockerer Dauerlauf 25 km	lockerer Dauerlauf 30 km	lockerer Dauerlauf 30 km	lockerer Dauerlauf 20 km

… und nun für alle Jogger:
Das zusätzliche Trainingsangebot – Halbmarathon-Debütplan

Im Gegensatz zum obigen Trainingsplan, der eher den Ansprüchen des leistungsorientiert trainierenden Läufers entspricht, bietet der zusätzlich angebotene Plan für alle Jogger die Möglichkeit, nach einem 10wöchigen Training erstmalig die Distanz des Halbmarathons (21,1 km) zu bewältigen. Im Mittelpunkt des Trainings steht dabei die von Woche zu Woche zu erhöhende Laufleistung innerhalb der einzelnen Einheit. Drei Grundeinheiten werden angewandt:

- kurzer, lockerer Dauerlauf zur Stabilisierung des Dauerlauftempos;
- kurzer, schneller Dauerlauf zur Erhöhung der Flexibilität des Organismus sowie
- langer, lockerer Dauerlauf zur Entwicklung der Dauerleistung bis zur Halbmarathon-Strecke.

In 10 Wochen zum Halbmarathon					
	3 Belastungswochen	*„Ruhewoche"*	*3 Belastungswochen*	*„Ruhewoche"*	*2 Belastungswochen*
Mo					
Di	lockerer Dauerlauf 6–10 km	lockerer Dauerlauf 6–10 km	lockerer Dauerlauf 8–12 km	lockerer Dauerlauf 6–10 km	lockerer Dauerlauf 10–15 km
Mi					
Do	schneller Dauerlauf 4–6 km	schneller Dauerlauf 6–8 km	schneller Dauerlauf 6–8 km	lockerer Dauerlauf 6–10 km	schneller Dauerlauf 6–8 km
Fr					Ruhe
Sa	langer Dauerlauf 12–15 km	langer, lockerer Dauerlauf 15 km	langer, lockerer Dauerlauf 15–20 km	langer, lockerer Dauerlauf 15 km	
So					9. Woche: 20 km locker 10. Woche: Halbmarathon
nach jeder Einheit 15 Minuten Gymnastik bei der Do.-Einheit lockeres Ein- und Auslaufen beachten					

Bei allen drei Trainingseinheiten geht es um ein sicheres und gezieltes Umsetzen der Aufgaben. Ein übertriebenes, tempoorientiertes Laufen ist fehl am Platz. Dieses bewußte Laufen muß dann natürlich auch beim Halbmarathon selbst praktiziert werden.

Das Tempo der langen, lockeren Läufe ist ein Maßstab für den Wettkampf selbst. Die Euphorie des Wettkampfgetümmels ist gefährlich!
Also: nicht zu schnell loslaufen und auf die gesammelten Trainingserfahrungen bauen.

Viel Spaß beim Training und viel Erfolg beim ersten Halbmarathon!

Weiter im Trend:
Plan 11. bis 15. Woche

Mit dem letzten Trainingszyklus (6.–10. Woche) ist der „Löwenanteil" des Trainings zur Vorbereitung des Halbmarathons bewältigt worden. Die Ruhewoche (10. Woche) leitete gewissermaßen den Abschnitt der direkten Wettkampfvorbereitung ein. Nun heißt es, die Nerven zu behalten und allen Versuchungen, die Form im Training zu testen, zu widerstehen. Das, was bisher im Training an Anpassung erzielt wurde, kann durch eine gut gestaltete Endphase in eine akzeptable Wettkampfleistung „umgemünzt" werden. Dieses gelingt aber nur, wenn mit Hilfe der „Ruhewoche" nochmals richtig „Luft geholt" wird.

Die beiden letzten

In den beiden letzten Wochen kommt es hauptsächlich darauf an, eine physische „Spritzigkeit" und psychische Lockerheit zu erlangen. Was die physische Seite anbelangt, so kann dies durch eine trainingsmethodische Änderung bewirkt werden. Insbesondere beim Fahrtspiel sind die schnellen Abschnitte auf ca. eine Minute zu reduzieren. Dabei ist das Tempo durchaus zu erhöhen. Die Gesamteinheit muß aber sehr kontrolliert gelaufen werden.
Wichtig: Du mußt die Geschwindigkeit beherrschen und nicht umgekehrt!
Der schnelle Dauerlauf steht unter dem Zeichen der Ökonomisierung. Das Tempo auf beiden Strecken darf nicht überzogen werden. Einem vertrauensbildenden Endspurt über etwa 500 m nach der zweiten Teilstrecke ist jedoch nichts entgegenzusetzen.

Plan: 11.–15. Woche					
	11. Woche	*12. Woche*	*13. Woche („Ruhe")*	*14. Woche*	*15. Woche*
Mo	Sauna/ Athletik	schneller Dauerlauf 8–10 km Sauna	Sauna/ Athletik	Sauna/ Athletik	Sauna/ Athletik
Di	Fahrtspiel 10 km mit 8–10x1 Min. schnell	lockerer Dauerlauf 15 km	lockerer Dauerlauf 10 km	Fahrtspiel 15 km mit 8x2 Min. schnell	Fahrtspiel 15 km mit 8x3 Min. schnell
Mi					
Do	schneller Dauerlauf 15 km + 5 km Athletik	Fahrtspiel 10 km mit 8x1 Min. schnell	lockerer Dauerlauf 10 km Athletik	lockerer Dauerlauf 15–20 km Athletik	lockerer Dauerlauf 10–20 km Athletik
Fr		lockerer (!) Dauerlauf 8–10 km			
Sa	lockerer Dauerlauf 25 km		lockerer Dauerlauf 15 km	schneller Dauerlauf im Profil 15 km + 5 km (flach)	schneller Dauerlauf im Profil 15 km + 5 km (flach)
So	lockerer Dauerlauf 15 km	Halbmarathon- oder 20-km-Wettkampf	lockerer Dauerlauf im Gelände 30 km	lockerer Dauerlauf im Gelände 25 km	lockerer Dauerlauf im Gelände 20 km
			Beginn Wettkampfvorbereitung Geländelauf über Halbmarathondistanz		

In-Form-Kommen

Um nicht unnötig Ermüdungserscheinungen in der Endphase der Halbmarathonvorbereitung zu provozieren, ist es ratsam, die lockeren Dauerlaufeinheiten im Kilometerschnitt nicht über 20 bis 25 km zu laufen. Durch eine

Reduzierung der Gesamtkilometerleistung pro Einheit und Woche wird der Prozeß des „In-Form-Kommens“ begünstigt.
Dieses Prinzip wird vor allem in der Wettkampfwoche verstärkt umgesetzt. Der lockere (!) Dauerlauf ist weiter im Streckenmittel herabgesetzt (8–15 km) und dient ausschließlich der Auflockerung. Am dritten Tag vor dem Halbmarathon hat sich ein sehr kontrolliert gestaltetes Fahrtspiel bewährt. Dieses ist in der Regel „flüssig“ und „spritzig“ und muß gebremst gelaufen werden. Es führt aber nochmals u. a. zu einer Muskeltonuserhöhung, die vom Läufer als angenehm und vertrauensstärkend empfunden wird. Der lockere Dauerlauf am folgenden Tag dient ebenfalls nur noch zur Auffrischung und kann mit einigen submaximalen (leichten) Steigerungen abgeschlossen werden. Am Wettkampfvortag ist frei.
Wenn die gegebenen Ratschläge beachtet werden, dann schließt sich an dieser Stelle der Kreis, und neben der physischen „Spritzigkeit“ ist die psychische Lockerheit entwickelt worden. Der Formanstieg ist spürbar, und damit kommt das Selbstvertrauen.
Nun soll am Wettkampftag natürlich nicht Porzellan zerschlagen werden. Deshalb folgender Tip:

Und ab ins Gelände

Nun ist die Situation günstig, um mit einer soliden Leistungsfähigkeit über die Halbmarathondistanz, den Rennsteiglauf (oder einen anderen Gelände-Cross) über 21,1 km anzugehen. Die Spezifik hierbei liegt natürlich im Geländeprofil. Dieses sollte unbedingt bei der Vorbereitung beachtet werden.
Natürlich gibt es die unterschiedlichsten Auffassungen zur Vorbereitung eines solchen Ereignisses. Ich möchte folgende Prinziplösung vorschlagen:

1. Weiterführung des in den ersten 12 Wochen eingeschlagenen trainingsmethodischen Weges, d. h. Anwendung von grundsätzlich bekannten Trainingseinheiten und deren Anordnung im Wochen- und Mehrwochenverlauf.
2. Modifizierung einiger (nicht aller!) Einheiten im Sinne der neuen Wettkampfzielstellung – langer Cross.

Dieses „sanfte" Einführen des Profiltrainings hat den Vorteil, daß nicht zu viele Faktoren im Training verändert werden und damit die Gefahr des Übertrainings vermindert wird. Gesammelte Erfahrungen der Wirkung der Einheiten zueinander im Wochenverlauf beider Phasen tragen zu einer besseren individuellen Aussteuerung der Belastung bei.

Die 13. Woche stellt Ende der „Flachphase" und Anfang der „Profilphase" gleichermaßen dar, wobei bis einschließlich Freitag die Regeneration im Mittelpunkt des Trainings steht. Samstag und Sonntag kann der Dauerlauf gemächlich im leicht profilierten Gelände als Auftakt genutzt werden. Ab der 14. Woche sollten die einzelnen Einheiten folgendermaßen umgesetzt werden:

Fahrtspiel – Die Gesamtstrecke wird erhöht (15 km). Das Gelände ist profiliert und weist wechselnden Untergrund auf. Die schnellen Abschnitte werden auf drei Minuten erweitert. Dabei sollten die Anteile des schnellen Bergauf- und -ablaufens ausgewogen sein.

Schneller Dauerlauf – Auch dieser ist im Profil zu realisieren. Nur muß das Profil so gewählt werden, daß das Lauftempo etwa im Bereich des Halbmarathonniveaus (flach) liegt. Nach einer Pause von 15 bis 20 Minuten ist es empfehlenswert, den kurzen Dauerlauf auf flachem Kurs zu laufen. Damit wird die Qualität der Einheit gesichert.

Lockerer Dauerlauf – Die Donnerstagseinheit sollte, wie gewohnt, flach gelaufen werden. Sonntags ist es möglich (wenn die Woche insgesamt gut verkraftet wurde), im leicht profilierten Gelände zu trainieren. Um ökonomischer zu laufen, sind die Anstiege mit kurzen, langsamen Schritten zu bewältigen. Bergab kann das Gegenstemmen (Bremsstoß) vermindert werden, indem im Kniegelenk mehr nachgegeben wird.

16. bis 18. Woche

An den ersten Cross-Trainingskomplex schließt sich eine „Sauerstoffwoche" an. Die Gesamtkilometer sind höher als in den beiden vorhergehenden Wochen. Die Trainingsintensität ist reduziert. Insgesamt soll durch diese Woche eine gewisse Entlastung erzielt werden, ohne daß eine tatsächliche

Ruhewoche durchgeführt wird. Somit bleibt die aufgebaute „Trainingsspannung“ erhalten. Es hat sich im Langstreckenbereich noch nie bewährt, vor dem Saisonhöhepunkt das Training locker zu gestalten.
Die 17. Woche läuft vom Prinzip her ähnlich wie die 14. bzw. 15 Woche ab. Lediglich das Fahrtspiel (mittlerer Dauerlauf im profilierten Gelände mit selbständig gewählten Tempoerhöhungen) wird in den schnellen Abschnitten wieder auf zwei Minuten verkürzt. Dafür kann das Tempo kontrolliert gesteigert werden. Auch der schnelle Dauerlauf (15 km) wird in leicht profiliertem Gelände umgesetzt, damit der Cross-Akzent beibehalten wird und trotzdem das Renntempo nicht zu weit vom Halbmarathonniveau entfernt ist. Der nach ca. 15 Minuten Pause „gelaufene 5-km-Abschnitt (flach) ist die letzte „harte“ Trainingseinheit vor dem langen Cross-Wettkampf. Schon die lockeren 20 km am Sonntag stehen unter der Zielstellung, die nunmehr vier Belastungswochen (14. bis 17. Woche) zu verarbeiten.
In der Wettkampfwoche werden die Gesamtkilometer stark reduziert. Mehr als 10 km pro Einheit sind nicht nötig. Es ist aber günstig, an die beiden Dauerläufe einige leichte Steigerungsläufe (6 bis 10 x 100 m) zu hängen. Damit bleibt trotz Gesamtentlastung der Muskeltonus relativ hoch. Außerdem gibt ein Abschluß der Trainingseinheit mit schnelleren Läufen Selbstvertrauen. Am dritten Tag vor dem Crosslauf sollte nochmals ein flaches und freudbetontes Fahrtspiel über 10 km realisiert werden. Die weiter verkürzten schnellen Abschnitte (max. 1 Minute) sind kurzweilig und machen Spaß. Aber Vorsicht: Nicht bei dieser Einheit das „Pulver verschießen“. Drei Tage später ist der Saisonhöhepunkt.

Der Gelände-Cross

Wer das Training so umgesetzt hat, wie es beschrieben war, ist in der Lage, einen guten Halbmarathon im Gelände zu laufen. Wichtig am Wettkampftag selbst ist die Einkalkulierung der äußeren Bedingungen und die möglichst genaue Strecke des Streckenprofils. Unter Hinzunahme des tatsächlich vorhandenen mittleren Trainingsniveaus wird dann die Renntaktik bestimmt.

<table>
<tr><th colspan="6">Plan: 16.–20. Woche</th></tr>
<tr><th></th><th>16. Woche („Sauerstoffwoche")</th><th>17. Woche</th><th>18. Woche</th><th>19. Woche („Ruhe")</th><th>20. Woche („Ruhe")</th></tr>
<tr><td>Mo</td><td>Sauna/ Athletik</td><td>Sauna/ Athletik</td><td>lockerer Dauerlauf 8–10 km Sauna</td><td rowspan="7">• lockerer Dauerlauf nach Lust und Laune
• Schwimmen, Radfahren, Wandern
• Sauna
• Athletik
• Gymnastik</td><td></td></tr>
<tr><td>Di</td><td>lockerer Dauerlauf 10–20 km</td><td>Fahrtspiel 15 km 10x2 Min. schnell</td><td></td><td>lockerer Dauerlauf + 10x100 m Steigerungslauf</td></tr>
<tr><td>Mi</td><td></td><td></td><td>Fahrtspiel (flach) 10 km mit 8x1 Min. schnell</td><td></td></tr>
<tr><td>Do</td><td>lockerer Dauerlauf 15–20 km</td><td>lockerer Dauerlauf 15 km Athletik</td><td>lockerer Dauerlauf 8–10 km</td><td>10 km mit 8x1 Min. schnell/ Antraining mit leichtem Fahrtspiel</td></tr>
<tr><td>Fr</td><td></td><td></td><td></td><td>lockerer Dauerlauf 10 km</td></tr>
<tr><td>Sa</td><td>mittlerer Dauerlauf 15 km</td><td>schneller Dauerlauf im Profil 15 km + 5 km (flach)</td><td>Halbmarathon-Wettkampf Gelände (z. B. Rennsteiglauf)</td><td></td></tr>
<tr><td>So</td><td>lockerer Dauerlauf 30 km</td><td>lockerer Dauerlauf im Gelände 20 km</td><td>lockerer Dauerlauf 8–10 km</td><td>Wettkampfmöglichkeit 8–10 km</td></tr>
</table>

Die Woche danach

Nach einem kräftezehrenden Gelände-Cross müssen mehrere Tage zur aktiven Regeneration eingeplant und auch umgesetzt (!) werden. Es hat keinen Sinn zu versuchen, das Trainingsniveau nahtlos weiterzuführen. In der Regel ist es so, daß, wenn ein Sportler sich über mehrere Wochen hinweg auf einen Wettkampf konzentriert hat, nach dem Ereignis „die Luft raus ist". Egal, in welcher Qualität der Lauf umgesetzt wurde, nach der physisch und psychisch gezielten Vorbereitung des Wettkampfhöhepunktes ist eine „Pause" zwingend nötig. Insofern stellt die 19. Woche eine echte Entlastung dar. In dieser Zeit sollte mehr denn je nach Lust und Laune trainiert werden. So wird der lockere Dauerlauf maximal über 10 km „flüssig" gestaltet. Schwimmen, Radfahren oder Wandern können ergänzt werden. In dieser Zeit werden Sauna, Athletik und verstärkt Gymnastik angewandt. Selbst passive Maßnahmen wie Wechselduschen, Bürstenmassagen, Fußbäder u. ä. sollten mehr als in den Wochen zuvor eingesetzt werden. In der Regel erfolgt in solchen Ruhephasen ein „Nachatmen" des Organismus: Die bis zum Wettkampf aufgebaute Spannung bricht zusammen, und man fühlt sich, trotz einer deutlichen körperlichen Entlastung, sehr „grau". Dies ist eine nur allzu normale Erscheinung. Sie zeugt einerseits von der guten Qualität der vorherigen Trainingswochen und andererseits von der Notwendigkeit der Erholung.

Das zweite Formhoch

Am Ende der 20. Woche ist es bereits wieder möglich, einen gutklassigen Wettkampf über 5 bis 10 km zu laufen. Diese Variante hat sich oft bewährt. Allerdings sind, um dieses zweite Formhoch zu erlangen, ein bis zwei spezielle Trainingseinheiten nötig. Diese müssen so gestaltet werden, daß über das Setzen von motorischen Akzenten die vorhandene Müdigkeit herausgelaufen wird. Gut geeignet sind dafür Steigerungsläufe über 100 bis 120 m im Anschluß an einen Dauerlauf (z. B. Dienstag) bzw. ein Fahrtspiel mit schnellen Abschnitten, die maximal bis zu einer Minute ausgedehnt werden sollten. Dieses Fahrspiel wird, wie vor dem Gelände-Cross, am dritten Tag vor dem Wettkampf gelaufen.

Der Wettkampf selbst kann mit vollem Temporisiko angegangen werden. Die konditionelle Grundlage ist innerhalb von zwei Wochen nicht verloren gegangen – im Gegenteil; aber diese Erfahrung kann jeder selbst genießen.

Wenig Zeit für Marathon?

In 13 Wochen mit 3x Training / Woche zum Marathon

Vorbemerkung

Die Zeit für ein umfangreiches Marathontraining ist aufgrund vieler täglicher Verpflichtungen oft sehr knapp. Dennoch besteht bei vielen LäuferInnen der Wunsch, einmal dieses Erlebnis, diesen Mythos zu erlaufen. Nun gibt es in der Trainingsmethodik bestimmte biologische Gesetzmäßigkeiten, die als Grundvoraussetzung für ein sinnvolles Marathontraining gelten. Neben Regelmäßigkeit und Gezieltheit im Training ist dies auch ein Mindestumfang an Kilometern in der direkten Marathonvorbereitungszeit. Nachfolgend ist ein Marathonplan über 13 Wochen dargestellt, der von mehreren LäuferInnen aus Lauftreffs und Laufgemeinschaften bei Frühjahrs- und Herbstmarathonläufen 1998 sehr erfolgreich umgesetzt wurde. So konnten bei fast allen Teilnehmern (n = 56) in einem Marathonbereich von 2:55 h bis 4: 20 h Steigerungsraten der Wettkampfleistung zwischen 4 und 21 Minuten erzielt werden. Aber nicht nur die absolute Leistung in Stunden und Minuten hat sich entwickelt. Das Laufgefühl während des Wettkampfes und die Regenerationszeit nach dem Lauf waren klar verbessert. Voraussetzung dafür war, daß die durchschnittlich drei Trainingseinheiten pro Woche in der entsprechenden Qualität und ohne gesundheitliche Störungen (Verletzungen, Erkältung …) umgesetzt werden konnten.

Trainingsmittel

GA 1-Training: aerobes, d. h. sauerstoffreiches Fettstoffwechseltraining, Pulswerte in der Regel zwischen 120–150 Schlägen pro Minute, Laufen im flachen und bei gutem Trainingszustand auch profilierten Gelände, relativ gleichmäßiges Tempo

GA 2-Training:	Training im aeroben/anaeroben Übergangsbereich, die Laufleistung wird u. a. über Kohlenhydrate und Fette gleichermaßen gesichert, Pulswerte liegen zwischen 150–170 Schlägen pro Minute, Tempo entspricht der geplanten Marathongeschwindigkeit, flaches bis welliges Gelände, Tempovariationen ±5 Sekunden pro Kilometer sind in der biologischen Schwankungsbreite (Tagesform) normal.
GA 1 FS:	Grundlagenausdauer 1 – Fahrtspiel, Belastungswechsel zwischen der aeroben und anaeroben Stoffwechselsituation, z. B. 5:1 bedeutet 5 Minuten im klassischen GA 1-Bereich und 1 Minute im anaeroben Bereich (Puls > 170 Schläge pro Minute) laufen, dabei sollte das schnelle Intervall (1 Minute) nicht maximal, sondern kontrolliert schnell gelaufen werden, der Belastungspuls muß nach dem langsamen GA 1-Intervall (5 Minuten) wieder unter 150 Schlägen pro Minute liegen, das Gelände kann stärker profiliert sein, wenn das „Spiel" mit der Geschwindigkeit beherrscht wird.

Hinweise:

- Nach jeder Laufeinheit sollten 15 Minuten Dehnung und Lockerung folgen.
- Der Wechsel zwischen Be- und Entlastung im Wochen- und Mehrwochenverlauf ist unbedingt einzuhalten.
- Genügend Flüssigkeit zuführen, bei Temperaturen von 15–22 Grad ca. 0,3–0,4 Liter in 20 Minuten, vor und nach der Belastung gut hydrieren.
- Die angegebenen Pulsbereiche sind Durchschnittswerte, besser ist es, eine individuelle Bestimmung der Bereiche vornehmen zu lassen.

Der erste Trainingszyklus (Woche 1–7)

Die oben beschriebenen Grundtrainingsmittel finden sich in allen Belastungswochen wieder. Sie sind in einer aus den Erfahrungen heraus entstandenen Art und Weise im Wochenverlauf angeordnet. Sicherlich können die Trainingseinheiten aufgrund von organisatorischen Problemen auch an anderen Tagen durchgeführt werden, aber zwei Dinge sind zu beachten:

1. Zwischen den Trainingstagen sollte mindestens ein Entlastungstag liegen und
2. die Reihenfolge der Trainingseinheiten ist einzuhalten.

Des weiteren hat sich vor dem GA 1 FS- und vor dem GA 2-Training eine gründliche Erwärmung (mind. 15 Minuten Einlaufen, 10 Minuten Lauf-ABC) bewährt. Danach ist ein Auslaufen von mindestens 10 Minuten zum Abklingen des Trainings und zu Hause eine Lockerungsgymnastik angezeigt.

	Woche 1 und 2	**Woche 3 – „Ruhewoche"**	**Woche 4–6**	**Woche 7 – „Ruhewoche"**
Montag	GA 1 FS 60–75 Min. 5:30 Sec.	GA 1 60–90 Min.	GA 1 FS 75–90 Min. 5:45 Sec.	GA 1 60–90 Min.
Dienstag				
Mittwoch				
Donnerstag	GA 1 20 Min. GA 2 45–60 Min. GA 1 10 Min.	GA 1 60–90 Min.	GA 1 20 Min. GA 2 60–75 Min. GA 1 10 Min.	GA 1 60–90 Min.
Freitag				
Samstag	GA 1 lang 2–2,5 h	GA 1 lang 1,5–2 h	GA 1 lang 2,5–3 h	GA 1 lang 2 h
Sonntag				

Der erste Trainingszyklus hat zwei fast identische Be- bzw. Entlastungsblöcke. Nach zwei Wochen Belastung wie angegeben folgt jeweils eine „Ruhewoche". In der Ruhewoche braucht keiner ein schlechtes Gewissen zu haben, daß eventuell zu wenig und nicht schnell genug trainiert wurde. Diese Woche ist ebenso wichtig wie der Belastungsblock vorab. In dieser lockeren Woche werden alle Wettkampf- und höheren Geschwindigkeiten (GA 2/GA 1 FS) gestrichen. Selbst der Gesamtumfang pro Woche kann je nach Befinden weiter reduziert werden. In dieser Woche hat der Körper eine echte Chance, das „wachsen" zu lassen, was vorher trainiert wurde. Regeneration ist angesagt, denn PAUSE IST TRAINING!

Zu beachten ist die Entwicklung der einzelnen Trainingseinheiten von Belastungsblock zu Belastungsblock. Das Prinzip der stetigen Belastungssteigerung ist insbesondere im Marathontraining sehr wirkungsvoll.

Der zweite Trainingszyklus (Woche 8–11)

Mittlerweile hat sich der Körper an die drei Trainingseinheiten pro Woche bei steigenden Belastungsanforderungen gut angepaßt. So wird u. a. das **GA 1-Fahrtspiel** immer besser beherrscht. Aber Vorsicht: Der Rhythmuswechsel zwischen dem langsamen Laufen (HF < 150 Schläge/Min.) und dem schnellen Intervall (HF > 170 Schläge/Min.) darf im Zuge der Lauf- und Trainingseuphorie nicht „verwischen"! Die Herzfrequenz muß immer wieder in den aeroben Bereich gedrückt werden, bevor das nächste schnelle Intervall beginnt. Gegebenenfalls sollte das langsame Intervall gestreckt werden.

Beim **GA 2-Training** geht es auch weiterhin darum, die Marathonlaufgeschwindigkeit zu schulen. Das GA 2-Tempo ist daher auf immer längere Strecken zu übertragen. Die Erhöhung der Laufgeschwindigkeit spielt eine sekundäre Rolle. Eine zu große Steigerung der GA 2-Geschwindigkeit wäre sogar falsch!

Das Prinzip der konsequenten Belastungserhöhung wird auch im **GA 1 lang-Training** umgesetzt. Hier steht die Ökonomisierung des Fettstoffwechsels im Mittelpunkt. Ein gut funktionierender Grundstoffwechsel stellt das „Brot" der Leistung im Marathonlauf dar. Zudem ist anzuraten, ab und zu diesen „Supersauerstofflauf" alleine zu bewältigen. Die „Einsamkeit" des Langstreckenläufers zu spüren, hilft in schwierigen Momenten, sich selbst besser auszusteuern. An dieser Stelle sei auch bemerkt, daß das ausschließliche Laufen mit Pulsgurt nicht günstig ist. Die LäuferInnen verlernen den subjektiven, empirischen Umgang mit ihrem Körper unter verschiedenen, belastungsabhängigen Zuständen. Das Laufen im Einklang mit der Natur, das Spüren des eigenen Laufrhythmus und das Hören der Atmung im Gleichklang der Schritte sind Eigenschaften, die auch ein moderner Mensch nicht missen sollte. Diese Homogenität verhilft am Ende zu einer stabileren Laufleistung, unabhängig vom absoluten Leistungsniveau.

	Woche 8 und 9	**Woche 10 – „Gipfelwoche"**	**Woche 11 „Ruhewoche"**
Montag	GA 1 FS 90 Min. 5:1 Min.	GA 1 FS 90 Min. 5:1:30 Min.	GA 1 60–90 Min.
Dienstag			
Mittwoch			
Donnerstag	GA 1 20 Min. GA 2 60–90 Min. GA 1 10 Min.	GA 1 20 Min. GA 2 2 x 60 Min. P 10 Min. GA 1 10 Min.	GA 1 60–90 Min.
Freitag			
Samstag	GA 1 lang 3–3:15 h	Trainingswettkampf 10 km	GA 1 lang 2 h
Sonntag		GA 1 lang 3:30 h	

Die Gipfelwoche

Der Belastungszyklus 8.–10. Woche schließt in der dritten Woche mit einer Gipfelbelastung ab. Das bedeutet, die Grundelemente des Trainings/Woche bleiben erhalten, nur der absolute Gesamtumfang pro Woche bzw. pro Trainingseinheit erhöht sich. Damit soll eine nochmalige Störung der Homöostase (körperliches Gleichgewicht) erzielt werden. Vier Wochen vor dem Marathon wird damit die Phase der Formausprägung eingeleitet. Nur durch die Störung der Homöostase wird der Körper „gezwungen", neue, der gesetzten Belastung entsprechende Anpassungen zu zeigen.

Eine mentale **Schlüsselstellung** hat dabei die Kombination von 2 x 60 Min. GA 2-Training mit dem **Trainingswettkampf**. Sowohl das GA 2-Training als auch der Wettkampf sind „stur" im real geplanten Marathontempo zu laufen. Die Marathonzielgeschwindigkeit muß „im Schlaf" beherrscht werden. Außerdem wird das Anfangstempo auch unter Wettkampfbedingungen geschult. Bitte nicht von der Starteuphorie anstecken lassen und zu schnell laufen! Damit kann das gesamte Konzept in Frage gestellt werden. Mit 3:30 h GA 1-Training wird die längste Trainingseinheit der Vorbereitung „eingefahren". Am Ende dieser Trainingswoche stehen Stolz und Zuversicht, denn wer dieses Programm geschafft hat, der bewältigt den Marathon sicher und wird auch regenerativ keine Schwierigkeiten haben.

Das Finale

Das Gros der Marathonvorbereitung ist abgeschlossen. Die beiden letzten Wochen stehen an. Jetzt kann nichts mehr antrainiert werden! Alles, was unter den gegebenen Voraussetzungen getan werden mußte, ist getan. Nun heißt es: **RUHE BEWAHREN!**

Einschließlich der „Ruhewoche" aus dem letzten Belastungsblock werden drei Wochen genutzt, die Trainingsreize der vergangenen Wochen umzusetzen. Das Training des Abschlußplans muß konzentriert, aber freudbetont ablaufen. Die Laufbelastungen der einzelnen Trainingsbereiche sind „flüssig" zu halten, d. h., daß das Training eher an der unteren Grenze der einzelnen Herzfrequenzgrenzen durchgeführt werden sollte.

Der letzte lange Lauf findet ca. am 10. Tag vor dem Marathon statt. Damit wird die Müdigkeit nicht in die Wettkampfwoche übertragen. Die GA 2-Einheiten sind weniger ein Training zur weiteren körperlichen Anpassung des Herzkreislauf-, Stoffwechsel- oder Atmungssystems, sondern eher ein nervales Erinnerungsreizsetzen des Zieltempos.

Beim Fahrtspiel am Montag der Wettkampfwoche erfolgt nochmals ein „Wachrütteln" des Organismus. Auch hierbei steht das Spiel mit der Geschwindigkeit an oberster Stelle. Beherrsche das Tempo und nicht umgekehrt!

Am Donnerstag erfolgt nochmals ein leichtes Leerlaufen. Somit wird in der Phase der **Formausprägung** (Gesamtumfang reduzieren, untere Belastungsgrenzen wählen) der Zyklus der **Superkompensation** eingeleitet. Dieser darf nicht durch zusätzliches oder gar zu intensives Training zerstört werden. Nur dann kann eine optimale physische und psychische Ausgangssituation für den Marathonlauf geschaffen werden.

Der Marathon

Bevor der Marathontag heran ist, sollte das Training analysiert worden sein. Wenn die Haupttrainingsmittel in ihrer Qualität und Quantität umgesetzt und das Be- bzw. Entlastungssystem eingehalten wurde, dann ist es gut möglich, den **„Marschplan"** für den Marathon festzulegen. Die **mittlere Geschwindigkeit aller GA 2-Laufkilometer** bietet einen sicheren Anhaltspunkt für die zu wählenden Kilometerleistungen. Insbesondere für relativ unerfahrene LäuferInnen ist diese Berechnung eine gute Möglichkeit, bis 30 Kilometer einen realistischen „Fahrplan" zu haben. Sich in den Marathon reinsteigern ist besser, als vom ersten Meter an volle Leistung zu laufen. Ab ca. dem letzten Drittel des Marathons kann jeder individuell prüfen, ob eine Geschwindigkeitserhöhung möglich ist oder vorerst das Tempo beibehalten werden sollte. Mit Köpfchen laufen und nicht von der allgemeinen Starteuphorie verleiten lassen, zu schnell anzugehen! Zeigt das im Wettkampf, was im Training wochenlang vorbereitet wurde! Viel mehr und viel weniger kann keiner erwarten!

Regeneration nach der Marathonphase

In Abhängigkeit von der Art und Weise, wie der Marathon bewältigt wurde, sollten zwei bis drei Wochen konsequente Erholung eingeplant werden. Diese hat sich jede Läuferin und jeder Läufer verdient. Mit zwei bis drei lockeren Dauerläufen kann laufspezifisch regeneriert werden. Günstig ist auch die Nutzung anderer Sportarten wie Schwimmen, Skating oder/und Radfahren. Hierbei ist aber unbedingt darauf zu achten, daß diese Sportarten auch wirklich im kompensatorischen Bereich ablaufen. Wenn dies nicht gegeben ist, dann besteht die akute Gefahr einer Belastungssummation. Übertraining, Verletzungsgefahr und Krankheit lauern im Hintergrund. Wenn ich meinem Körper nicht die Chance einräume, sich zu erholen, nimmt er sich die „Freiheit" zu streiken – in welcher Form auch immer! PAUSE IST TRAINING!

	Woche 12	Woche 13 – „Wettkampfwoche"	Woche 14 und 15 – „Regeneration!"
Montag	GA 1 FS 60 Min. 5 Min.:30 Sec.	GA 1 FS 60 Min. 5 Min.:30 Sec.	GA 1 60 Min.
Dienstag			
Mittwoch		GA 1 15 Min. GA 2 60 Min. GA 1 15 Min.	
Donnerstag	GA 1 lang 2:30 h	GA 1 90 Min.	GA 1 60 Min.
Freitag			
Samstag	GA 1 15 Min. GA 2 75 Min. GA 1 15 Min.		GA 1 60–90 Min.
Sonntag		Marathon	

Marathon-Jahrestraingsplan 4:00 h

Ich möchte den „Marathon-Jahrestraininsplan 4:00 h" zum Anlaß nehmen, um im wesentlichen auf ein Problem einzugehen, das jeden Freizeitläufer zunehmend beschäftigt. Es handelt sich um die Frage: Wie und in welcher Reihenfolge der Belastungen trainiere ich nun, um zum selbst gewählten Wettkampfhöhepunkt meine persönliche Bestform zu haben?
Was trainiere ich, wenn nicht gerade der persönliche Wettkampfhöhepunkt ins Haus steht? Wie sieht eine Periode zur Verbesserung der Unterdistanzleistung über 10 km aus? Diese und weitere Gedanken stehen plötzlich im Raum, wenn die Jahresplanung so gestaltet werden soll, daß ich die Freude und die kostbare Zeit, die ich in mein Hobby investiere, effektiv einsetze.

Ein Herangehen an das Training in dieser Art ist nicht mit Verbissenheit oder Perfektionismus zu verwechseln. Vielmehr sollen unter Ausnutzung vorliegender trainingsmethodischer Gesetzmäßigkeiten für jeden Wege eröffnet werden, die ein rationelles Training ermöglichen. Selbst Läuferinnen und Läufer, die bereits ihr Training im Jahresverlauf dynamisch und vielseitig gestalteten, können weitere Impulse für ihre Laufzukunft entnehmen.

Ausgangspunkt

Der Einstiegstrainingsplan sollte sich noch gar nicht so gezielt mit der Frage auseinandersetzen, wie ich den Marathon in 4:00 schaffen kann. Vielmehr ist es wichtiger, zur vorherigen Trainings- und Wettkampfperiode einen gewissen Abstand zu gewinnen. Unabhängig davon, ob diese Periode erfolglos oder erfolgreich war, ein neuer Trainingsabschnitt beginnt immer mit der Analyse des Bisherigen. Dies funktioniert aber nur mit Ruhe und Besonnenheit und nicht unter dem Einfluß emotionaler Wechselbäder bzw. Höhenflüge. Die folgenden 5 Wochen sollten also zum „Durchatmen" genutzt werden.

Übergangs- und Aufbauphase (Woche 1–5)

Unmittelbar nach dem Marathonhöhepunkt im Herbst eines jeden Jahres sollten konsequent 2 Wochen regeneratives Training eingeplant und umgesetzt (!) werden. Diese sind durch folgende Kriterien gekennzeichnet:

- Reduzierung des Gesamtumfanges um ca. 20 %;
- völliger Verzicht auf intensive Belastungen;
- keine Teilnahme an Wettkämpfen;
- lockeres Joggen nach Lust und Laune, jedoch nicht bis zur völligen Ermüdung (ca. 45–75 Minuten);
- Nutzung alternativer Sportarten, die einem aber vertraut sein sollten, damit der Erholungseffekt nicht gefährdet wird (Rad, Schwimmen, Wandern, Walking, Skiroller, Ergometer)
- verstärkter Einsatz von prophylaktischen Maßnahmen (Sauna, Wechselduschen, Massagen, Stretching ...)

Nun setzt das aufbauende Training ein. Aufbauend in der Art, daß auf „spielerische" Weise vom ermüdenden Umfangstraining in der Marathonphase Abschied genommen wird. Im Mittelpunkt stehen ganz lockere und mittlere Dauerläufe bis maximal 20 km, deren Geschwindigkeit entsprechend der Tagesform sehr gefühlvoll ausgesteuert werden muß. Eher langsamer als zu hoch ist das Tempo zu wählen. Der zweite Schwerpunkt ist die „Wachrüttelung" der Motorik. Diese hat beim überwiegenden Teil der Läufer während der Marathonphase gelitten. Das ist aber nicht unnormal, denn ein methodisches Grundprinzip ist, je höher der Trainingsumfang, desto komplizierter wird es, die Motorik (im Sinne von Spritzigkeit) zu trainieren.

Tab. 1: Marathontraining 4:00 h (Übergangs- und Aufbauphase)

	1. Woche	*2. Woche*	*3. Woche*	*4. Woche*	*5. Woche*
Mo	Sauna	Sauna	Sauna	Sauna	Sauna
Di	5 km Einlaufen 10 Minuten Gymnastik 3 km Profil 2 km Auslaufen	5 km Einlaufen 10 Minuten Gymnastik 3 km Profil 2 km Auslaufen	5 km Einlaufen 10 Minuten Gymnastik 3 km Profil 2 km Auslaufen	8 km Einlaufen 10 Minuten Gymnastik 3 km Profil 2 km Auslaufen	8 km Einlaufen 10 Minuten Gymnastik 3 km Profil 2 km Auslaufen
Mi					
Do	8–12 km Dauerlauf 5x200 m Steigerungslauf	8–12 km Dauerlauf 5x200 m Steigerungslauf	10–12 km Dauerlauf 5x200 m Steigerungslauf	10–12 km Dauerlauf 5x200 m Steigerungslauf	10–12 km Dauerlauf 5x200 m Steigerungslauf
Fr					
Sa	mittlerer Dauerlauf 6–8 km	mittlerer Dauerlauf 6–8 km	mittlerer Dauerlauf 8–10 km	mittlerer Dauerlauf 8–10 km	mittlerer Dauerlauf 8–10 km
So	lockerer Dauerlauf 15–20 km	lockerer Dauerlauf 15–20 km	lockerer Dauerlauf 15–20 km	lockerer Dauerlauf 20 km	lockerer Dauerlauf 20 km

Es ist wichtig, daß jeder Läufer sich diese Geschwindigkeitsreserve erhält. Sie ist der Startpunkt zur Entwicklung einer besseren 10-km-Leistung und damit in der Perspektive die Voraussetzung für eine stabilere bzw. zeitlich bessere Marathonleistung. Aus diesem Grund wurden ein relativ kurzer 3-km-Geländelauf (welliges Profil/erhöhtes Tempo) und „flüssige" 200-m-Steigerungsläufe eingebaut. Diese Einheiten sind kurzweilig und führen schnell zu der nötigen motorischen „Frische". Das Beiwerk in verschiedenen Variationen hat in dieser Trainingsphase einen besonderen Stellenwert. So ist die regelmäßige Lockerungs- und Dehnungsgymnastik nach dem Training „Pflicht". Alternative Sportarten können, je nach Kenntnisstand und Beherrschungsgrad, eingeplant werden. Aber Vorsicht, die Wirkung auf das Laufen darf nicht negativ sein. Ebenfalls ist es angebracht, einige athletische Grundübungen zur Entwicklung und Stabilisierung der allgemeinen muskulären Voraussetzung zweimal wöchentlich auszuführen. U. a. wird dadurch die Verletzungsgefahr aufgrund von muskulären Schwächen reduziert. Ansonsten ist der Wochenrhythmus so wie angegeben einzuhalten. Der Saunatag und die Freitage sind auch als solche zu genießen. Das Training wird dadurch abwechslungsreicher und macht viel mehr Spaß.

Der persönliche Wettkampfhöhepunkt ist vorbei. Wie weiter?

Nach 7 Wochen

Ein deutlicher Abstand zum zuletzt gelaufenen Marathon ist gewonnen, und der Trainingsalltag ist wieder eingezogen. Wer die ersten beiden Wochen nach dem Wettkampf gut regeneriert hat und die darauffolgende Einstiegsphase (5 Wochen) nicht übertrieben hat, der ist nun für eine Steigerung der Trainingsanforderungen gut gerüstet.

Ziel der folgenden Periode ist es, das vorhandene Trainingspensum auf einer höheren Umfangsebene fortzusetzen. Dabei darf aber nicht die Qualität des Trainingsniveaus darunter leiden. D. h., wenn z. B. nach dem Dauerlauf von 8 bis 12 km statt 5 nun 8 bis 10 x 200-m-Steigerungsläufe abgefordert werden, dann dürfen diese Läufe aufgrund der gestiegenen Anzahl nicht langsamer werden. Somit wird durch eine Umfangserhöhung im motorischen Bereich der Körper „gezwungen", sich an diese Anforderungen anzupassen.

6. bis 10. Woche

Der Wochenablauf wird nicht verändert. Jeder Läufer hat sich gerade an den neuen Rhythmus des Wochentrainings gewöhnt und kann sich nun auf die Umfangserhöhung der Belastungen in einigen Einheiten konzentrieren. Außerdem weiß nun jeder, was ihn in der jeweiligen Einheit erwartet.
Die erste Änderung betrifft den 3-km-Profillauf. Das bis zum jetzigen Zeitpunkt erreichte Lauftempo wird auf eine längere Strecke übertragen. Ob auf Anhieb gleich 5 km möglich sind, muß probiert werden. Eventuell kann als Zwischenstufe ein 4-km-Profillauf dienen. Entscheidend ist nur, daß das Lauftempo nicht „abrutscht". Darin liegt auch der Effekt der Trainingsperiode: nicht das Tempo maximieren, sondern auf längere Strecken übertragen, um im jeweiligen Anpassungsbereich eine Ökonomisierung zu erzielen.
Des weiteren wird bei der Donnerstagseinheit die Anzahl der Steigerungsläufe nach dem Dauerlauf erhöht. Die nun 8 bis 10 Wiederholungen werden im gleichen oder leicht gesteigerten Tempo, im Vergleich zur 1. Periode, gelaufen. Hier wird also über eine Erhöhung der Anzahl der Steigerungsläufe ebenfalls eine Ökonomisierung der bis dahin erarbeiteten Motorik angestrebt.

Tab. 2: Marathontraining 4:00 h					
	6. Woche	*7. Woche*	*8. Woche*	*9. Woche*	*10. Woche*
Mo	Sauna/ Athletik	Sauna/ Athletik	Sauna/ Athletik	Sauna/ Athletik	Sauna/ Athletik
Di	5 km Einlaufen 10 Minuten Gymnastik 5 km Profil 2 km Auslaufen	5 km Einlaufen 10 Minuten Gymnastik 5 km Profil 2 km Auslaufen	5 km Einlaufen 10 Minuten Gymnastik 5 km Profil 2 km Auslaufen	5 km Einlaufen 10 Minuten Gymnastik 5 km Profil 2 km Auslaufen	5 km Einlaufen 10 Minuten Gymnastik 5 km Profil 2 km Auslaufen
Mi					
Do	8–12 km Dauerlauf 5x200 m Steigerungs-lauf	8–12 km Dauerlauf 5x200 m Steigerungs-lauf	8–10 km lockerer Dauerlauf	10–12 km Dauerlauf 8–10x200 m Steigerungs-lauf	10–12 km Dauerlauf 8–10x200 m Steigerungs-lauf
Fr					
Sa	mittlerer Dauerlauf 10–12 km	mittlerer Dauerlauf 10–12 km	mittlerer Dauerlauf 15 km	mittlerer Dauerlauf 10–12 km	mittlerer Dauerlauf 10–12 km
So	lockerer Dauerlauf 18–25 km	lockerer Dauerlauf 18–25 km	lockerer Dauerlauf 20 km	lockerer Dauerlauf 18–25 km	lockerer Dauerlauf 18–25 km

Auch beim mittleren und lockeren Dauerlauf ist das Prinzip der Ökonomisierung eingeplant worden. Wer Bedenken hat, die angegebenen Änderungen gleichzeitig zu bewältigen, der beschränkt sich eben zuerst auf den „Ausbau" der Dienstags- bzw. Donnerstagseinheiten.

Da im Vergleich zum ersten Trainingsblock nun zunehmend mehr eine Akzentuierung im Training erfolgt, welche höhere Belastungsanforderungen stellt, ist nun der Zeitpunkt gekommen, auch „Ruhewochen" (8. Woche) einzuplanen. Diese dienen, aufgrund ihrer wiederherstellenden Zielstellung, zur besseren Belastungsverarbeitung des vorhergehenden Trainings und damit gleichzeitig zur körperlichen und geistigen Vorbereitung auf die kommenden Belastungswochen. Auch wenn nicht sofort das Gefühl vorhanden ist, daß eine „Ruhewoche" benötigt wird, so ist doch die Einhaltung des Be- und Entlastungsrhythmus die beste Garantie, nicht in einen Übertrainingszustand zu geraten. In vielen Fällen ist zu beobachten, daß gerade in der Entlastungswoche die Form deutlich schlechter wird. Das ist ein sicheres Anzeichen dafür, daß anspruchsvoll trainiert wurde und der Körper im „Nachatmen" der Belastungswochen eben doch seine Pause braucht. Deshalb nicht nervös werden. Die zweite „härtere" Trainingseinheit in der folgenden Woche zeigt wieder das normale Niveau.

Mögliche Ergänzungen zum Trainingsplan

Der Grundplan, der nur zur Orientierung dient, kann natürlich entsprechend der individuellen Erfahrungen, der Neigungen und des Zeitbudgets ergänzt werden. Folgende Möglichkeiten sind denkbar:

- statt Ein- bzw. Auslaufen kann auch das Fahrrad genutzt werden (20 bis 30 Minuten);
- als Auflockerung nach dem Training ist ruhiges Schwimmen möglich;
- 10 bis 15 Minuten Lockerungs- und Dehnungsgymnastik nach intensiven Belastungen sind „Pflicht" (möglichst täglich);
- zwei Athletikeinheiten zur Entwicklung und Stabilisierung der grundlegenden muskulären Voraussetzungen sollten eingeplant werden.

Wichtig:

Die Ergänzungen zum Trainingsplan sollten auch als solche behandelt werden. Die Zielstellung der jeweiligen Trainingsperiode darf durch übertrieben gestaltetes „Beiwerk" nicht gefährdet werden.

Trendwechsel

Nachdem über einen Zeitraum von 10 Wochen der Trainingsumfang niedriger als in einer Marathonphase gehalten wurde, um schwerpunktmäßig eine „Wachrüttelung" der Motorik (Lauf in höheren Geschwindigkeitsbereichen) zu erzielen, gilt es nun wieder, dem ununterbrochenen Dauerlauf und seinen Variationen erhöhte Aufmerksamkeit zu widmen.

Die beiden bisherigen Trainingszyklen dürften ausreichend gewesen sein, um den Lauf in einem höheren Geschwindigkeitsbereich und die damit zusammenhängenden körpereigenen Prozesse gezielt anzusprechen. Auch wenn am Anfang das 3-km-Profillaufen und die Steigerungsläufe möglicherweise zu Muskelverspannungen oder gar zum Muskelkater führten, so sind diese Begleiterscheinungen doch Ausdruck einer bestimmten Qualität des Trainings. Der Körper wurde also „gezwungen", sich auf neue Belastungsanforderungen einzustellen. In unserem Fall sollte das bisherige Lauftraining, was in einer Marathonphase natürlich betont im Dauerlaufbereich ablaufen muß, durch das Laufen kürzerer und kraftorientierter (Profil-)Strecken ersetzt werden. Der an den ersten Zyklus angeschlossene zweite Trainingskomplex diente ausschließlich zur Stabilisierung des ersten Trainingsziels. Mit Sicherheit wird die Reaktion der einzelnen Läuferinnen und Läufer auf das realisierte Training sehr unterschiedlich sein. Folgende Varianten sind denkbar:

1. Ich habe das Training gut verkraftet.
   In diesem Fall kann der dritte Trainingszyklus bedenkenlos in Angriff genommen werden.

2. Ich fühle mich unterfordert.
   Hier kann mit hoher Wahrscheinlichkeit ein Übertraining ausgeschlossen werden. In der folgenden Trainingsphase sollte, nachdem die erste Woche zur Rhythmusanpassung an die neuen Trainingseinheiten absolviert worden ist, an der oberen Grenze der Trainingsempfehlungen trainiert werden. Aber Vorsicht! Gutes Trainingsbefinden nicht mit Euphorie verwechseln. Wenn es besonders gut „rollt", kann dies auch eine labile Frühform sein. Dann ist die Gefahr des Übertrainings leicht gegeben.

3. Ich fühle mich überfordert.
   In diesem Falle sollte die 11. Woche konsequent als Ruhewoche gestaltet werden (vgl. 13. Woche). Die darauffolgende Woche dient zum Kennenlernen der neuen Trainingseinheiten und ist verhalten zu realisieren. Ab der 13. Woche wird planmäßig trainiert, so daß genügend Zeit vor-

handen war, um ein Trainingstief auszugleichen. Bitte nicht den Trainingsplan als Dogma betrachten und mit Gewalt versuchen, ihn zu erfüllen. Dies hat nur das „Verschleppen" der schlechten Form über mehrere Wochen zu Folge. Im Resultat habe ich mehr Trainingsausfall, als bei einer konsequenten Belastungsreduzierung (so wie vorgeschlagen) über zwei bis drei Wochen zu verzeichnen ist. Von der Entscheidung, wie es nun weitergeht, ist der notwendige Wechsel der Mittel im weiteren Training unabhängig. Es hat sich gezeigt, daß ca. alle 10 Wochen neue, entscheidende Impulse im Training gegeben werden sollten, damit keine Monotonie und damit möglicherweise Leistungsstagnation eintritt. Aus diesem Grunde und aus der Zielstellung heraus, daß ein Marathon vorbereitet werden soll, gewinnt nun der ununterbrochene Dauerlauf in verschiedenen Formen an Bedeutung.

11. bis 15. Woche

Im Mittelpunkt der nächsten beiden Trainingsphasen wird die Entwicklung des Ausdauerniveaus stehen, welches für die Wettkampfleistung im Marathon notwendig ist. Vielleicht erscheint einigen der Zeitpunkt zu früh, das Marathontempo zu trainieren. Die Auswertung vieler Marathontrainingsjahre hat aber gezeigt, daß das Zieltempo des geplanten Marathonlaufes schon sehr zeitig im Jahresverlauf trainiert wird und daß im Verlaufe des Trainings die Distanzen permanent vergrößert werden. Dadurch wird eine stabilere Anpassung des Körpers an die erforderliche Leistung erzielt. Nun gibt es viele Möglichkeiten, dieses Ziel umzusetzen. Eine der wirkungsvollsten ist das Realisieren von Fahrtspieleinheiten unterschiedlicher Gestaltung. Fahrtspiel (auch Spiel mit der Laufgeschwindigkeit) bedeutet, daß ein Dauerlauf über eine bestimmte Strecke und entsprechend dem eigenen Befinden mit schnellen (nicht maximalen) Abschnitten durchsetzt wird. Wichtig ist dabei das ständige Weiterlaufen (auch nach dem schnellen Abschnitt).

Somit wird von der Methode des Wiederholungslaufes, z. B. 5 x 200 m Steigerungslauf, zum ununterbrochenen Lauf mit Tempovariation übergegangen. Dieses Training ist mental sehr anspruchsvoll und äußerst stoffwechselintensiv. Wer dieses Trainingsmittel beherrschen lernt, der ist im Wettkampf fast jeder Taktik gewachsen.

In unserem Fall werden das Fahrtspiel „kurz“ – d. h. schnelle Abschnitte von 40 bis 50 Sekunden werden innerhalb von 8 km eingebaut – und das Fahrtspiel „lang“ (mehrere 2-Minuten-Abschnitte) empfohlen. Das Lauftempo bei den kurzen Abschnitten sollte natürlich etwas höher sein als beim 2-Minuten-Intervall.

Der als dritte Einheit am Samstag angebotene schnelle Dauerlauf erreicht nun das Tempo der geplanten vier Stunden im Marathon (etwa 5:43 min/km). Eine Schwankungsbreite von 5:40 bis 5:50 Minuten pro Kilometer ist entsprechend der Tagesform oder den äußeren Bedingungen als normal anzusehen. Abgerundet wird das Wochentraining mit einer am Sonntag geplanten „Sauerstoffdusche“, einem gemütlichen und langen Dauerlauf.

Ein- und Auslaufen, Ein- und Ausrollen, allgemeine Athletik und Gymnastik sollten nach Möglichkeit das Wochentraining sinnvoll ergänzen.

Tab. 3: Marathontraining 4:00 h

	11. Woche	*12. Woche*	*13. Woche*	*14. Woche*	*15. Woche*
Mo	Sauna	Sauna	Sauna	Sauna	Sauna
Di	Fahrtspiel kurz 8 km mit 8x200 m Gymnastik allgemeine Athletik	Fahrtspiel kurz 8 km mit 8x200 m Gymnastik allgemeine Athletik	lockerer Dauerlauf 10–12 km	Fahrtspiel kurz 8 km mit 8x200 m Gymnastik allgemeine Athletik	Fahrtspiel kurz 8 km mit 8x200 m Gymnastik allgemeine Athletik
Mi					
Do	Fahrtspiel lang 10–12 km mit 5–6x2 Min. schnell	Fahrtspiel lang 10–12 km mit 5–6x2 Min. schnell	lockerer Dauerlauf 10–12 km	Fahrtspiel lang 10–12 km mit 6–7x2 Min. schnell	Fahrtspiel lang 10–12 km mit 6–7x2 Min. schnell
Fr					
Sa	schneller Dauerlauf oder Wettkampf 8–15 km Gymnastik	schneller Dauerlauf oder Wettkampf 8–15 km Gymnastik	mittlerer Dauerlauf 8–10 km	schneller Dauerlauf oder Wettkampf 8–15 km Gymnastik	schneller Dauerlauf oder Wettkampf 8–15 km Gymnastik
So	Dauerlauf 25 km	Dauerlauf 25 km	Lockerer „Sauerstoff-lauf" 20 km	Dauerlauf 25 km	Dauerlauf 25 km

Weitere Stabilisierung des Ausdauerniveaus

Die Wochen 11 bis 15 standen ganz im Zeichen der Entwicklung des Ausdauerniveaus jedes Läufers. Die intensiven Fahrtspieleinheiten und die erhöhte Anzahl von Wettkämpfen bzw. die Streckenverlängerung im schnellen Dauerlauf stellten sehr hohe körperliche und psychische Anforderungen. Die Umstellung von dem vorwiegend motorisch orientierten Training (die ersten 10 Wochen) auf die Verstärkung der für den Marathonlauf so notwendigen Grundlagen- und Wettkampftempobelastungen sind eingeleitet. Nun sollten die neuen Reize, die in den 2 x 2-Wochen-Zyklen (11./12.; 14./15. Woche) gesetzt worden sind, gefestigt werden.

Die „Sauerstoffdusche"

Damit eine Belastungssummation ausgeschlossen wird, sind die Wochen 16 und 17 als „Sauerstoffwochen" ausgeschrieben. Dennoch ist die Wirkung der reinen Dauerläufe ohne „Einlagen" nicht zu unterschätzen. Die Belastungsdauer (und nicht die Geschwindigkeit) wird zum ermüdenden Faktor. Grundlegende, vor allem im Fettstoffwechselbereich ablaufende Körperfunktionen werden geschult. Auch psychologisch sind diese Trainingswochen wichtig. Das monotone Laufen bringt insofern wettkampfnahe Bedingungen, daß Belastungen zwischen 60 Minuten und 3,5 Stunden ohne Unterbrechung und gleichmäßig abgefordert werden. Auch das will gelernt sein! Wettkampfabstinenz ist angebracht, da ein solches Training die psychische und physische „Frische" entzieht. Lauftrainingsbegleitende Aktionen wie allgemeine Athletik, Gymnastik und prophylaktische Maßnahmen sind verstärkt einzusetzen. In den beiden folgenden Trainingswochen (18./19. Woche) ist ein „Ausbau" der Fahrtspieleinheiten vorgesehen. Hauptanliegen ist es, nur die Dauer der schnellen Abschnitte innerhalb 8 bis 12 Kilometer zu erhöhen. Damit wird ein Qualitätszuwachs durch die Geschwindigkeitsübertragung der Intervalle auf eine längere Strecke erzielt. Zudem sind die Dauerlaufabschnitte etwas kürzer. Der schnelle, im Bereich des geplanten Marathon-Wettkampftempos zu gestaltende Dauerlauf am Samstag kann wieder innerhalb eines Trainingswettkampfes durchgeführt werden. Die Streckenlänge ist in Richtung 15 bis 20 Kilometer auszubauen. Achtung! Bis zwei Drittel der Strecke muß das Tempo sicher kontrolliert werden. Wenn es gut läuft, dann kann das Tempo über die restlichen 5 bis 7 Kilometer leicht gesteigert werden. Gegen einen Endspurt von 500 bis 800 Metern hat keiner etwas einzuwenden. Der Zyklus wird mit einer deutlich gestalteten „Ruhewoche" abgerundet. Diese ist unbedingt erholsam zu halten, damit eine Verarbeitung des bisherigen Trainings und eine gute Vorbereitung der nachfolgenden Wochen garantiert ist. Die Wochen 21 bis 30 stellen die direkte Marathonvorbereitung dar.

Tab. 4: Marathontraining 4:00 h					
	16. Woche	*17. Woche*	*18. Woche*	*19. Woche*	*20. Woche*
Mo	Sauna	Sauna	Sauna	Sauna	Sauna
Di	lockerer Dauerlauf 15 km allgemeine Athletik	lockerer Dauerlauf 15 km allgemeine Athletik	Fahrtspiel kurz 8 km mit 6x400 m	Fahrtspiel kurz 8 km mit 6x400 m	lockerer Dauerlauf 10 km
Mi					
Do	lockerer Dauerlauf 15 km allgemeine Athletik	lockerer Dauerlauf 15 km allgemeine Athletik	Fahrtspiel lang 10–12 km mit 2x2 Min. und 2x3 Min.	Fahrtspiel lang 10–12 km mit 2x2 Min. und 2x3 Min.	lockerer Dauerlauf 10 km
Fr					
Sa	schneller Dauerlauf 10–15 km Gymnastik	schneller Dauerlauf 10–15 km Gymnastik	schneller Dauerlauf oder Wettkampf 10–20 km Gymnastik	schneller Dauerlauf oder Wettkampf 10–20 km Gymnastik	mittlerer Dauerlauf (kein Wettkampf) 8–10 km
So	lockerer Dauerlauf 25–30 km	lockerer Dauerlauf 25–30 km	lockerer Dauerlauf 25 km	lockerer Dauerlauf 25 km	lockerer Dauerlauf 20 km

Zur Trainingsprotokollierung

Das Trainingstagebuch enthält eine Fülle von Detailinformationen für den Läufer, und es liest sich „wie ein guter Krimi". Ein Problem könnte jedoch dabei auftreten: Die Schwerpunkte des Trainings, also die für die Wettkampfleistung entscheidenden Trainingsmittel, werden in ihrer mehrwöchigen Entwicklung und im Bezug zur Zielleistung unklar dargestellt. Um dies zu vermeiden, soll eine Form der Trainingsgrafik (siehe Kapitel „Der Weg zum Marathon") nochmals angeboten werden, die klar und nüchtern das tatsächlich realisierte Training über einen längeren Zeitraum und in Relation zur geplanten (deshalb vorher Ziellinie markieren!) Marathonzielgeschwindigkeit darlegt. Unter Hinzunahme des Trainingstagebuches und in Kenntnis aller sonstigen Bedingungen (Wetter, Gesundheit, Berufsbelastung ...) ist eine Korrektur des Trainings frühzeitig möglich. Des weiteren kann vor dem Marathon ein präziser „Marschplan“ erstellt werden, der sich aus den nüchternen Fakten von Tagebuch und Grafik ableiten läßt. Nur Fakten zählen am Ende. Eine Marathonwunschzeit, die nicht vorbereitet wurde, bringt Verdruß.

Noch 10 Wochen bis zum Marathon

Nun beginnt die direkte Marathonvorbereitung. Die Trainingseinheiten werden ganz gezielt zur Ökonomisierung und Erhöhung des Grundlagenausdauerniveaus bzw. der Wettkampfausdauer eingesetzt. Die vier Einheiten pro Woche haben folgende Funktion:

1. lockerer Dauerlauf 10 bis 20 km – Ökonomisierung des Grundlagenausdauerniveaus und z. T. regenerative Wirkung (Belastungsverarbeitung der Fahrtspieleinheit)
2. lockerer Dauerlauf 25 km und mehr – weitere Verbesserung des Ausdauerniveaus über die Streckenverlängerung (Fundamentierung des Fettstoffwechsels)
3. Fahrtspiel – Erhöhung der Variabilität des Stoffwechselsystems und der motorischen Eigenschaften, Geschwindigkeitsreserve
4. schneller Dauerlauf – permanente Schulung (bei zunehmender Streckenlänge) des geplanten Marathonzieltempos unter Beachtung der individuellen Streubreite (Tagesform, Trainingswettkampf ...)

Die trainingsfreien Tage (Mittwoch, Freitag) sollten beibehalten werden, damit der Körper sich konsequent erholen kann. Eine Verdichtung der Trainingseinheiten kann eine Belastungssummation zur Folge haben. Ebenfalls ist es wichtig, daß der Inhalt der Einheiten gewährleistet wird. Ein Überziehen oder zu lockeres Gestalten der Tage bzw. ein spontanes Verlassen und Wiederaufnehmen der begonnenen Methodik hat zwangsläufig eine andere Belastungswirkung und letztendlich eine andere Leistungsentwicklung zur Folge.

Tab. 5: Marathontraining 4:00 h

	21. Woche	*22. Woche*	*23. Woche*	*24. Woche*	*25. Woche*
Mo	Sauna	Sauna	Sauna	Sauna	Sauna
Di	Fahrtspiel lang 10–12 km mit 4x3 Min.	Fahrtspiel lang 10–12 km mit 4x3 Min.	lockerer Dauerlauf 10 km	Fahrtspiel lang 10–12 km mit 5x3 Min.	Fahrtspiel lang 10–12 km mit 5x3 Min.
Mi					
Do	lockerer Dauerlauf 15 km	lockerer Dauerlauf 20 km	lockerer Dauerlauf 10 km	lockerer Dauerlauf 15 km	lockerer Dauerlauf 20 km
Fr					
Sa	schneller Dauerlauf 15–20 km (oder 20-km-Wettkampf)	schneller Dauerlauf 15–20 km (oder 20-km-Wettkampf)	mittlerer Dauerlauf (kein Wettkampf) 8–10 km	schneller Dauerlauf 15 km (oder Wettkampf)	schneller Dauerlauf 15 km (oder Wettkampf)
So	lockerer Dauerlauf 25–30 km	lockerer Dauerlauf 30 km	lockerer Dauerlauf 20 km	lockerer Dauerlauf 20 km	lockerer Dauerlauf 30 km

Im Mehrwochenverlauf wird der 2 : 1-Belastungsrhythmus beibehalten, d. h. die 23. Woche ist als „Ruhewoche" gekennzeichnet und auch als solche beizubehalten. Auch in dem Fall, wo die bisherige Belastung gut verarbeitet wurde, ist die Entlastung konsequent durchzuführen. Meistens zeigt es sich in dieser Zeit, daß der Körper die bewältigte Belastung „nachatmet". Damit ist das zunehmend schlechter werdende Laufbefinden in der lockeren Woche gemeint. Dies ist ein deutliches Zeichen für die Wirkung der vorangegangenen Belastungsphase.

Soll-Ist-Vergleich

Wer die bisherigen Wochen gemäß dem Grafikvorschlag (Kapitel „Der Weg zum Marathon") skizziert hat, der wird festgestellt haben, daß die schnellen Dauerlaufeinheiten sich wie ein Band um die Marathonzielgeschwindigkeit (Ziellinie) schlängeln. Wenn dazu noch eine Streckenverlängerung (so wie im Plan vorgegeben) erkennbar ist, dann ist das Leistungsziel real gewählt worden.

Was ist aber zu tun, wenn dies nicht der Fall ist?

1. Mittleres Trainingsniveau des schnellen Dauerlaufes liegt deutlich über der Ziellinie – dann ist eine Plankorrektur in Richtung einer besseren Marathonzielzeit möglich. Auf keinen Fall weiter das Lauftempo erhöhen. Eine Stabilisierung des Wettkampftempos über den weiteren Streckenausbau ist angezeigt. Vorsicht bei Trainingswettkämpfen! Das gewonnene Selbstvertrauen kann zu einer Wettkampfeuphorie führen und diese wiederum zum frühzeitigen Erreichen der Wettkampfform (Frühform).
2. Mittleres Trainingsniveau des schnellen Dauerlaufes liegt deutlich unter der Ziellinie – dann ist die geplante Marathonzielzeit (aus welchen Gründen auch immer) zur Zeit noch unrealistisch. Auf keinen Fall mit der „Brechstange" in den ursprünglich geplanten Zielbereich einzudringen versuchen. Vielleicht war die geplante Marathonleistung im Vergleich zum Vorjahr zu hoch angesetzt worden? Oder ließen äußere Umstände (Arbeitsstreß, Wetter, Familienprobleme, Gesundheit …) ein wirksames Umsetzen der Trainingsleistung nicht zu? In diesem Fall ist es besser, den Tatsachen ins Auge zu schauen und das bisher erreichte Niveau zu festigen. Es ist nicht selten, daß eine im Vorjahr erzielte Marathonleistung mit höherem Aufwand zu bestätigen ist. Eine ständige Leistungsentwicklung ist in der Praxis sehr selten.

Entwicklung der Programme

Das Fahrtspiel bleibt in seiner Streckenlänge relativ konstant. Durch die Erhöhung der Anzahl bzw. der Zeitdauer der schnellen Intervalle wird zunehmend eine höhere Gesamtbelastung durch Fahrtspieleinheiten erreicht.

Beim lockeren, langen Dauerlauf steht die Stabilisierung der Streckenlängen um 30 Kilometer im Mittelpunkt der Entwicklung. Es ist bei gutem Befinden durchaus möglich, diese Distanzen auch im mittleren Dauerlauftempo zu bewältigen. Diese Entscheidung hängt von der Gesamtbelastungsverarbeitung ab. Vor der Erhöhung der Laufgeschwindigkeit steht zuerst die Bewältigung der Streckenlänge im Vordergrund.
Der schnelle Dauerlauf sollte nach wie vor im Bereich der Marathonzielgeschwindigkeit realisiert werden. Auch hier wird Wert auf die Übertragung der Geschwindigkeit auf eine längere Strecke gelegt. Am Beispiel des Vorgabeplanes wird die Trainingsstrecke in Richtung 15 Kilometer entwickelt. Wenn es gut läuft, dann kann auch ein Trainingswettkampf über 20 Kilometer eingebaut werden. Die Kombination schneller Dauerlauf (Samstag) und langer, lockerer Dauerlauf (Sonntag) ist in der Marathonvorbereitung (unter den genannten Voraussetzungen) sehr leistungswirksam.

Kurzanalyse

Hinter den meisten Läuferinnen und Läufern liegt ein Trainingsabschnitt mit sehr hohen persönlichen Anforderungen. Das betrifft sowohl die körperlichen Anstrengungen, die das Training mit sich gebracht hat, als auch die Einordnung der Marathonvorbereitung in das komplexe Lebensregime. 25 Wochen lang sind die Trainingsvorgaben individuell und konzentriert umgesetzt worden. So manche Zweifel sind aufgekommen, ob denn das Projekt realistisch ist. Dann gab es Momente, in denen fast jeder schon psychisch und physisch für den Marathon bereit war. Dieses ständige Wechseln der Form ist auf jeden Fall ein Zeichen dafür, daß der Körper sich auf neue Belastungsumstände einstellen mußte. Dies spürte jeder, der die Planvorgabe individuell gut angepaßt hat, vor allem in den Ruhewochen. Aufgrund der Belastungsreduzierung hatte hier der Körper einmal Gelegenheit, richtig „durchzuatmen". Leider war das Laufgefühl in dieser Zeit oftmals schlechter als in den Belastungswochen. Dies ist aber eine Gesetzmäßigkeit, die auf das im Training so wichtige „Spiel" mit Be- und Entlastung hinweist. Pause ist Training! Dieser Satz gewinnt um so mehr an Bedeutung, je höher das Leistungsniveau ist. Die Kunst des Trainierens liegt also nicht im stupiden Abarbeiten von Trainingsplänen. Entscheidend ist das inhaltliche Durchdringen einer Methode. Gesetzmäßigkeiten anzupassen, darin liegt das „Geheimnis“ des Erfolges.

Die letzten 5 Wochen

Die Umstellung des Trainings auf eine gezielte Grundlagenausdauer- und Wettkampfausdauerentwicklung für den Marathonlauf ist in vollem Gange. Zuletzt erfolgte dies über zwei Belastungsblöcke (21./22. Woche und 24./25. Woche).

Der letzte Trainingsabschnitt wird mit einer „Ruhewoche“ eingeleitet. Von Montag bis Freitag ist eine konsequente Erholung zu gewährleisten. Lockere Dauerläufe (sehr freudbetont) zwischen 8 und 15 km, viel Gymnastik und passive Prophylaxe (Wechselduschen, Sauna, Schlaf …) sind angezeigt. Am Samstag kann durchaus ein mittlerer Dauerlauf gemacht werden, dessen Tempo aber nicht in die Bereiche der geplanten Marathon-Wettkampfgeschwindigkeit gerät. Gegen einen ordentlichen Endspurt von 500 m ist jedoch nichts einzuwenden.

Mit einem langen Dauerlauf am Sonntag wird gewissermaßen der abschließende Belastungsblock eingeleitet. Der Ablauf der Woche 27 ist jedem aus den vergangenen Zyklen vertraut. Am Samstag ist auch die Teilnahme an einem Wettkampf möglich. Hierbei sollte aber kein Rekord erzwungen werden. Der eigentliche trainingsmäßige Höhepunkt in dieser Marathonvorbereitung ist in der 28. Woche geplant. Diese Belastungsspitze in der dritten Woche vor dem Marathon hat sich bei vielen Läufern bewährt. Sowohl der Wochengesamtumfang als auch der einfache Dauerlauf am Sonntag erreichen Spitzenwerte. Dem liegt das Prinzip der progressiven Belastungsgestaltung bei einer mehrwöchigen Wettkampfvorbereitung zugrunde. Diese „Gipfelwoche“ stellt den vorläufigen Abschluß der Marathonvorbereitung dar.

Tab. 6: Marathontraining 4:00 h					
	26. Woche	*27. Woche*	*28. Woche*	*29. Woche*	*30. Woche*
Mo	Sauna	Sauna	Sauna	Sauna	Sauna
Di	lockerer Dauerlauf 15 km	lockerer Dauerlauf 15 km	lockerer Dauerlauf 20 km	Fahrtspiel lang 10–12 km mit 5x3 Min.	8–12 km mittlerer Dauerlauf bis Wettkampftempo
Mi					
Do	lockerer Dauerlauf 8–10 km	Fahrtspiel lang 10–12 km mit 5x3 Min.	Fahrtspiel lang 10–12 km mit 5x3 Min.	lockerer Dauerlauf 30 km	lockerer Dauerlauf 5–10 km
Fr					
Sa	mittlerer Dauerlauf 10–15 km	schneller Dauerlauf 15 km (oder Wettkampf)	schneller Dauerlauf 15 km	kein Training	kein Training
So	lockerer Dauerlauf 30 km	lockerer Dauerlauf 30 km	lockerer Dauerlauf 35 km	lockerer Dauerlauf 20 km	**Marathon**

„Lust" auf den Wettkampf bekommen

In den letzten beiden Wochen geht es ausschließlich darum, die Belastungen der Wochen 26 bis 28 zu kompensieren. Über eine gezielte Reduzierung von Umfang und Intensität soll nun eine psychische und physische Belastungsbereitschaft hergestellt werden. Die abschließende marathonspezifische Trainingseinheit wird am 10. Tag vor dem Wettkampf durchgeführt. Dieser 30-km-Lauf ist auf jeden Fall in seiner vollen Länge umzusetzen. Die für den Marathonlauf so wichtigen Fettstoffwechselprozesse werden nochmals aktiviert. Nach dieser Einheit heißt es „nur noch" Ruhe bewahren! Für diesen Wettkampf kann nichts mehr antrainiert werden.

Nun gilt es, das bisher Trainierte nüchtern zu analysieren und den „Marschplan" für den Wettkampfhöhepunkt zurechtzulegen. Hierbei zählt nur, was tatsächlich in der Grafik bzw. im Trainingsheft zu Buche steht. Wenn kontinuierlich und ohne wesentliche Ausfälle trainiert wurde und der Plan ungefähr eingehalten werden konnte, dann sollten die ersten 30 km des Marathons im Durchschnittstempo aller schnellen (einschließlich der Wettkämpfe über 10 bis 20 km), der Wochen 1 bis 28, angegangen werden. In der kritischen Phase jenseits der 30-km-Marke fällt dann unter Hinzunahme der Tagesform die Entscheidung, ob das Tempo eventuell noch erhöht werden kann. Diese Verfahrensweise zählt natürlich nur, wenn gute äußere Bedingungen (Wetter, Streckenverlauf ...) vorhanden sind. Andernfalls sind auf jeden Fall Abstriche an der Zielleistung zu machen.

Die Nachbereitung des Marathonlaufes

Ein Marathonlauf ist immer eine außergewöhnliche Belastung. Unabhängig davon, wie er in bezug auf den aktuellen Trainingszustand, die äußeren Wettkampfbedingungen oder die individuelle Renntaktik absolviert wurde, ist zur schnelleren Regeneration eine Wiederauffüllung der Protein-, Kohlenhydrat-, Mineral- und Vitaminreserven zwingend notwendig. Hierbei ist natürlich auf eine ausgewogene Nahrungszufuhr zu achten. Unmittelbar nach dem Lauf kann feste, jedoch nur leicht verdauliche Nahrung aufgenommen werden. Beim Trinken nicht zum „Faß ohne Boden" werden; lieber häufiger als literweise Flüssigkeit aufnehmen. Hochkonzentrierte isotonische Getränke meiden (Gefahr des Erbrechens). Säfte oder verdünnte „Fitmacher" sind zu bevorzugen. Was die Dehnung nach dem Wettkampf anbelangt, so sollte sie leicht und sehr sensibel realisiert werden. Eine Überstrapazierung der sowieso schon stark beanspruchten Muskeln, Muskelansätze und Sehnen ist nicht zu empfehlen. Am folgenden Tag kann diesbezüglich konsequenter gearbeitet werden. Nach dem Zieleinlauf ist das Hochlegen der Beine bzw. ein Ausstreichen der Waden mitunter angenehmer. Statt des Auslaufens können, je nach Möglichkeit, Schwimmen oder Radfahren sinnvollere Alternativen sein. Hierbei spielen die persönlichen Erfahrungswerte und Neigungen eine Rolle. Viele Läufer empfinden eine psychische und physische Entspannung in der Sauna als angenehm. Die Sauna sollte nach einem Marathonlauf mehr im Sinne eines Aufwärmrau-

mes angesehen werden, um den Flüssigkeitsverlust nicht unnötig zu steigern.
Nicht zu unterschätzen ist der Erfahrungsaustausch nach dem Wettkampf. Er ist ein Teil des allgemeinen Regenerationsprozesses.
Wer die Möglichkeit hat, kann sich auch einige Minuten hinlegen und ruhen oder schlafen, bevor er auf die Heimreise oder zur Abschlußfeier geht.
Das Training nach dem Marathonlauf muß primär kompensatorischen Charakter haben. Der Hauptteil des Trainings wird über Laufen, Radfahren, Schwimmen, Aquajogging oder ähnliche Belastungen im aeroben Bereich umgesetzt. Athletik und Gymnastik spielen zunehmend eine wichtige Rolle. Ergänzt werden diese Trainingsmittel durch motorische Reize in Form von Steigerungen oder leichtem Fahrtspiel. Diese Phase des Trainings sollte zwei bis drei Wochen dauern. In dieser Zeit ist die individuelle Tagesform besonders stark zu beachten. Physiotherapeutische Maßnahmen (Bäder, Massagen ...) haben entscheidenden Einfluß auf die Regeneration.
Unabhängig davon, ob der Marathonlauf ein Erfolgs- oder Mißerfolgserlebnis war, ist in den Tagen nach dem Wettkampf in aller Ruhe eine Analyse des Trainings vorzunehmen. Nur in der nüchternen Auswertung der tatsächlich trainierten und erreichten Werte können die Ursachen für die jeweilige Leistung bestimmt werden. Dies ist nicht einfach, da eine Wettkampfleistung immer die Summe von unzähligen Zubringerleistungen ist. Die Wertigkeit dieser Faktoren und ihr Einfluß auf die Wettkampfleistung müssen sehr genau abgewogen werden. Trainingstagebuch, Grafik und andere Aufzeichnungen sind diesbezüglich gute Hilfen. Derjenige, der gelernt hat, mit diesen Dingen umzugehen, hat mit Hilfe der Objektivierung des Trainings bessere Aussichten, sein Leistungspotential auszuschöpfen.

Fette für den Rennsteig – Halbmarathon, Marathon, Supermarathon

Auftakt zum 20-Wochen-Plan

Der Deal

Ist es nicht ein interessanter Deal, Fette und damit Pfunde abzubauen, um die drei langen Kanten beim Rennsteiglauf gut zu schaffen? Was steckt hinter diesem Angebot? Fakt ist, daß sich in den letzten Jahren beim Lauftraining eine Unsitte breitgemacht hat. Die meisten Läuferinnen und Läufer trainieren viel zu intensiv. Sicherlich stimmt es, daß ein hohes Lauftempo auch durch schnelles Laufen erzielt wird, aber das Ganze funktioniert nur, wenn die Basis, das Lauffundament, solide ist. Mit Lauffundament meine ich die so wesentliche Grundlagenausdauer. Wenn diese Ausdauerform fest „wie ein Fels in der Brandung" steht, dann bestehen zwei entscheidende Vorteile:

1. Die Langstreckenwettkampfleistung ist absolut besser, da die Energiebereitstellung ökonomischer ist und eine solide Grundlage mehr Handlungsspielraum garantiert.
2. Die Verarbeitung der Gesamttrainings- und Wettkampfbelastung sowie einzelner Belastungsspitzen ist besser (höhere Wiederherstellungsfähigkeit). Dies wirkt sich auch positiv auf die Verminderung des Verletzungs- und Krankheitsrisikos aus.

Es können im Training und Wettkampf also bessere Leistungen erbracht werden, die dann auch noch schneller verarbeitet werden. Oder anders herum gesagt: Wer zu intensiv trainiert und dabei die Grundlagenausdauer aus den Augen verliert, der wird bald „ausbrennen". In der Beispielgrafik sind diese beiden Extreme an zwei Läufern dargestellt. Der Sportler 1 ist seit mehr als 10 Jahren im regelmäßigen Training. Er hat sich eine solide Grundlagenausdauer zugelegt, indem er einerseits die langen, lockeren Läufe („Supersauerstoffläufe") „gepflegt" hat und trotzdem andererseits bestimmte schnelle Einheiten im Marathonzieltempo realisierte. Er untermauerte beim 4 x 15 Minuten Stufentest (13–16 km/h) seine stabile Grundlage. Der Laktatanstieg (untere Kurve) ist im getesteten Tempobereich relativ gering. Die Herzfrequenzkurve steigt stetig an. Im Gegensatz dazu verläuft sowohl die Herzfrequenz- als auch die Laktatkurve des Hobbyläufers (> 10 Jahre Training), der relativ wenig Zeit in das Training investiert hat und diese Trainingszeit natürlich „schnell" nutzen wollte, trotz geringerem Testtempo (8–14 km/h) und geringerer Stufendauer (4 x 3 Minuten) deutlich ungünstiger – ungünstiger in der Hinsicht, daß die Energiebereitstellung bei Ausdauerleistungen primär über den ständig zu verbessernden Fettstoffwechsel erfolgt. Je länger ich im Fettstoffwechsel laufe oder je höher das Tempo ist, bei dem ich die Fette vorwiegend nutzen kann, um so leistungsfähiger bin ich. Kurzum, das Ziel des Profis und des Hobbyläufers muß es sein, das Grundlagenausdauerniveau als läuferische Grundvoraussetzung zu verbessern. Erfahrungsgemäß kann die mittels lockerer Läufe im Pulsbereich von 130–150 Schlägen/Minute (Ausnahmen gibt es mehrere!) gesichert werden. Dabei ist Wert auf die Belastungsdauer zu legen. Wenn der Spitzenmann glaubt, sein Tempo liegt bei 4 Minuten pro Kilometer, dann irrt er gewaltig. Auch gut trainierte Läuferinnen und Läufer müssen nicht selten zwischen 4:50–5:30 Minuten pro Kilometer laufen, um tatsächlich Fettstoffwechseltraining zu machen. Andererseits neigen Laufanfänger, Läufer, die wenig Zeit haben und Überehrgeizige dazu, oftmals über ihre Verhältnisse zu laufen. Nicht selten treten Seitenstechen auf, ist die Atmung zu hoch, wird der Schritt zunehmend schwerer oder wird das Training bis in die Abendstunden nicht „verdaut". Zuviel „anaerobe Power" (Laktat wird als Zeichen einer Sauerstoffmangelsituation im Muskel gebildet) geht zu Lasten der Grundlage. Außerdem verlieren vor allem Laufanfänger die Lust am Laufen. Und die Pfunde an Problemzonen verschwinden scheinbar (mehr Wasser- als Substanzverlust), weil die Fette bei zu hohem Tempo nicht primär Energielieferant sind.

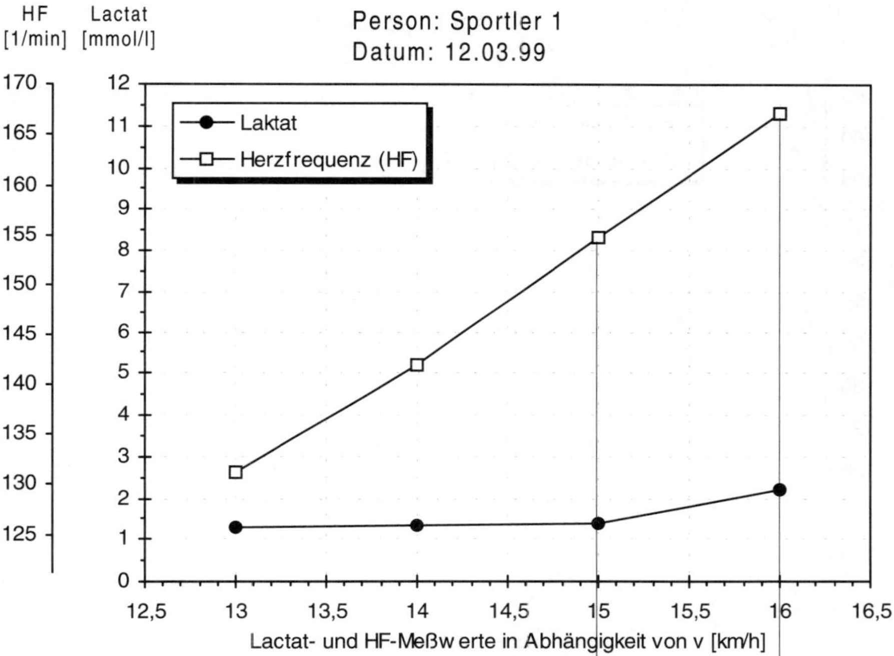

	GA1 lang	 mittel	GA2
HF	130–145	145–155	155–170
t/km	4:30–5:00	4:00–4:30	3:45–4:00

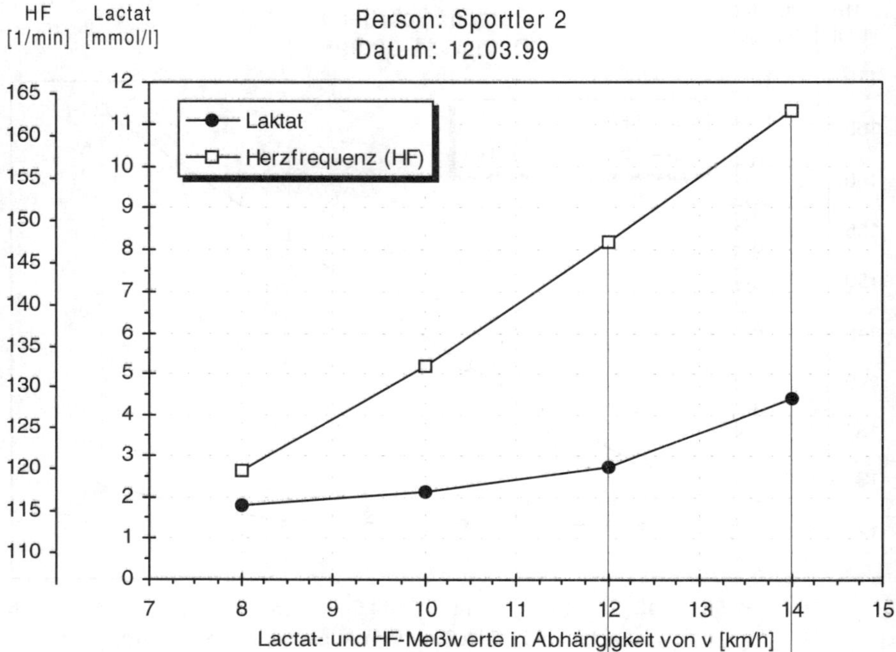

	GA1 lang	mittel	GA2
HF	120–135	135–150	150–165
t/km	5:20–5:40	5:00–5:20	4:30–4:50

Ableitung für den Rennsteiglauf:

Wenn nun eine Rennsteiglaufvorbereitung erfolgen soll, so ist es für jeden Läufer (unabhängig vom Leistungsniveau) wichtig zu wissen, daß am Ende 75 km, 42,2 km oder 21,1 km bewältigt werden sollen. Diese Leistung wird vorwiegend über einen gut funktionierenden Fettstoffwechsel abgesichert. Wer also diese Strecken zu schnell anläuft und die ersten Kilometer über seine Verhältnisse lebt, der wird nach einigen Kilometern nur unter einer deutlichen Geschwindigkeitseinbuße weiterlaufen können. Denn der menschliche Organismus ist nicht wie ein Auto, welches man bei Bedarf einen Gang runterschalten kann. Somit sind zwei Dinge bei der Ausgangsüberlegung zur Rennsteiglaufvorbereitung wichtig: Zum einem muß ich das Ziel betrachten (Geländelauf, Streckenlänge, Zeitpunkt ...), und zum anderen muß ich mir überlegen, mit welchen Trainingsmitteln (aerobes Training, aerob-anaerobe Belastungen, etwas Tempotraining ...) die günstigste Vorbereitung zu gestalten ist.

Basistraining ist der erste Schritt!

Hinweis: Herzfrequenzempfehlungen

GA 1 = Grundlagenausdauer 1 = lockerer Dauerlauf (aerob), in der Regel mit Pulswerten bis maximal 150 Schlägen/Minute

GA 2 = Grundlagenausdauer 2 = Dauerlauf im geplanten Wettkampftempo über eine der drei Rennsteigstrecken (±10 Sec.), Puls ca. 150–160 Schläge/Minute

FS = Fahrtspieltraining = GA 1-Dauerlauf im profilierten Gelände mit unterschiedlich gesetzten Intervallen (anaerob) zwischen 10 Sec. bis 3 Min. (siehe Trainingsplan), Puls > 160 Schläge/Minute

Anmerkung: Bei einer Leistungsdiagnostik auf dem Laufband werden die individuellen Herzfrequenzbereiche gezielter bestimmt. Die angegebenen Pulsbereiche stellen nur eine Orientierung dar.

Gemeinsamkeit der Strecken

Alle drei angebotenen Strecken sind typische Ausdauerdistanzen. Somit ist die erste Gemeinsamkeit bereits gegeben. Die Leistung muß primär über einen gut funktionierenden Fettstoffwechsel erbracht werden. Dieser stellt das „Brot" der Leistung dar. Das Training und die Wettkampfleistung müssen also zum großen Teil im aeroben Bereich ablaufen, d. h. eine zu hohe Sauerstoffmangelsituation in der Muskulatur (Laktat > 1,5 mmol/l) darf nicht entstehen. Dies erfolgt weitestgehend über eine GA 1- Grundkilometerleistung/Woche und lange, lockere Läufe – „Supersauerstoffläufe". Nur beim aeroben Lauftempo werden die körperlichen Prozesse trainiert und Strukturen gebildet, die für das Basistraining notwendig sind. Ziel des GA 1-Trainings muß es sein, zunehmend länger im stabilen aeroben Bereich laufen zu können. Damit aber auch die Laufgeschwindigkeit verbessert werden kann, wird einmal wöchentlich das GA 2- Training eingeplant.

Hierbei handelt es sich um einen Trainingsbereich, der seitens des Stoffwechsels sowohl die Kohlenhydrate als auch die Fette als Energiequelle (Mischstoffwechsel) fordert. Durch das gezielte Training in diesem Bereich (nicht zu schnell und nicht zu langsam) werden z. T. Voranpassungen für ein ökonomisches Laufen im höheren Tempobereich erlangt. Ziel des Trainings im aerob-anaeroben Übergangsbereich (GA 2) ist es, diesen so zu trainieren, daß das momentane instabile Lauftempo nach einigen Monaten aerob erbracht werden kann. Am Ende kann ich dann im höheren Lauftempo ausdauernder laufen bzw. auch die anaerobe Schwelle verschiebt sich in höhere Tempobereiche.
Je höher das Grundlagenausdauerniveau, um so besser ist die Wettkampfleistung im Halbmarathon, Marathon oder Supermarathon!
Diese Aussage schließt nicht aus, daß auch ein Training im anaeroben Bereich stattfinden muß (z. B. Intervalle, Fahrtspieltraining, Crosswettkämpfe, Tempowechseltraining ...). Nur leider hat sich in Deutschland die Unsitte breit gemacht, die Trainingsproportionen in Richtung zu intensives Training auf mangelnder Basis zu verschieben. Das darf in der Vorbereitung zu drei Rennsteigstrecken nicht passieren.
Eine weitere Gemeinsamkeit liegt im Streckenprofil bzw. im Untergrund. Somit sollte auch der überwiegende Teil des Trainings im Gelände absolviert werden. Es ist natürlich genau darauf zu achten, daß das Ziel jeder Einheit nicht verfehlt wird. So sollten die langen Dauerläufe eher im leicht hügeligen Gelände gehalten werden. Das Fahrtspiel hingegen kann schon im anspruchsvollen Gelände gelaufen werden.

Der Trainingsplan

Im Trainingsplan sind Angaben für den Halbmarathon, Marathon und den Supermarathon gegeben. Es wird vorausgesetzt, daß mindestens 2–3 Jahre ein regelmäßiges drei- bis sechsmaliges Lauftraining absolviert wurde und eine Wettkampferfahrung von 10 km bis 15 km Läufen (Halbmarathon) oder Marathon (Marathon, Supermarathon) vorhanden ist. Für die einzelnen Strecken wurden 4, 5 bzw. 6 Trainingseinheiten pro Woche veranschlagt. Pro Disziplin sind in der linken Spalte die Belastungswochen (3) und in der rechten Spalte die Ruhewoche klar gekennzeichnet. Die Belastungsbereiche sind in der Legende zum Trainingsplan nach Pulswerten eingeteilt. An dieser Stelle sei aber darauf hingewiesen, daß dies nur Orientierungen sind. Zur genauen Bereichsbestimmung werden Schwellentests empfohlen. Damit kann eine bessere Individualität gesichert werden.

Hinweis: Der Trainingsplan ist nur eine Empfehlung. Trainingstage und Belastungsreihenfolge können auch verschoben werden. Entscheidend ist das Trainingsprinzip!

	Halbmarathon		**Marathon**		**Supermarathon**	
	1.–3. Woche	*4. Woche*	*1.–3. Woche*	*4. Woche*	*1.–3. Woche*	*4. Woche*
Mo						
Di	GA 1 FS 10 km mit 8x40 Sek.	GA 1 10 km	GA 1 FS 15 km mit 10x60 Sek.	GA 1 10 km	GA 1 FS 15 km mit 10x60 Sek.	GA 1 10 km
Mi						
Do	GA 1 15 km	GA 1 10 km	GA 1 15 km	GA 1 10 km	GA 1–2 20 km	GA 1 10 km
Fr					GA 1 15–20 km	
Sa	GA 2 6–8 km EL/AL je 3 km	GA 1 10 km	GA 2 10–12 km EL/AL je 3 km	GA 1 10 km	GA 2 15–20 km EL/AL je 3 km	GA 1 20 km
So	GA 1 20 km	GA 1 20 km	GA 1 25 km	GA 1 25 km	GA 1 30 km	GA 1 30 km

Das Training

Für alle drei Strecken gilt das Prinzip:
Basistraining vor Tempotraining!

Der Anteil des GA 1-/GA 2-Trainings muß deutlich höher sein als der Anteil des Fahrtspieltrainings. Die absoluten Kilometerangaben wurden entsprechend der am Ende zu erbringenden Wettkampfleistung differenziert.

Auch die Trainingshäufigkeit von Halbmarathon bis Supermarathon ist unterschiedlich. Die Programme werden im Verlaufe der Trainingswochen weiter ausgebaut bzw. verändert.
Innerhalb der Belastungswochen sollte eine klare Be- und Entlastungsdynamik bestehen. So wird zwischen höheren und niedrigeren Belastungen oft gewechselt. Auch im Mehrwochenverlauf gilt das Prinzip:

Pause ist Training!

Nach einem dreiwöchigen Belastungsblock ist eine sogenannte „Ruhewoche" angezeigt. Diese sollte auch unbedingt als solche gestaltet werden. Sie dient zur Belastungsverarbeitung der vorhergehenden Trainingsphase und bereitet körperlich und geistig den folgenden Belastungsblock vor. Nicht selten fühlt man sich in der „Ruhewoche" müder und zerschlagener als im Belastungsblock. Dies muß so sein, und es ist ein sicheres Zeichen dafür, daß eine Erholungsphase nötig war.

Zusatztraining

Im ersten Belastungsblock kann auch ein Skilanglauflager (1–2 Wochen) mit ähnlichen Akzenten gestaltet werden. Ebenso ist es möglich, per Langlaufski in der Ruhewoche aktiv zu regenerieren.
Zwei bis drei Gymnastik- und Kräftigungsprogramme pro Woche sollten zum Standard gehören.
Ein Saunatag (z. B. Dienstag oder Samstag) dient auch zur besseren Wiederherstellung nach intensiveren Belastungen.

Ausblick

Im weiteren Trainingsverlauf wird die Grundlage zunehmend stabilisiert. Dies erfolgt durch den Ausbau des GA 2- Trainings und die Erhöhung der Gesamtkilometer pro Woche.

Progressiver Belastungsaufbau

Progressiver Belastungsaufbau bedeutet, daß sowohl der Gesamtumfang pro Woche als auch die Entwicklung einzelner Programme im Mehrwochenverlauf vorangetrieben werden. Damit wird eine ständig geänderte Belastungssituation gesichert, die den Körper „zwingt", sich fortwährend neu anzupassen. Diese ständigen Forderungen an den menschlichen Organismus sind die Basis für eine gezielte Anpassung. Wichtig ist jedoch, daß die Art und Weise der Anpassung kanalisiert werden muß. Somit besteht eine direkte Abhängigkeit der Trainingsinhalte vom Wettkampf (21,1/42,2 oder 75 km im profilierten Gelände). Dieser Aspekt wurde bereits genannt. Hier sollen nunmehr die einzelnen Trainingseinheiten beschrieben werden.

	Halbmarathon		**Marathon**		**Supermarathon**	
	5.–7. Woche	*8. Woche*	*5.–7. Woche*	*8. Woche*	*5.–7. Woche*	*8. Woche*
Mo			GA 1 10–15 km		GA 1 20 km	
Di	GA 1 FS 10 km mit 8x1 Min.	GA 1 10 km	GA 1 FS 15 km mit 10x75 Sek.	GA 1 10 km	GA 1 FS 20 km mit 15x60 Sek.	GA 1 10 km
Mi						
Do	GA 1 15 km	GA 1 10 km	GA 1 15 km	GA 1 10 km	GA 1–2 20 km	GA 1 10 km
Fr					GA 1 15–20 km	
Sa	GA 2 8–10 km EL/AL je 3 km	GA 1 10 km	GA 2 15 km EL/AL je 3 km	GA 1 20 km	GA 2 20 km EL/AL je 3 km	GA 1 20 km
So	GA 1 20–25 km	GA 1 20 km	GA 1 25–30 km	GA 1 25 km	GA 1 30–35 km	GA 1 30 km

Weiterhin:

- Dehnung der verkürzten Muskulatur (z. B. Beinbeuger, Hüftbeuger, Oberschenkel, Wadenmuskel)
- Kräftigung der abgeschwächten Muskulatur (z. B. Bauch, Gesäß, Schienbein)
- Regeneration über Schwimmen, Radfahren, Skifahren, Aquajogging, Walking u. ä.

- passive regenerative Maßnahmen (Sauna, Massage, Bäder, Schüttelungen ...)
- Lauf-ABC als wirksame Erwärmung

Leider werden die o. g. Dinge neben dem Laufen meist vernachlässigt. Sie sind aber nötig, um Verletzungen und Erkrankungen vorzubeugen. Sie gehören zum Laufen wie das tägliche Zähneputzen zum Leben.
Auch während der Zeit des Wintertrainings kann eine Woche Skifahren eingeplant werden. Die Trainingsschwerpunkte sind trotzdem (auch auf Skiern) zu schaffen. Auch ein Skiwochenende bringt Abwechslung ins Training. So sind die GA 1/GA 2-Belastungen auch im Schnee gut zu realisieren. Der sogenannte „Tapetenwechsel“ ist nicht zu unterschätzen!

Ausblick:
Im Frühjahr, wenn die Lauflust steigt, wird die erste „Supersauerstoffwoche“ eingeleitet.

Die „Umfangsspitze“

Mit Beginn der hoffentlich günstigeren Laufbedingungen werden im März die höchsten Laufumfänge zur Vorbereitung der drei Wettkampfstrecken erreicht. Der prinzipielle Belastungsaufbau ist so gegliedert, daß bei allen drei Strecken zuerst ein dreiwöchiger Belastungsblock absolviert wird. Anschließend ist die „Ruhewoche“ geplant. Im Zeitraum von März/April findet eine „Supersauerstoffwoche“ statt. Diese besteht ausschließlich aus GA 1-Belastungen. Somit wird nochmals ein deutlicher Impuls im Fettstoffwechselbereich gegeben. In den meisten Fällen hilft das „Leerlaufen“, sich physisch und psychisch zu sammeln.

	Halbmarathon		Marathon		Supermarathon	
	9.–11. Woche	*12. „Ruhewoche“ 13. „Sauerstoffwoche“*	*9.–11. Woche*	*12. „Ruhewoche“ 13. „Sauerstoffwoche“*	*9.–11. Woche*	*12. „Ruhewoche“ 13. „Sauerstoffwoche“*
Mo					GA 1 10–15 km	GA 1 20 km
Di	GA 1 FS 10 km mit 6x1:30 Min.	GA 1 10–15 km	GA 1 FS 15 km mit 6x2 Min.	GA 1 15 km	GA 1–2 TW 20 km mit 3x3 km	GA 1 25 km
Mi		GA 1 20 km				
Do	GA 1 15–20 km	GA 1 10–15 km	GA 1 20 km	GA 1 25 km	GA 1–2 25 km	GA 1 30 km
Fr					GA 1 20–25 km	GA 1 20 km
Sa	GA 2 10–12 km EL/AL je 3 km	GA 1 10–15 km	GA 2 15 km EL/AL je 5 km	GA 1 15–20 km	GA 2 2x15 km EL/AL je 5 km	GA 1 25 km
So	GA 1 25 km	GA 1 30 km	GA 1 30 km	GA 1 35 km	GA 1 35–40 km	GA 1 45 km

Halbmarathon:

Das Fahrtspieltraining wird auf 1:30 Minuten im schnellen Intervall angehoben. Bei dieser Einheit sollte durchaus schweres, bergiges Gelände genutzt werden. Dabei sind die Intervalle in allen Geländesituationen zu laufen (auch bergan).

Der Donnerstag trägt eher kompensatorischen Charakter. Der Dauerlauf über 15 km ist flach und regenerativ zu gestalten. Wer sich in diesem Belastungsblock unterfordert fühlt, der kann am Montag eine zweite GA 1-Einheit (10–15 km) hinzunehmen.

Am Samstag steht die Laufqualität im GA 2- Bereich im Mittelpunkt. Nur wer das geplante Wettkampftempo sicher beherrscht, der kann dieses Training im leicht hügeligen Gelände durchführen. Der erste Schritt ist immer, das Lauftempo auf eine längere Strecke zu übertragen (10–12 km, eventuell 15 km). Das Streckenprofil wird in zweiter Linie erschwert.
Der Sonntag ist der klassische Ausdauertag. Das bisher erreichte Fettstoffwechselniveau wird über die Erhöhung der Belastungszeit (auf 25 km) weiter ökonomisiert.

Marathon:
Auch bei der Vorbereitung des Rennsteigmarathons wird die Intervallzeit des Fahrspieltrainings deutlich erhöht (auf 2 Min.). Diese Einheit sollte in bergiges Gelände verlegt werden, damit der beim Wettkampf zu erwartende Rhythmuswechsel gezielter trainiert werden kann.
Montags und donnerstags steht die Regeneration im Mittelpunkt des Laufes. Hier ist eher ein einfaches und flaches Gelände zu bevorzugen.
Das Niveau der GA 2-Belastungen am Samstag soll weiter stabilisiert werden. Wer bereits das geplante Wettkampftempo beherrscht, der sollte zuerst nach der 15 km-Strecke eine 5–10 km-Strecke im gleichen Tempo dranhängen (Pause 10 Minuten) und in zweiter Linie ein schwierigeres Gelände aussuchen.
Die Sonntagseinheit dient zur weiteren Ökonomisierung des Fettstoffwechsels. Ein 30 km-Lauf darf kein Problem darstellen. In der Gipfelwoche werden sogar 35 km erwartet.

Supermarathon:
Vom freien Fahrtspiel wird zum Tempowechseltraining (TW) gewechselt. Hierbei geht es darum, unabhängig des Befindens relativ starr einen Belastungsrhythmus „abzuarbeiten". Die Gesamtstrecke beträgt 20 km. Nach 3 km Einlaufen wird ein Belastungswechsel von 3 km schneller GA 2 und 2 km GA1 (3/2/3/2/3 km) vorgegeben. Die letzten 4 km werden im GA 1-Tempo gelaufen. Die gesamten 20 km sind ohne Unterbrechung zu laufen. Das Geländeprofil ist wellig.
Der Montag ist als Regenerationstag zu werten. Flache, einfache Strecken sind zu bevorzugen. Freitag und Sonntag sind Trainingstage zur Verbesse-

rung des Fettstoffwechsel. Mit langen, gleichmäßig gestalteten Läufen wird auch die „Einsamkeit des Langstreckenläufers" geschult. Dieses Prinzip erreicht in der „Supersauerstoffwoche" seinen Höhepunkt. Die Donnerstageinheit ist im profilierten Gelände zu absolvieren. Die Mischung zwischen GA 1 und GA 2 ergibt sich durch das Geländeprofil.
Sehr hohe Erwartungen werden in das GA 2-Training am Samstag gesetzt. 2 x 15 km im geplanten Wettkampftempo und z. T. etwas schneller sind auch mental anspruchsvoll. Die Pause beträgt 10–15 Minuten. Diese Einheit muß gut ausgesteuert werden, da sonst die Gefahr eines Übertrainings besteht.

Tip:
Mit Zunahme des Belastungsumfanges und mit der Erhöhung der äußeren Temperaturen ist unbedingt auf eine ausreichende Flüssigkeitszufuhr zu achten!

Ausblick auf das Apriltraining
Nun werden auch gezielt Wettkämpfe eingeplant, um die Rennsteigform zu entwickeln.

Trainingswettkämpfe

Im April gibt es viele breitensportliche Laufveranstaltungen. Einige von ihnen könnten hervorragend als Trainingswettkämpfe (TWK) genutzt werden. Einerseits wird durch die Teilnahme am Volkslauf das permanente Trainieren unterbrochen werden, und mit „alten" Lauffreunden zu „quatschen", ist immer interessant. Andererseits läßt sich eine GA 2-Belastung im Rahmen eines Trainingswettkampfes leichter realisieren. Zudem werden noch weitere Wettkampferfahrungen gesammelt (Laufschuhe, Renneinteilung, Wettkampfbekleidung, Getränke u. v. m.). Ziel des Trainingswettkampfes muß es sein, die GA 2-Belastung gut zu erbringen, d. h. im Wettkampf sollte man „flüssig" mitlaufen, aber den individuellen GA 2-Bereich nicht verlassen! Lediglich die letzten 2 bis 3 Kilometer können schneller gelaufen werden. Dieses Ziel einzuhalten, ist mitunter sehr schwer. Da ist die Wettkampfmotivation, die eventuell zum „Verführer" wird, oder da ist der direkte sportliche Gegner, der eigentlich immer bezwungen wurde, in unmittelbarer Nähe. Was wird er wohl denken, wenn ich nicht schneller laufe? Am Ende soll beim Rennsteiglauf eine solide Leistung abgegeben werden, und somit sind alle Dinge des Trainings (auch Trainingswettkämpfe) entsprechend einzuordnen. Also, nur Mut zum Taktieren!

Training:

Nach den umfangreichen Märztagen folgt nun eine „Ruhewoche". Im Mittelpunkt dieser Tage stehen wieder die GA 1-Belastungen. Den Körper aktiv mit Sauerstoff zu durchfluten, hilft zur besseren Verarbeitung des bis dahin absolvierten Trainings und bereitet auch mental den folgenden Belastungsblock vor.

Die einzelnen Trainingseinheiten werden im Belastungzyklus (3 Wochen) weiter ausgebaut. Am Samstag besteht generell die Wahl zwischen Training und Teilnahme am Trainingswettkampf. In Einzelfällen können auch Samstag und Sonntag getauscht werden. Die jeweils angegebenen Streckenlängen für die TWK sollten beachtet werden. Für die Vorbereitung des Supermarathons kann auch ein Marathonlauf genutzt werden.

	Halbmarathon		Marathon		Supermarathon	
	14. „Ruhewoche"	*15.–17. Woche*	*14. „Ruhewoche"*	*15.–17. Woche*	*14. „Ruhewoche"*	*15.–17. Woche*
Mo				GA 1 15 km	GA 1 25 km	GA 1 25 km
Di	GA 1 10 km	GA 1 FS 12 km mit 6x2 Min.	GA 1 10 km	GA 1 FS 15 km mit 5x3–4 Min.	GA 1 15 km	GA 1–2 TW 20 km mit 3x4 km
Mi						
Do	GA 1 10 km	GA 1 20 km	GA 1 10 km	GA 1 20–25 km	GA 1 10 km	GA 1–2 30 km
Fr						
Sa	GA 1 10 km	GA 2 15 km oder TWK 8–15 km	GA 1 20 km	GA 2 15+5 km oder TWK 15–21,1 km	GA 1 20 km	GA 2 20+10 km oder TWK 15–30 km
So	GA 1 20 km	GA 1 25–30 km	GA 1 25 km	GA 1 30–35 km	GA 1 30 km	GA 1 35–45 km

Halbmarathon:

Das Prinzip des Fahrtspieltrainings wird weiter fortgesetzt. Das Intervalltempo von 1:30 Minuten sollte auf 2 Minuten Intervallzeit übertragen werden. Dabei sind wieder die Geländegegebenheiten auszunutzen, um in der Laufrhythmik flexibel zu bleiben.

Die GA 1-Einheiten am Donnerstag bzw. Sonntag sind als „Fettstoffwechselläufe" zu gestalten, also langsam und locker.

Die GA 2-Einheiten können wie eingangs beschrieben auch als Trainingswettkampf gelaufen werden. Nun ist es durchaus möglich, ein anspruchsvolleres Gelände zu nutzen. Wessen GA 2-Leistung noch instabil ist, der sollte eher im flachen Gelände bleiben.

Marathon:
Die Intervallzeit beim Fahrtspiel wird auch hier verlängert. Dabei sollte das Intervalltempo nicht zu sehr abfallen. Krafteinsatz und Rhythmuswechsel werden weiterhin im bergigen Gelände geschult.
Die „Sauerstoffduschen" sind am Donnerstag und Sonntag eingeplant. Hierbei geht es wirklich „nur" um das Schaffen der Kilometer. Das Lauftempo muß aerob sein! Die Trainingswettkämpfe können bis zum Halbmarathon (auf Straße oder im Gelände) genutzt werden. Bitte bremsen und den Bereich einhalten! Falls ein GA 2-Training absolviert wird, ist eine Pause von 5 bis 10 Minuten zwischen 15 und 5 Kilometern zu wählen. Die 5 km können am oberen (schnelleren) GA 2- Bereich gelaufen werden.

Supermarathon:
Alle GA 1-Einheiten sind als „Fettstoffwechseltraining" zu gestalten. Von der Eigenschaft, ökonomisch zu laufen, lebt der Ultraläufer beim Wettkampf. Die Verbesserung dieser Leistung wird auch über die GA 2-Einheiten erzielt (nur wenn GA 1 stabil ist!). In der Gesamtvorbereitung zum Rennsteiglauf werden im Belastungsblock die höchsten GA 2-Anforderungen gestellt. Insofern ist das Bewältigen dieses Trainings innerhalb ausgesuchter Wettkämpfe psychologisch einfacher. Nach einer Pause von 5 bis 10 Minuten (Trinken, Trikotwechsel!) ist die 10 km-Strecke separat zu laufen. Umgekehrt ist diese Variante auch möglich.
Die Tempowechselintervalle (Dienstag) werden auf 4 km erhöht. Vorsicht, nicht zu schnell werden!

Ausblick auf das Maitraining:
Der Rennsteig ruft! Nur noch drei Wochen. Jetzt heißt es Geduld üben, Umfang reduzieren und Lockerheit erzielen.

Das Training „wachsen" lassen

So manch „alter Hase" kennt die Bedeutung der Worte: Das Training „wachsen" lassen. Im richtigen Moment die „Bremse" ziehen und das bisher erreichte Trainingsniveau stabilisieren. Die dafür notwendigen Zeiträume hängen von vielen Faktoren ab. Dennoch hat sich ein Abstand von 3 Wochen vor dem Hauptwettkampf bewährt, um den Trainingsumfang zu reduzieren und das Lauftempo in einigen Bereichen anzuheben. Die Verminderung des Laufumfanges bewirkt eine Entlastung für den Läufer/die Läuferin, die wiederum zu einer körperlichen „Frische" führt. Parallel dazu werden in einigen Trainingseinheiten die Laufgeschwindigkeit erhöht, um höhere motorische Reize zu setzen. Der Muskeltonus steigt und mit dem besseren Laufgefühl auch das Selbstvertrauen. Wichtig ist, daß der Hauptwettkampf nie aus einer Ruhephase heraus gelaufen wird. Ein positiver Belastungsstreß muß sein, damit eine gute „Arbeitsbereitschaft" gegeben ist.

Der letzte Trainingszyklus zur Vorbereitung des Rennsteiglaufs wird mit einer Ruhewoche eingeleitet. Es kann möglich sein, daß in der lockeren Woche die körperliche Müdigkeit mehr zu spüren ist als unter Belastungsbedingungen. Dies ist ein sicheres Zeichen dafür, daß der Körper eine Pause braucht. Die Entlastung sollte genutzt werden, um sich für den letzten Trainigsabschnitt zu sammeln.
In den beiden Abschlußwochen wird der Belastungsumfang reduziert und das Lauftempo in einigen Einheiten gesteigert. Der Samstagwettkampf kann schneller als das geplante Zieltempo des Rennsteiglaufes gestaltet werden (nicht maximal).
Beim Wettkampf selbst ist unbedingt auf das richtige Starttempo zu achten. Wer es zu schnell angeht, der setzt die gesamte Vorbereitungszeit „in den Sand". Gut ist man beraten, wenn das GA 2-Tempo als Starttempo gewählt wird, was sicher beherrscht wird. Auch im Wettkampf kann die Pulskontrolle eine wertvolle Hilfe sein.

	Halbmarathon		Marathon		Supermarathon	
	18. „Ruhewoche"	*19./20. Woche*	*18. „Ruhewoche"*	*19./20. Woche*	*18. „Ruhewoche"*	*19./20. Woche*
Mo				GA 1 10 km	GA 1 25 km	GA 1 20 km
Di	GA 1 10 km	GA 2 8–10 km	GA 1 10 km	GA 2 10–12 kmk	GA 1 15 km	GA 2 2x10 km
Mi						
Do	GA 1 10 km	GA 1 10 km letzter km schnell (95 %)	GA 1 10 km	GA 10–15 km letzter km schnell (95 %)	GA 1 10 km	GA 1 25 km
Fr						
Sa	GA 1 10 km	WK 10–15 km bzw. Halbmarathon	GA 1 20 km	GA 2 15+5 km bzw. Marathon	GA 1 20 km	GA 2 2x15 km bzw. Supermarathon
So	GA 1 20 km	GA 1 15–20 km	GA 1 25 km	GA 1 15–20 km	GA 1 30 km	GA 1 15–20 km

Halbmarathon / Marathon:

Der sonntägliche GA 1-Lauf dient nur noch zum Halten der Ausdauergrundlage. Kontrolliert schnell muß der GA 2 am Dienstag (eventuell Samstag) absolviert werden. Der Läufer/die Läuferin beherrscht das Tempo und nicht umgekehrt! Dies gilt auch für die Endbeschleunigung (1 km) beim Donnerstagslauf. Für die Wettkämpfe ist anzuraten, daß es immer besser ist, ein Rennen der „zweiten Hälfte" zu realisieren. Wer mit seinen Kräften richtig haushaltet, läuft am Ende noch etwas Zeit heraus. Leider sieht die Praxis diesbezüglich etwas anders aus.

Supermarathon:

Nach einer kilometerreichen „Ruhewoche" ist nun auch eine Reduzierung der Kilometer angesagt. Die GA 2-Einheiten sollten kontrolliert schnell gelaufen werden. Wer sich dabei gut fühlt, der kann jeweils die letzten 1000 m deutlich schneller (aber nicht maximal) laufen. Das GA 1-Training dient auch hier nur noch zum Erhalten der Grundlagenausdauer.

Tip:
Die Rennsteigwettkämpfe sind ein echtes Erlebnis. Aber wer vor lauter Starteuphorie sich selbst überschätzt, der erlebt ein böses Erwachen, und die Thüringer Berge können endlos sein.
Vor dem Rennsteiglauf sollte man keine Angst haben. Wer den angegebenen Trainingsplan weitgehend realisiert hat, der wird gut durchkommen. Aber Respekt sollte man dem Vorhaben „einmal am Rennsteig" zollen.

Pause ist Training!

Kennen Sie das Gegenteil von Training?
Manch einer meint Pause.
Doch Pause ist Training.

Diese Aussage scheint widersinnig. Doch wie oft sind in Unkenntnis der Bedeutung dieses Sachverhaltes viele Vorstellungen von einer konkreten Wettkampfleistung geplatzt. Unzufriedenheit über die gelaufene Zeit, den Rennverlauf und vieles mehr sind dann Folgeerscheinungen. Mehrere solcher Erlebnisse führen nicht selten zu ablehnenden Haltungen gegenüber dem Laufen, ja dem Sport an sich. Sicherlich gibt es eine Vielzahl von Ursachen dafür. An dieser Stelle soll auf Probleme der Be- und Entlastungsrhythmik im Training hingewiesen werden.

Viele Sportsfreunde setzen sehr hohe Umfangs- und Intensitätsakzente im Training. Das ist notwendig, um eine entsprechende Leistung vorzubereiten. Aber wer überprüft genauso konsequent die Pausengestaltung in einer Trainingseinheit, im Wochen- bzw. Monatsverlauf? Der menschliche Organismus braucht im Zuge der Anpassung an einen wirksamen äußeren Reiz Zeit, diesen positiv zu beantworten. Mitunter gehören mehrere Wochen und z. T. auch Jahre dazu, ein erarbeitetes Leistungsniveau zu stabilisieren.

Die Pause im Sinne der aktiven Entlastung, Wiederherstellung bzw. Umsetzung des vorher Trainierten in eine stabilere und höhere Leistung ist also tatsächlich als „Trainingsmittel" anzusehen. Wer den Zusammenhang von Be- und Entlastung in einer Richtung überbewertet, der wird wenig Freude am Lauftraining haben.

Innerhalb einer Trainingseinheit

Die reinen Dauerlaufeinheiten werden in der Regel ohne Pausen absolviert. Es kommt jedoch nicht selten vor, daß während eines Dauerlaufes ein zunehmendes „Festwerden" auftritt. Im wesentlichen haben sich zwei Varianten bewährt, dieser Erscheinung entgegenzuwirken:

- eine Gehpause mit Lockerungs- und leichter Dehnungsgymnastik von etwa 10 Minuten oder
- zum Zeitpunkt des „Festwerdens" 2 bis 4 mittlere Steigerungsläufe über 100–120 m (mit 300–400 m Trabpause) aus dem Dauerlauf heraus.

Bei Trainingseinheiten mit Intervallcharakter hängt die Pausengestaltung vom aktuellen Leistungsniveau der Sportler und von der Zielstellung des Trainings ab. Bewährt haben sich folgende Be- und Entlastungsrhythmen:

- Tempoläufe im Wettkampftempo sollten mit erholsamen Pausen (8–15 Minuten) gehend bzw. trabend gestaltet werden, z. B. 5–7 x 1000 m (110–115 % des 15-km-Zieltempos) mit 10 Minuten kombinierter Geh-Trab-Pause.
- Tempoläufe zur Erhöhung der Grundlagenausdauer werden mit kürzeren Pausen (3–8 Minuten) durchgeführt. Das Lauftempo liegt etwa bei 80 bis 90 % der geplanten Zielgschwindigkeit, z. B. 7 x 800 m (90 % des 15-km-Zieltempos) mit 4 Minuten Trabpause oder 3 x 3 km (80 % des 15-km-Zieltempos) mit 5–8 Minuten Gehpause.
- Läufe zur Erhöhung der Schnelligkeitsausdauer (für Zwischen- und Endspurt notwendig) sollten mit erholsamen Pausen realisiert werden, z. B. 4 x 150 m maximal mit 6–8 Minuten Geh-Trab-Pause oder 6 x 200 m (115 bis 125 % des 15-km-Zieltempos) mit 8 Minuten Gehpause.

An dieser Stelle ein praktischer Hinweis zur Optimierung der Belastungs- bzw. Entlastungssteuerung: Eine erste Messung der Herzschlagfrequenz sollte sofort nach der Belastung (10 Sekunden lang) durchgeführt werden, eine zweite nach der 1. Ruheminute (ebenfalls 10 Sekunden lang). Wenn die Differenz zwischen den gemessenen Werten 8–10 Schläge beträgt, so ist der Grad der Belastung richtig gewählt worden. Ist die Differenz wesentlich geringer, so sollte die Pause verlängert werden bzw. der gewählte Belastungsbereich entspricht nicht dem aktuellen Leistungsniveau. Ausgenommen sind Belastungen, mit deren Hilfe eine Summation der Trainingsreize erfolgen soll.

Im Wochen- und Mehrwochenverlauf

Die Be- und Entlastungsrhythmik muß auch in der Folge der Trainingseinheiten über einen festgelegten Zeitraum eingehalten werden. Innerhalb einer Trainingswoche ist es im Breitensportbereich nicht notwendig, zwei bis drei harte Trainingstage hintereinander durchzuführen. Viel effektiver ist der ständige Wechsel von lockeren Trainingseinheiten (psychische und physische „Entkrampfung") und solchen, die zur Vorbereitung eines Wettkampftempos, des Endspurtes bzw. der Erhöhung der Basisleistung dienen. Damit wird aktiv zur Belastungsverarbeitung des vorhergehenden Trainings beigetragen. Es kann ausgeruhter und frischer an die nächstfolgenden Trainingseinheiten gegangen werden. Wesentlich ist dabei die strenge Kontrolle der Intensität der Belastung. So sollte ein lockeres Dauerlauftraining mit kurzem Streckenmittel (5–8 km) und mit einer Geschwindigkeit von 60–75 % der 15-km-Zielgeschwindigkeit auf flacher oder leicht profilierter Strecke gelaufen werden, damit ein Kompensationseffekt zustandekommt. Werden die lockeren Trainingseinheiten überzogen, summiert sich die Belastung, es tritt ein Übertrainingszustand ein.

Im Mehrwochenverlauf haben sich zwei Be- und Entlastungsrhythmen bewährt. In grundlegenden Trainingsphasen können 3 Wochen trainiert werden, die vierte Woche aber muß als „Ruhewoche" gestaltet werden. In Trainingsphasen mit hoher Wettkampftätigkeit bzw. 6–8 Wochen vor dem Hauptwettkampf sollte dann zum 2 : 1-Verhältnis übergegangen werden.

Doch was ist eine „echte Ruhewoche" im breitensportlichen Training? Es gibt da ein paar Kriterien, die sie sehr genau charakterisiert: So umfaßt der Trainingsumfang nur 80 bis 60 Prozent der Kilometer der vorhergehenden Belastungswochen. Lockere Dauerläufe (5–10 km) dienen der Kompensation. Wettkampfspezifische Belastungen werden vermieden. Das schließt nicht aus, z. B. eine Trainingseinheit mit 8–10 x 100 m Steigerungslauf (nicht maximal) durchzuführen. Die Anzahl der Trainingseinheiten muß nicht unbedingt verringert werden, wenn der Grundcharakter der „Ruhewoche" eingehalten wird.

Die aus der Vielfalt der Problematik heraus gezogenen Grundsätze zur effektiven Gestaltung der Be- und Entlastungsdynamik im Lauftraining sind ein wichtiger Ansatzpunkt für BreitensportläuferInnen, ein zielstrebiges, freudbetonteres und gesundheitsförderndes Training zu absolvieren.

Der Weg zum Marathon – Trainingsprogramm für Fortgeschrittene

Viele Wege führen nach Rom und ebenso viele nach – Marathon. Trotzdem soll der Versuch unternommen werden, einen 25-Wochen-Plan vorzustellen, der zur Vorbereitung eines Herbst-Marathon-Laufes dient. Bei aller Problematik von Alters-, Geschlechts-, Disziplinspezifik u. a. m., ist dieser Plan eine Möglichkeit, im Rahmen eines zeitökonomischen Trainings (5 bis 7 Trainingseinheiten pro Woche), Leistungen von 2:25 Stunden bis 3:30 Stunden vorbereiten zu helfen. Das Charakteristische der vorgestellten Trainingsmethoden ist die Konzentration auf die langfristige Entwicklung von fünf wesentlichen Trainingsmitteln und die genaue Beachtung des Be- und Entlastungsregimes.

Vorgehensweise:

1. Jeder Läufer setzt den Zeitpunkt des Marathonlaufes fest und muß ein reales **Leistungsziel** bestimmen, z. B. BERLIN-MARATHON, Ziel: 3:00 Stunden. Dieses Zieltempo entspricht 100 %.

2. Von der Wettkampfwoche an werden 25 Wochen zurückgerechnet . Dabei werden **Belastungs- und Entlastungswochen** gekennzeichnet und interessante Trainingswettkämpfe festgelegt.

3. Folgende **Trainingsmittel** werden langfristig und gezielt eingesetzt:
   - **DL** = Dauerlauf (kurz/mittel/lang) 8–35 km/GA 1
     Ziel: Entwicklung des Grundlagenausdauerniveaus (Fettstoffwechselschulung) und z. T. kompensatorischer Wirkung (z. B. Montag/ Freitag).
   - **WKT** = Wettkampftempo 2–3 km/8–20 km, auch Halbmarathon/GA 2
     Ziel: Entwicklung der Jahreszielgeschwindigkeit im Marathonlauf auf permanent zu verlängernder Strecke (Jahresanfang 8–12 km WKT, Jahresende 15–25 km WKT)
   - **FS** = Fahrtspiel 10–15 km (im Profil und flach)
     Ziel: Entwicklung der Motorik und Kraftausdauerfähigkeiten
   - **a. T.** = allgemeines Training (Athletik, Spiel, Schwimmen ...)
     Ziel: Entwicklung eines Grundniveaus allgemeiner muskulärer Voraussetzungen
   - **Gym** = Gymnastik
     Ziel: Entwicklung von Entspannungsfähigkeit und Geschmeidigkeit

4. **Trainingsmittelbereiche:**
   - Fahrtspiel/FS (schnelle Abschnitte) 105–130 %
   - WKT 100 % ± 5 %
   - DL weniger als 95 % (Prozentzahlen in Bezug zum Marathonzieltempo). Besser ist es, den Grundlagenausdauerbereich entsprechend der aeroben Herzfrequenzen zu steuern.

   Hinweis: Im WKT werden die 2–3 km-Programme an der oberen Grenze (105 % vom Ziel) des Trainingsbereiches und die 8–12 km-Programme an der unteren Grenze (95–100 % des Zielbereiches) gelaufen.

5. **Variationen des Trainingsplans:**
   - **2:25 h:** Dieser Läufer sollte ergänzende Trainingsmittel wie z. B. Radtraining als Auftakteinheit (40–120 min) hinzuziehen. Des weiteren besteht die Möglichkeit, samstags eine zweite Dauerlaufeinheit von 15–20 Kilometern einzuschieben. Die Ruhewochen werden nicht verändert. Alle zusätzlichen Laufkilometer werden im GA 1-Bereich gehalten.
   - **3:30 h:** 5 Trainingseinheiten reichen in der Regel aus. Das WKT mit kurzen Läufen (2–3 km) kann gestrichen werden. Anstatt der Trainingseinheit am Montag genügt Sauna. In den Ruhewochen können 3–4 lockere Radeinheiten (60–90 Minuten) hinzukommen.

Der erste Sieben-Wochen-Zyklus

Zur Schaffung einer günstigen Ausgangssituation ist es angebracht, vor dem „Einstieg" in den Marathon-Plan eine oder auch mehrere Entlastungswochen durchzuführen (Tab./Woche 1). Der anschließend folgende Trainingszyklus (Woche 2 und 3) ist durch eine deutliche Be- und Entlastungsdynamik im Wochenverlauf gekennzeichnet. Auf diese ist zu achten, damit die Fahrtspiel- und Wettkampftempo-Einheiten in der entsprechenden Qualität gelaufen werden können. Des weiteren ist damit ein günstiger Wiederherstellungseffekt an den Zwischentagen verbunden. Am Sonntag findet der längste Lauf der Woche statt („Sauerstofflauf"). Die 4 x 2 km-Einheit (5 Minuten Gehpause) sollte mit 105 % des Marathonzieltempos realisiert werden. Hierbei bitte nicht über das Ziel hinausschießen. Lieber ein bis zwei Wiederholungen mehr absolvieren, statt zu schnell zu laufen. Es müssen die körperlichen Funktionen an der oberen Grenze des Wettkampftempobereiches geschult werden!

Das Fahrtspiel im Gelände ist gut geeignet, neben Kraftausdauer und Motorik auch die Willenskraft zu schulen. Wenn die Wochen 1–3 bewältigt worden sind, dann wird dieser Zyklus nochmals wiederholt (Wochen 4–7). Dies ist nötig, um immer wieder bestimmte sportliche Reize zu wiederholen, damit die damit erzielten Anpassungen „eingeschliffen" werden können. Wettkämpfe in dieser Periode sind nicht erfolgversprechend. Das Training mit einem gewissen Ermüdungseffekt steht im Vordergrund.

	1. Woche „Ruhe"	*2. Woche*	*3. Woche*	*4. Woche „Ruhe"*
Mo	5–7x pro Woche 40–60 Min. lockerer Dauerlauf	DL 10 km Athletik (a. T.)	DL 10 km Athletik (a. T.)	5–7x pro Woche 40–60 Min. lockerer Dauerlauf
Di		**Motorik/Kraft** 8–10 km FS im Profil mit 15x20 Sek.	**Motorik/Kraft** 8–10 km FS im Profil mit 15x20 Sek.	
Mi		DL 15 km Athletik (a. T.)	DL 15 km Athletik (a. T.)	
Do		**WKT** 4–5x2 km Pause 5 Min.	**WKT** 4–5x2 km Pause 5 Min.	
Fr		DL 10 km	DL 10 km	
Sa		**WKT** 8–12 km	**WKT** 8–12 km	
So		DL 20 km	DL 20 km	
a. T. 2 Kreise Di/Do/Sa Dehnungsgymnastik, sonst Lockerung Rad zum Ein- und Ausrollen ist möglich				

Der zweite Trainingszyklus – 8. bis 13. Woche

Die ersten Trainingswochen sind absolviert. Im Mittelpunkt der vergangenen Phase stand der Übergang zu einem kontinuierlichen Training, welches insbesondere durch folgende Kriterien gekennzeichnet war:

- klarer Wechsel von Be- und Entlastung im Wochenverlauf,
- gezielte Anwendung differenzierter Trainingsmittel zur Verbesserung der Grundlagenausdauer und des Wettkampftempos,
- regelmäßige Gestaltung von Athletik-, Gymnastik- und Radtrainingseinheiten.

Nach der Schaffung einer relativ gleichen Ausgangssituation (1. Woche „Ruhe") folgte ein Zwei-Wochen-Komplex Belastung mit dem Ziel, wesentliche Trainingsmittel (Fahrtspiel – größer 120 Prozent/schnelle Abschnitte, Wettkampftempo kurz/ca. 105 Prozent und mittel/95–100 Prozent) kennenzulernen. Das Lauftempo ist immer an der Marathonzielgeschwindigkeit (= 100 Prozent) orientiert. Nach einer weiteren „Ruhewoche" (Woche 4) wird dieses Training nochmals wiederholt (5.–7. Woche). Lediglich der längste Lauf der Woche am Sonntag wird im Streckenmittel erhöht (20–25 km). Ziel dieses Trainings ist es, die eingeleiteten Anpassungsprozesse zu stabilisieren.

Die 8. Woche dient wiederum dazu, die vorhergehende Trainingsphase zu verarbeiten. Dies erfolgt mit lockeren Dauerläufen zwischen 40 bis 80 Minuten. Als Alternative können auch Rad- oder/und Schwimmeinheiten mit der gleichen Zielstellung absolviert werden. Diese Trainingsmittel bitte nur einsetzen, wenn das aerobe Radfahren oder Schwimmen auch beherrscht werden. Ansonsten ist ein Kompensationseffekt ausgeschlossen!

Der Belastungskomplex 9. bis 11. Woche ist durch eine Umfangserhöhung in den Schwerpunkttrainingseinheiten gekennzeichnet. So wird beim Fahrtspiel der schnelle Abschnitt von 20 Sekunden auf 35 Sekunden erhöht. Dabei darf das bisherige Lauftempo nicht geringer werden. Somit kommt bei gleicher Gesamtstrecke des Laufes und Wiederholungsanzahl der schnellen Abschnitte eine bessere Gesamtzeit zustande. Auch im Wettkampftempobereich werden die Teilstrecken verlängert. Statt 4–5 x 2 km werden nun 3 x 3 km mit 5 Minuten Pause gelaufen. Auch im 95- bis 100-Prozent-Bereich der Zielgeschwindigkeit ist eine Verlängerung der Laufstrecke von 8 bis 10 km auf 10 bis 15 km vorgesehen. Sonntags sind jetzt 25 km für den Fettstoffwechsel geplant.

<table>
<tr><th></th><th>5.–7. Woche</th><th>8. Woche „Ruhe“</th><th>9. Woche</th><th>10. Woche</th><th>11. Woche</th><th>12. Woche</th><th>13. Woche</th></tr>
<tr><td>Mo</td><td>DL 10 km a. T.</td><td>DL 10 km</td><td>DL 10 km a. T.</td><td>DL 10 km a. T.</td><td>DL 10 km a. T.</td><td rowspan="7">5–7x pro Woche 40–80 Min. lockerer Dauerlauf</td><td>DL 10 km a. T.</td></tr>
<tr><td>Di</td><td>Motorik/ Kraft 10–12 km im Profil mit 20x20 Sek.</td><td rowspan="6">5–7x pro Woche 40–80 Min. lockerer Dauerlauf</td><td>Motorik/ Kraft 10–12 km im Profil mit 20x35 Sek.</td><td>Motorik/ Kraft 10–12 km im Profil mit 20x35 Sek.</td><td>Motorik/ Kraft 10–12 km im Profil mit 20x35 Sek.</td><td>Motorik/ Kraft 10–12 km im Profil mit 10x60 Sek.</td></tr>
<tr><td>Mi</td><td>DL 15 km a. T.</td><td>DL 15 km a. T.</td><td>DL 15 km a. T.</td><td>DL 15 km a. T.</td><td>DL 15 km a. T.</td></tr>
<tr><td>Do</td><td>WKT 4–5x2 km Pause 5 Min.</td><td>WKT 3–3 km Pause 5 Min.</td><td>WKT 3–3 km Pause 5 Min.</td><td>WKT 2–3 km Pause 5 Min.</td><td>WKT 8–1000 m Trabpause 3 Min.</td></tr>
<tr><td>Fr</td><td>DL 10 km</td><td>DL 15 km</td><td>DL 15 km</td><td>DL 10 km</td><td>DL 15 km</td></tr>
<tr><td>Sa</td><td>WKT 12–15 km</td><td>WKT 12–15 km</td><td>WKT 12–15 km</td><td>Trainingswettkampf 15–20 km</td><td>WKT 15 km</td></tr>
<tr><td>So</td><td>DL 20–25 km</td><td>DL 25 km</td><td>DL 25 km</td><td>DL 25 km</td><td>DL 25 km</td></tr>
<tr><td colspan="8">a. T. 3 Kreise
Di/Do/Sa Dehnungsgymnastik, sonst Lockerung
Rad zum Ein- und Ausrollen ist möglich</td></tr>
</table>

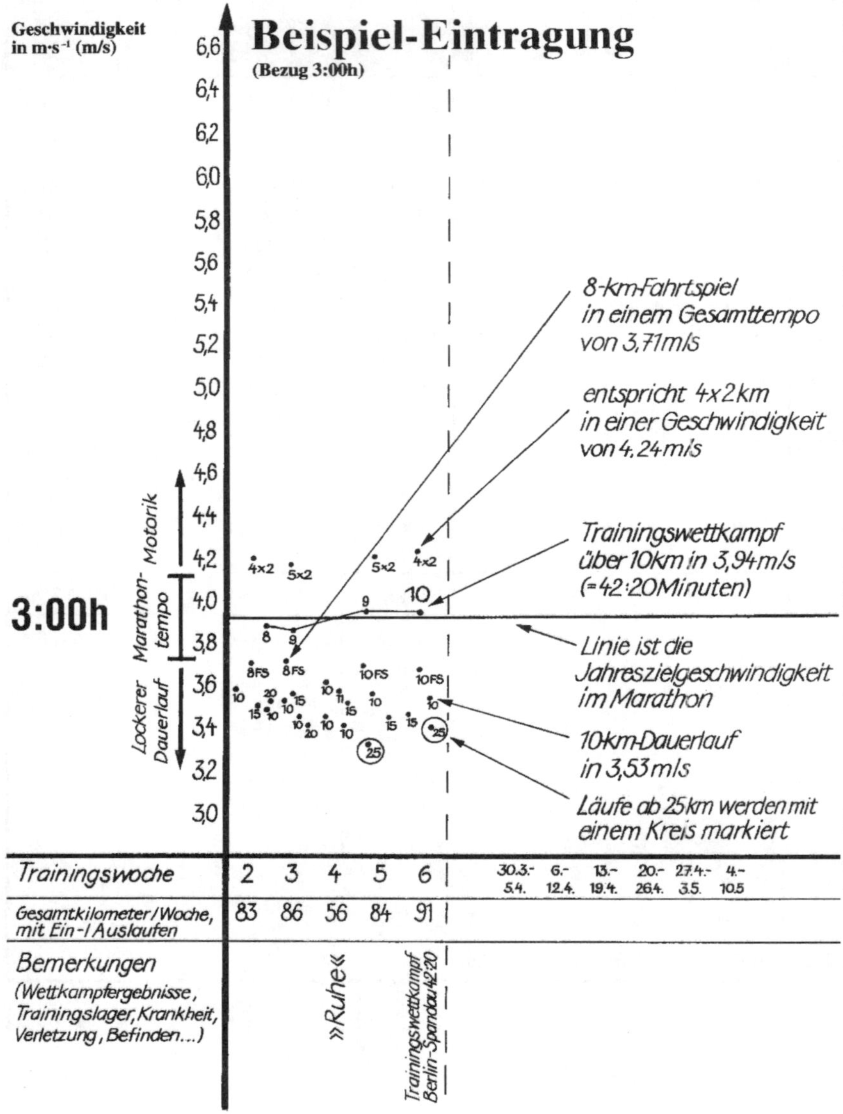
Geschwindigkeit in m·s⁻¹ (m/s)
Beispiel-Eintragung
(Bezug 3:00h)
6,6
6,4
6,2
6,0
5,8
5,6
5,4
5,2
5,0
4,8
4,6
4,4
4,2
4,0
3,8
3,6
3,4
3,2
3,0
3:00h
Motorik
Marathon-tempo
Lockerer Dauerlauf
8-km-Fahrtspiel in einem Gesamttempo von 3,71 m/s
entspricht 4x2 km in einer Geschwindigkeit von 4,24 m/s
Trainingswettkampf über 10 km in 3,94 m/s (=42:20 Minuten)
Linie ist die Jahreszielgeschwindigkeit im Marathon
10-km-Dauerlauf in 3,53 m/s
Läufe ab 25 km werden mit einem Kreis markiert
Trainingswoche
2 3 4 5 6
30.3.-5.4.
6.-12.4.
13.-19.4.
20.-26.4.
27.4.-3.5.
4.-10.5
Gesamtkilometer/Woche, mit Ein-/Auslaufen
83 86 56 84 91
Bemerkungen (Wettkampfergebnisse, Trainingslager, Krankheit, Verletzung, Befinden...)
»Ruhe«
Trainingswettkampf Berlin-Spandau 42:20

In der 11. Woche kann, wenn das bisherige Training ohne entscheidende Ausfälle gestaltet wurde, ein 15 km- bis Halbmarathonwettkampf gelaufen werden. Dieser dient als Überprüfung des Niveaus im Marathonzielbereich. Die ersten zwei Drittel der Wettkampfstrecke sollten im durchschnittlichen WKT-Trainingstempo gelaufen werden. Dann ist das Rennen „offen".

Die 12. Woche dient wiederum zur Kompensation der Belastungswochen.

Neben der Tagebuchprotokollierung ist das Führen einer **Trainingsgrafik** (siehe Beispiel) eine wirksame Möglichkeit, das tatsächlich realisierte Training optisch gut in Szene zu setzen. Dabei können die Belastungen ganz klar in Bezug zur Marathonzielleistung betrachtet werden. Es ist also schnell feststellbar, ob der Dauerlauf zu zügig oder der Wettkampfbereich zu langsam trainiert wurde. Korrekturen in den folgenden Trainingseinheiten lassen sich daraus ableiten. Somit wird der „Rote Faden" beibehalten. Am Ende der Marathonvorbereitung sollte sich das Training im Zielbereich wie ein Band (mit der entsprechenden individuellen Spielbreite) über die Grafik ziehen. Auch die Absicherung der Leistung im höheren motorischen und grundlegenden Trainingsbereich muß deutlich erkennbar sein.

Wer sein bisheriges Training in dieser Art und Weise darstellt, wird erstaunt sein, daß so manche Wettkampfleistung plötzlich erklärbar erscheint. Jeder wird schwarz auf weiß mit folgender Tatsache konfrontiert werden:

Ich kann nur das im Wettkampf zeigen, was auch im Training vorbereitet wurde!

Die Bilanz

Jeder hat seine persönlichen Erfahrungen mit dem vorgestellten Trainingsplan gesammelt, und es ist an der Zeit, eine Zwischenbilanz zu ziehen. Bei dieser sollte darauf geachtet werden, daß das bisher absolvierte Training in den entsprechenden, am Leistungsziel orientierten Relationen steht. D. h. die geplanten Streckenlängen, Geschwindigkeiten, Wiederholungszahlen der einzelnen Einheiten und der Belastungsaufbau im Wochen- bzw.

Mehrwochenverlauf müssen aus einem „methodischen Guß“ sein. Zu viele Veränderungen im Training bewirken andere physische und psychische Anpassungsprozesse und damit eine differenzierte Leistungsentwicklung. Wenn festgestellt wird, daß einige Trainingsmittelbereiche zu sehr (im Mittelwert) von der Vorgabe abweichen, dann ist im folgenden Trainingszyklus noch die Zeit, dies zu korrigieren. Auf der Grundlage der Trainingsgrafik kann das real absolvierte Training gut überprüft werden. Weitere dazu notwendige Informationen stehen im Trainingstagebuch.

Korrekturen (Beispiele):

- Dauerlaufeinheiten sind stereotyp im gleichen Laufniveau = im Rahmen des vorgegebenen Trainingsmittelbereiches die individuelle Tagesform mehr zum Tragen bringen, variabler im Lauftempo werden.
- „Harte“ Fahrtspieleinheiten wirken zu lange nach = das Fahrtspiel mehr als „flüssiges Spiel mit der Geschwindigkeit“ ansehen, auf keinen Fall permanent bis zum „Anschlag“ laufen, eventuell kann statt im Profil auch im flachen Gelände gelaufen werden.
- Das Wettkampftempo wird über die langen schnellen Dauerläufe sicher realisiert = statt 10–15 km können 12–18 km im WKT gelaufen werden. Im umgekehrten Fall sollte das Streckenmittel etwas verkürzt werden bzw. bei gravierenden Problemen die Marathonzielstellung überprüft werden.
- Muskelverspannung = verstärkte Dehnung und Lockerung, Kontrolle des Vitamin-, Mineral- und Ballaststoffhaushaltes, Massagen oder gegebenenfalls einen Laufsportarzt aufsuchen.

Wenn die Bilanz gezogen wurde, dann sollte der nachfolgende Trainingszyklus (14. bis 20. Woche) unter diesem Gesichtspunkt auf seine Realisierbarkeit überprüft werden.

Der dritte Trainingszyklus – 14. bis 20. Woche

Zunehmend mehr wird zum eigentlichen marathonspezifischen Training übergegangen.

	14. Woche	*15. Woche*	*16. Woche „Ruhe"*	*17. Woche*	*18. Woche*	*19. Woche*	*20. Woche „Ruhe"*
Mo	DL 10 km a. T.	DL 10 km a. T.	5–7x pro Woche 40–80 Min. lockerer Dauerlauf	DL 10 km a. T.	DL 10 km a. T.	DL 10 km a. T.	5–7x pro Woche 40–80 Min. lockerer Dauerlauf
Di	**Motorik/ Kraft** 10–12 km im Profil mit 10x60 Sek.	**Motorik/ Kraft** 10–12 km im Profil mit 10x60 Sek.		**Motorik/ Kraft** 15 km flach mit 10–12x 60 Sek.	**Motorik/ Kraft** 15 km flach mit 10–12x 60 Sek.	**Motorik/ Kraft** 15 km flach mit 10–12x 60 Sek.	
Mi	DL 15 km a. T.	DL 15 km a. T.		DL 20 km a. T.	DL 20 km a. T.	DL 20 km a. T.	
Do	**WKT** 8x 1000 m Trabpause 3 Min.	**WKT** 6–8x 1000 m Trabpause 3 Min.		**WKT** 4x 2000 m Trabpause 3 Min.	**WKT** 4x 2000 m Trabpause 3 Min.	**WKT** 4x 2000 m Trabpause 3 Min.	
Fr	DL 15 km	DL 10 km		DL 10 km	DL 10 km	DL 10 km	
Sa	**WKT** 15 km	**WKT** 20 km (oder Wettkampf)		**WKT** 15 km 10 Min. Pause 5 km	**WKT** 15 km 10 Min. Pause 5 km	**WKT** 15 km 10 Min. Pause 5 km	
So	DL 25 km	DL 30 km		DL 30 km	DL 30 km	DL 30 km	

a. T. 3–4 Kreise

Di/Do/Sa Dehnungsgymnastik, sonst Lockerung

Rad zum Ein- und Ausrollen ist möglich

Kennzeichnend dafür sind die Verlängerungen mehrerer Dauerläufe auf 15 bis 20 km, die Erhöhung des Streckenmittels im Wettkampftempo (langer Dauerlauf) auf 15 bis 20 km mit kurzem Wiederholungslauf (5 km) und der konsequente Übergang zu Trainingsläufen über 30 km. Um das Wettkampftempo einfacher laufen zu können, sollten samstags (WKT) **Trai-**

ningswettkämpfe eingebunden werden. Aber Vorsicht! Der Zielgeschwindigkeitsbereich darf nicht verlassen werden. Kontrolliertes Laufen nach Marschplan ist angeraten. Im anderen Fall besteht die Gefahr, daß ein zu harter Wettkampf die Qualität der Folgeeinheiten vermindert. Die Trainingswettkämpfe werden dem Ziel, das Marathontempo unter Wettkampfbedingungen zu stabilisieren, untergeordnet.

Um die körperlichen Anpassungsprozesse an der oberen Grenze des WKT-Bereiches weiter voranzutreiben, werden 1000 m-, später 2000 m-Programme eingesetzt (Erarbeiten einer Geschwindigkeitsreserve). Im Fahrtspieltraining wird das Tempo etwas herausgenommen. Mit der Tempointervallverlängerung auf 60 Sekunden wird jedoch dieses Trainingsmittel weiter effektiv entwickelt.

Besonderer Hinweis: Das Training im Sommer sollte nicht ausschließlich unter Hitzebedingungen stattfinden; Flüssigkeitshaushalt beachten.

Der „Belastungszwang“

Das marathonspezifische Training ist im vollen Gange. Im Prozeß der vergangenen 20 Wochen wurde eine permanente Erhöhung der Belastungsanforderungen vorgenommen. Diese führte zu einer variablen körperlichen Anpassung. Der menschliche Organismus war immer wieder „gezwungen“ worden, sich auf neue Belastungsumstände einzustellen. Somit bewirkte diese ständige Veränderung im Training eine zunehmend bessere physische und psychische Verfassung. Die Leistungen, vor allem im Wettkampftempobereich, werden immer relevanter für den Marathon. Auch wenn es anfangs sehr schwer fiel, nach den 15 km-Läufen im Renntempo (WKT) noch etwas schnellere 5 km zu laufen, so gaben doch diese Einheiten ein enormes Selbstvertrauen. In der Kombination mit den langen Dauerläufen (30–35 km) stellte das Training sozusagen ein „marathonspezifisches Wochenende“ dar. Außerdem blieb noch die Zeit für eine ausführliche und in Ruhe realisierte Dehnungs- und Lockerungsgymnastik.

Der abschließende Trainingszyklus – 21. bis 25. Woche

Nun gilt es, in den letzten fünf Wochen das oben angedeutete Prinzip des „Belastungszwanges" konsequent fortzusetzen. Aus diesem Grund werden in den beiden Wettkampftempoeinheiten (kurz/lang) nochmals Streckenverlängerungen vorgenommen, d. h. statt der 4 x 2000 m werden im gleichen Tempobereich 3 x 3 km gelaufen. Die langen schnellen Dauerläufe (um 20 km) sollten in Form von Trainingswettkämpfen umgesetzt werden. Die Motorikeinheit ist keinesfalls zu „überziehen". Sie dient ausschließlich der Stabilisierung der Tempovariabilität und sollte kontrolliert gelaufen werden.

	21. Woche	*22. Woche*	*23. Woche*	*24. Woche*	*25. Woche*
Mo	DL 10 km	DL 10 km	DL 10 km	DL 10 km (locker)	DL 10 km
Di	DL 10 km	Motorik 10–12 km flach mit 15x30 Sek.	WKT 10 km (15 km)	DL 10 km (locker)	**WKT** über 10 km
Mi	WKT 3x3 km Trabpause 5 Min.	DL 20–25 km	DL 25 km	**FREI**	DL 15 km
Do	DL 15–20 km	WKT 3x3 km Trabpause 5 Min.	**WKT** 3x3 km Trabpause 5 Min.	**Motorik** 10–12 km mit 15x30 Sek.	**FREI**
Fr	DL 10 km	DL 10 km	DL 15 km	DL 10 km	**FREI**
Sa	**WKT** 20 km (WK) –25 km	**WKT** 20 km (WK) –25 km	WKT 10 km 10 Min. Pause 10 km	**WKT** 15 km	Einlaufen Laufschule Auslaufen
So	DL 30 km	DL 30 km	DL 35 km	DL 25–30 km	**Marathon 42,195 km**
ab 23. Woche keine Athletik mehr					
Erhöhung des Anteils an Dehnungs- und Lockerungsgymnastik					
23. Woche = Gipfelwoche (Woche mit höchstem Gesamtumfang)					

Auch hier gilt das Prinzip:
Beherrsche Du die Geschwindigkeit und nicht umgekehrt!

Eine sehr wichtige Bedeutung hat die 3. Woche vor dem Marathonlauf (= 23. Woche). Mit ihr wird gewissermaßen der Schlußplunkt unter das Marathontraining gesetzt. Der Hauptaugenmerk liegt in dieser Woche auf dem Wettkampftempo. Mit drei Trainingseinheiten wird eine Gipfelbelastung in diesem Bereich erzielt. Zudem liegen die Gesamtlaufkilometer pro Woche über dem bisherigen Wochendurchschnitt.
Der Belastungsblock (21.–23. Woche) klingt mit zwei bis drei lockeren Dauerlauftagen (in der 24. Woche) aus.

Der Countdown

In den letzten 11 Tagen steht das „Lockerwerden" im Mittelpunkt. Die zu realisierenden Einheiten sind betont kontrolliert zu laufen. Eine Erhöhung des Anteils der Lockerungs- und Dehnungsgymnastik ist ebenfalls angezeigt.
Die Anwendung einer Marathondiät ist nicht zwingend nötig. Das absolvierte Training ist der Garant für eine gute Leistungsfähigkeit im angegebenen Wettkampfniveau.
Die letzten Tage sind durch lockeres Traben, leichte Laufschule, kohlenhydratreiche Kost und natürlich viel Geduld gekennzeichnet.

Auch das Hinterher will gelernt sein.
Die Nachbereitung des Marathonlaufes

Ein Marathonlauf stellt immer eine außergewöhnliche Belastung dar. Unabhängig davon, wie er in Bezug zum aktuellen Trainingszustand, zu den äußeren Wettkampfbedingungen oder zur individuellen Renntaktik absolviert wurde, eine Wiederauffüllung der Protein-, Kohlenhydrat-, Mineral- und Vitaminreserven ist zur schnellen Regeneration der Wettkampfbelastung zwingend notwendig. Hierbei ist natürlich auf eine Ausgewogenheit der Nahrungszufuhr zu achten. Unmittelbar nach dem Lauf kann feste, jedoch nur leicht verdauliche Nahrung zugeführt werden. Beim Trinken nicht zum berühmten „Faß ohne Boden" werden. Lieber häufiger schlück-

chen- als literweise Flüssigkeit konsumieren. Hochkonzentrierte isotonische Getränke meiden (Gefahr des Erbrechens). Säfte oder verdünnte „Fitmacher" sind zu bevorzugen.
Was die Dehnung nach dem Wettkampf anbelangt, so sollte diese leicht und sehr sensibel realisiert werden. Eine Überstrapazierung der sowieso schon stark beanspruchten Muskeln, Muskelansätze und Sehnengewebe ist nicht zu empfehlen. Am folgenden Tag kann diesbezüglich konsequenter gearbeitet werden. Nach dem Zieleinlauf ist ein Hochlegen der Beine bzw. ein Ausstreichen der Waden mitunter angenehmer.
Statt Auslaufen können, je nach Möglichkeit, Schwimmen oder Radfahren sinnvollere Alternativen darstellen. Hierbei spielen die persönlichen Erfahrungswerte und Neigungen eine große Rolle.
Als sehr angenehm wird von vielen Läufern eine physische und psychische Entspannung in der Sauna empfunden. Die Sauna sollte nach einem Marathonlauf mehr im Sinne eines Aufwärmraumes angesehen werden, um den Flüssigkeitsverlust nicht unnötig zu erhöhen.
Nicht zu unterschätzen ist der Erfahrungsaustausch nach dem Wettkampf. Er ist auch ein Teil des allgemeinen Regenerationsprozesses.
Wer die Möglichkeit hat, kann sich auch einige Minuten hinlegen und ruhen oder schlafen, bevor es auf die Heimreise oder zur Abschlußfeier geht.
Das Training nach dem Marathonlauf muß primär kompensatorischen Charakter besitzen. Der Hauptteil des Trainings wird über Laufen, Radfahren, Schwimmen, Aquajogging und/oder ähnliche Belastungen im aeroben Bereich umgesetzt. Athletik und Gymnastik spielen eine zunehmende Rolle. Ergänzt werden können diese Trainingsmittel durch höhere motorische Reize in Form von Steigerungen oder leichtem Fahrtspiel. Diese Phase des Trainings sollte 2 bis 3 Wochen andauern. In dieser Zeit ist besonders stark die individuelle Tagesform zu beachten. Physiotherapeutische Maßnahmen beeinflussen die Regeneration entscheidend.

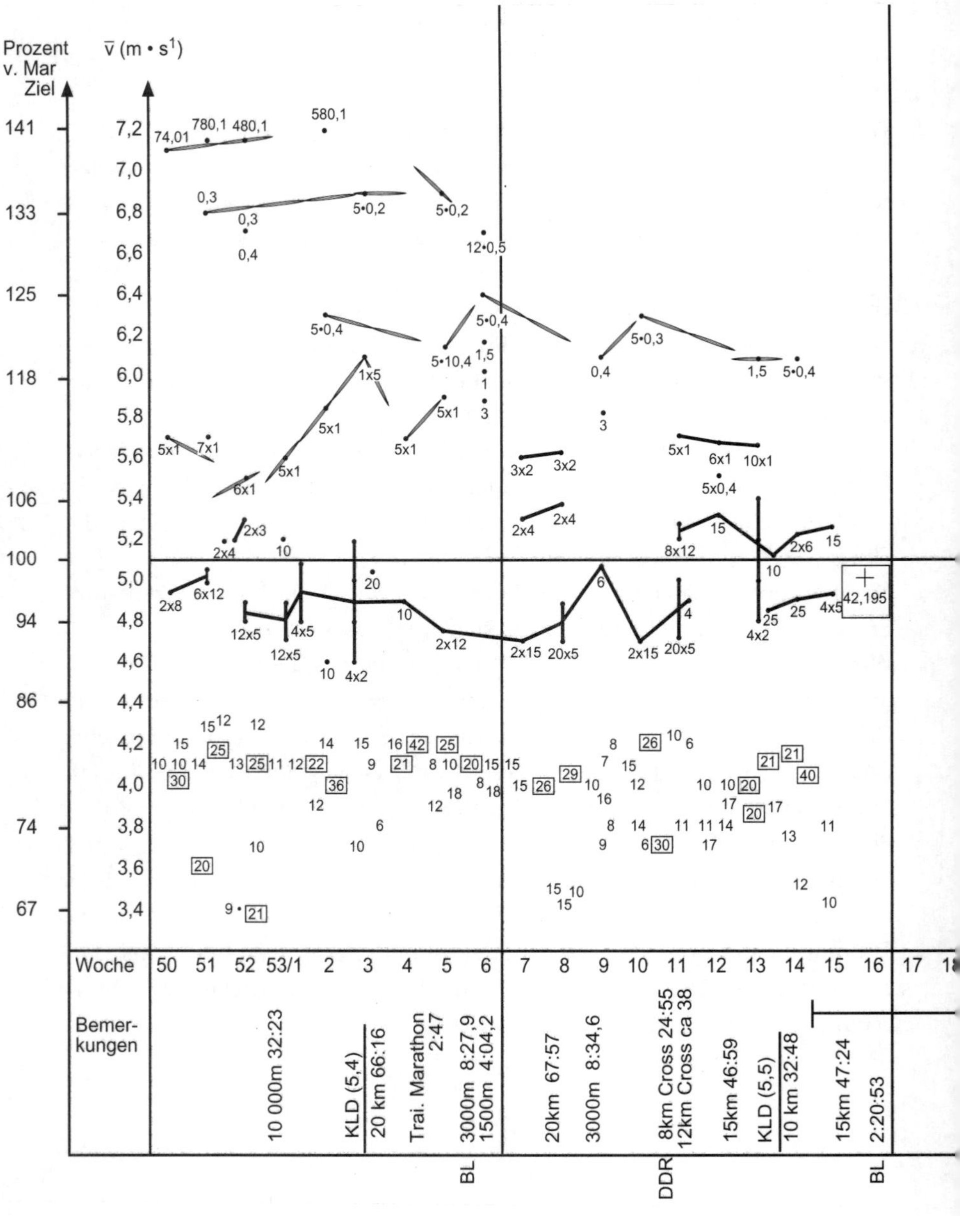
Prozent v. Mar Ziel
v̄ (m • s1)
141
133
125
118
106
100
94
86
74
67
7,2
7,0
6,8
6,6
6,4
6,2
6,0
5,8
5,6
5,4
5,2
5,0
4,8
4,6
4,4
4,2
4,0
3,8
3,6
3,4
Woche
50 51 52 53/1 2 3 4 5 6 7 8 9 10 11 12 13 14 15 16 17
Bemerkungen
10 000m 32:23
KLD (5,4)
20 km 66:16
Trai. Marathon 2:47
3000m 8:27,9
1500m 4:04,2
20km 67:57
3000m 8:34,6
8km Cross 24:55
12km Cross ca 38
15km 46:59
KLD (5,5)
10 km 32:48
15km 47:24
2:20:53
BL
DDR
BL
42,195

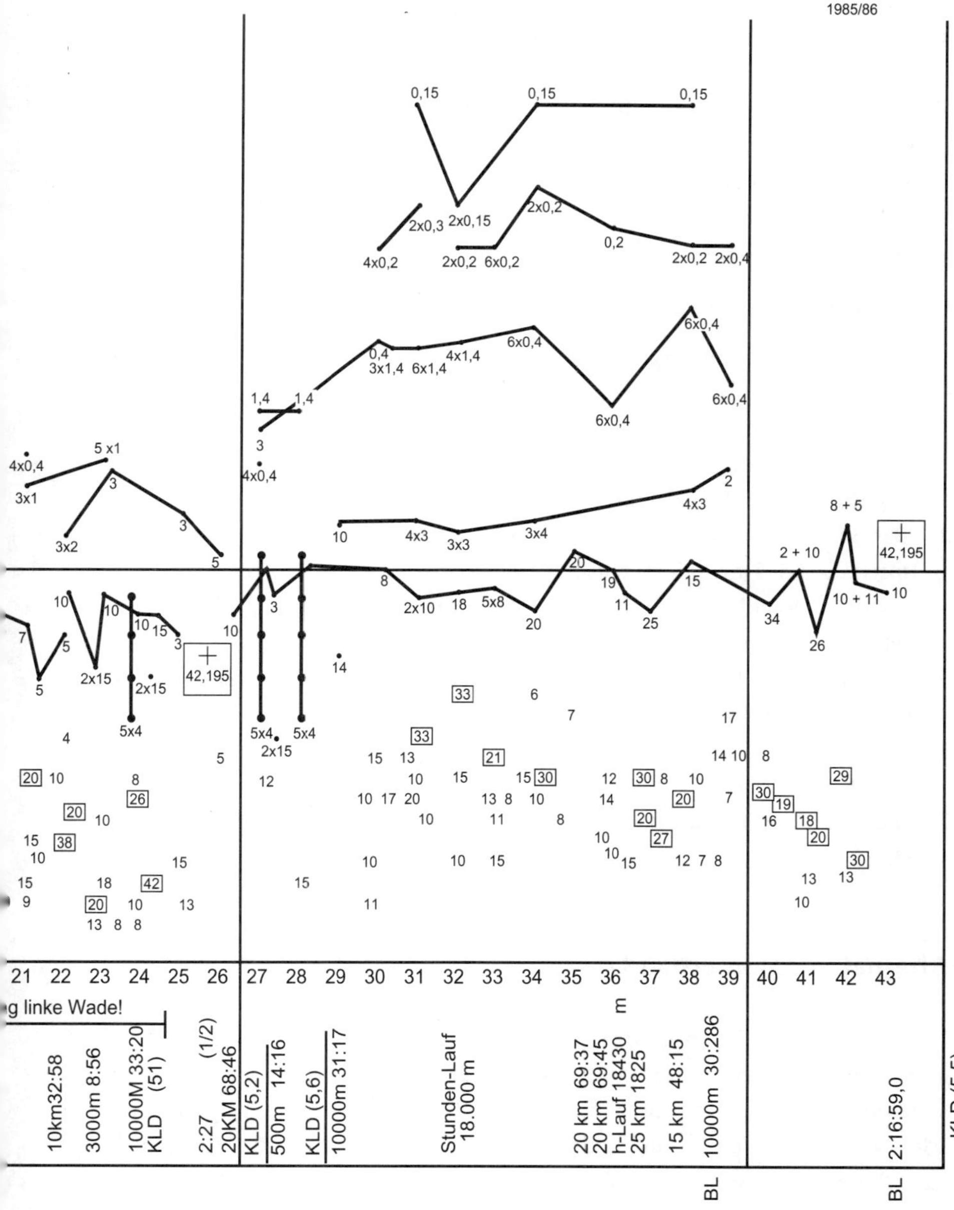
1985/86
0,15
0,15
0,15
2x0,3
2x0,15
2x0,2
4x0,2
2x0,2
6x0,2
0,2
2x0,2
2x0,4
6x0,4
0,4
3x1,4
6x1,4
4x1,4
6x0,4
1,4
1,4
6x0,4
6x0,4
3
4x0,4
5 x1
4x0,4
3x1
3
3x2
3
5
10
4x3
3x3
3x4
4x3
2
8 + 5
2 + 10
42,195
10 + 11
10
34
26
20
19
11
25
15
8
2x10
18
5x8
20
3
10
14
42,195
5x4
5x4
5x4
2x15
2x15
2x15
33
33
21
30
30
20
20
27
30
19
18
20
29
30
20
26
20
38
42
20
21 22 23 24 25 26 27 28 29 30 31 32 33 34 35 36 37 38 39 40 41 42 43
g linke Wade!
10km32:58
3000m 8:56
10000M 33:20
KLD (51)
2:27 (1/2)
20KM 68:46
KLD (5,2)
500m 14:16
KLD (5,6)
10000m 31:17
Stunden-Lauf
18.000 m
20 km 69:37
20 km 69:45
h-Lauf 18430 m
25 km 1825
15 km 48:15
10000m 30:286
BL
2:16:59,0
BL
KLD (5,5)

Jahresgrafik Marathon (Beispiel)

Zur besseren Veranschaulichung der in den Texten beschriebenen trainingsmethodischen Prinzipien soll an dieser Stelle eine Originalgrafik des Trainings von Dr. Klaus Goldammer (mehrfacher Sieger internationaler Marathons, letzter DDR-Meister im Marathon/Leipzig, erfolgreicher internationaler Mastersläufer) vorgestellt werden (S. 184/185).

Folgende wichtige Aussagen können getroffen werden:

1. Im gesamten Trainingsjahr ist eine klare Differenzierung zwischen den einzelnen Trainingsbereichen erkennbar.
2. Die Periodisierung im Verlaufe des Trainingsjahres ist gut nachvollziehbar – Hallen-, Cross-, Straßenlauf- und Marathonvorbereitung sowie Ruhe- und Übergangsphasen.
3. Das Training in der Marathonzielgeschwindigkeit wird ganzjährig, entsprechend des jeweiligen Saisonzieles, betrieben.
4. In der Entwicklung der Grundlagenausdauer spielen regelmäßig eingesetzte Sauerstoffläufe eine wichtige Rolle.
5. In bestimmten Trainingsphasen wird die Entwicklung der Unterdistanzfähigkeit (Geschwindigkeitsreserve) gezielt forciert.
6. Be- und Entlastungsphasen sind deutlich erkennbar (auch bei Verletzung).
7. Die Wettkämpfe im Jahresverlauf sind weitestgehend den beiden Hauptwettkämpfen (Frühjahrs- und Herbstmarathon) untergeordnet.

Alternatives Winter-Lauf-Training

Lauf-Skilanglauf-Kombination

Jede Läuferin, jeder Läufer hat neben dem Laufen auch noch andere sportliche Neigungen. Nicht selten findet man die Kombination zu Spielsportarten wie Tennis, Badminton oder Volleyball. Häufiger ist die Beziehung zum Radsport, Schwimmen, Skilanglauf oder Inlineskaten anzutreffen. Eine sportliche Vielfalt ist immer ratsam, ohne dabei das Laufen aus dem

Auge zu verlieren. Insbesondere die Winterzeit reizt die Läuferschar zum Gang in den verschneiten Wald. Fünf Zentimeter Pulverschnee und stahlblauer Himmel – was will das Läuferherz mehr.

Der nachfolgende Abschnitt soll eine Möglichkeit aufzeigen, wie Laufen und Skilanglauf günstig kombiniert werden können. Dabei wird von fünf Trainingseinheiten pro Woche ausgegangen. In der Regel besteht am Wochenende die Chance, auf die Skier zu gehen. Unter der Woche habe ich das Lauftraining sowie die Athletik und Dehnung eingeplant.

	1.–3. Woche	*4. „Ruhewoche"*	*5.–7. Woche*	*8. „Ruhewoche"*	*9.–11. Woche*	*9.–11. Woche*
Mo	Athletik Dehnung Sauna	Athletik Dehnung	Athletik Dehnung Sauna	Athletik Dehnung	Athletik Dehnung Sauna	Athletik Dehnung
Di	GA 1 FS 60 Min. 5 Min./ 1 Min.	GA 1 60 Min.	GA 1 FS 75 Min. 5 Min./ 1 Min.	GA 1 60 Min.	GA 1 FS 90 Min. 5 Min./ 1,5 Min.	GA 1 60 Min.
Mi						
Do	GA 1 90 Min. Athletik Dehnung	GA 1 60 Min. Dehnung	GA 1 90 Min. Athletik Dehnung	GA 1 60 Min. Dehnung	GA 1 90 Min. Athletik Dehnung	GA 1 60 Min. Dehnung
Fr						
Sa	Ski GA 2 2x30 Min. Pause 5 Min.	Ski GA 1 90 Min.	Ski GA 2 3x30 Min. Pause 5 Min.	Ski GA 1 90 Min.	Ski GA 2 2x45 Min. Pause 5 Min.	Ski GA 1 90 Min.
So	Ski GA 1 2–3 h	Ski GA 1 90 Min.	Ski GA 1 3–4 h	Ski GA 1 90 Min.	Ski GA 1 4 h	Ski GA 1 90 Min.

Zum Wochenverlauf

Nach dem umfangreichen Wochenendtraining bietet sich der Montag als „Schontag" an. Eine Athletikeinheit unter läuferspezifischen Gesichtspunkten trägt zur Verbesserung der allgemeinen muskulären Situation bei. Der Schwerpunkt sollte auf der Entwicklung der Kraftausdauer liegen, d. h., daß wenig Gewicht, viele Wiederholungen und kurze Pausen umgesetzt werden (z. B. 5 x 20 WH mit 30 Min. Pause/15 kg). Insbesondere auf eine „saubere" Übungsausführung muß geachtet werden, um Fehlbelastungen und Verletzungen vorzubeugen.

Das anschließende Dehnungsprogramm trägt zur besseren Belastungsverarbeitung, zur Verletzungsprophylaxe und zum gesteigerten Wohlbefinden bei. Hierbei sollte man sich viel Zeit nehmen und insbesondere stark verkürzte Muskelgruppen ausgiebig dehnen. Saunieren rundet die Trainingseinheit ab. Körper und Geist „laufen" im Gleichklang. Somit wird nicht nur körperlich, sondern auch geistig regeneriert. Dienstag ist der Tag der höheren Laufmotorik. Ein Fahrtspieltraining bietet sich in der kalten Jahreszeit an. Ohne Pause (Erkältungsgefahr!) wird eine Stunde lang mit dem Lauftempo „gespielt". Fünf Minuten werden im GA 1-Tempo (Grundlagenausdauer 1 = aerobes, lockeres Laufen) absolviert. Danach wird das Tempo ca. eine Minute kontrolliert in den anaeroben Bereich (Herzfrequenz > 160 Schläge/Minute) angehoben. Anschließend muß wieder der aerobe Bereich (HF < 150 Schläge/Minute) gelaufen werden. Wenn sich Herz, Kreislauf, Stoffwechsel (Laktat) und Atmung wieder beruhigt haben, wird das nächste Intervall gestartet.

Nach einem Ruhetag steht am Donnerstag der klassische, lockere Dauerlauf im Mittelpunkt des Trainings. Hierbei geht es tatsächlich um eine „Sauerstoffdusche" für den Körper. Über langsames Laufen (aerob) wird insbesondere der Fettstoffwechsel angeregt. Dieser ist das „Brot" jedes Ausdauersportlers. Nur wer eine gute Grundlage hat, ist belastungsverträglicher und leistungsfähiger. Am Wochenende wird klassisch oder im Freistil Ski gelaufen. Über GA 1/GA 2-Belastungen soll die Grundlagenausdauer ökonomisiert und verbessert werden. In der Regel finden die GA 2-Belastungen in einem Pulsbereich zwischen 150 und 170 Schlägen pro Minute statt. Zuvor und danach sollten mindestens 15–20 Minuten GA 1-Belastungen durchgeführt werden. Am Sonntag hat sich eine Skiwanderung bewährt. Der Puls ist etwa zwischen 130 und 140 Schlägen pro Minute zu halten.

Zum Mehrwochenverlauf
Der oben beschriebene Wochenablauf ist prinzipiell über 3 Wochen einzuhalten. Dann erfolgt eine Entlastung in Form einer „Ruhewoche". Diese ist gekennzeichnet durch die Herausnahme aller intensiven (Fahrtspiel/Athletik) und langandauernden Belastungen. Das Fahrtspieltraining wird über die Gesamtbelastungszeit und die Verlängerung der Intervallzeit von Belastungsblock zu Belastungsblock entwickelt. Ebenso ist der Aufbau der GA 2-Belastung im Mehrwochenverlauf voranzutreiben. Nur das ständige, gezielte Fordern des Körpers bringt die entsprechenden Anpassungen.

Die Straße ruft – mit dem Frühjahr kommt die Sonne

Endlich ist die graue Laufjahreszeit vorbei. Das Frühjahr kündigt sich an und somit auch die Lust, schneller zu laufen und an Wettkämpfen teilzunehmen. Aber wie stelle ich mein Training um? Die Art und Weise des Umstellens hängt vom aktuellen Trainingszustand ab. Nachfolgend sollen zwei Grundsituationen beschrieben werden:

1. das Training nach einer gut gestalteten Winterperiode ohne Ausfälle
2. das Training nach verletzungs- oder krankheitsbedingtem Ausfall

Beide Situationen erfordern ein grundsätzlich unterschiedliches Herangehen an die Trainingsplanung.

1. Nicht auf Sand gebaut ...

hat man, wenn der Winter für ein grundlegendes, vielseitiges Training genutzt wurde. Im Mittelpunkt standen das lange, lockere Dauerlaufen, das Skifahren, das Schlittschuhfahren, der Besuch im Fitneßtudio zur allgemeinen Kräftigung der Muskulatur oder eventuell auch das Winterbiking. Kurzum, das Training im aeroben Bereich mit einigen wenigen höheren motorischen Komponenten (z. B. Steigerungsläufe, Fahrtspieltraining) lief

ohne wesentliche Ausfälle drei Monate problemlos ab. Es wurde genug „Sauerstoff getankt", um nun auf einer soliden Ausdauergrundlage die Frühjahrswettkämpfe vorzubereiten.
Unter diesen Voraussetzungen kann ab März das Training in Hinblick auf die Straßenwettkämpfe zwischen 8 km bis Halbmarathon intensiviert werden. Der nachfolgende Trainingsvorschlag führt zur Erhöhung der Grundlagenausdauer und zur Verbesserung der wettkampfspezifischen Laufleistung.

Bringt Farbe ins Training!

Wieder müssen drei Grundbereiche im Training klar unterschieden werden, will ich effiziente Anpassungen erzielen:

- Grundlagenausdauer 1 (GA 1)
  Es wird der Grundstoffwechsel (Fettstoffwechsel) ökonomisiert. Dieser dient als Grundlage für das gesamte Training. Ein gut funktionierender Fettstoffwechsel hilft einerseits, intensivere Belastungen besser wegzustecken (erhöhte Wiederherstellungsfähigkeit) und läßt andererseits absolut „härtere" Belastung zu.
  60–70 Prozent des Gesamttrainingsumfanges müssen in diesem Bereich absolviert werden. „Supersauerstoffläufe" und lockere Dauerläufe von 60–90 Minuten sind das entsprechende Trainingskonzept. Lieber langsamer und länger laufen! Nicht selten liegt der Kilometerschnitt bei 5:00–6:00 Minuten. In diesem Bereich empfiehlt sich das Training nach Pulsvorgabe. Wer seinen Pulsbereich nicht kennt, der sollte ihn bestimmen lassen. In der Regel sollte die Herzschlagfrequenz beim lockeren Dauerlauf unter 150 Schlägen pro Minute liegen. Und nebenbei gesagt: Hier werden tatsächlich Fette abgebaut!

- Grundlagenausdauer 2 (GA 2)
  Dieser Bereich dient zur Erhöhung des Grundlagenniveaus. Er wird auch als aerober-anaerober Übergangsbereich bezeichnet. Es herrscht die Nutzung eines Mischstoffwechsels vor (Nutzung von Fetten und Kohlenhydraten zur Energiegewinnung). So wird z. B. mehr Sauerstoff benötigt, als pro Zeiteinheit zur Muskulatur transportiert werden kann.

Dies führt dann zum Ansäuern im Muskel (Beine werden schwer, Laktatbildung). Ein regelmäßiges, dosiertes Training in diesem Bereich „zwingt" den Körper, Anpassungen zu schaffen, die letztendlich zu einer ökonomischeren Arbeitsweise bei gleichem Tempo führen.
Streckenlängen von 8–15 km sind gut geeignet, um über einen konstant schnellen Dauerlauf den Bereich zu treffen. Die Herzschlagfrequenzen liegen bei den meisten Sportlern zwischen 160 und 170 Schlägen pro Minute. Aber es gibt immer die berühmten Ausnahmen. So wurden auch schon Sportler getestet, die einen Pulsbereich im GA 2-Training von 170–180 Schlägen pro Minute bzw. von 150–160 Schlägen pro Minute hatten.

- Training in höherer Laufmotorik
  Hierbei werden Geschwindigkeitsreserven erschlossen. Auch seitens der Schrittstruktur (Schrittlänge/Schrittfrequenz) kommt es zu einer höheren Variabilität. Dieses Training ist sehr stoffwechselintensiv. Die Funktionsamplituden der einzelnen Regulationsebenen (z. B. maximales Herzfrequenzverhalten) werden individuell ausgeschöpft. Letztendlich ist der Sportler in der Lage, schneller und konzentrierter zu laufen.
  Intervalltraining, Fahrtspiel und auch Tempowechseltraining sind hierfür geeignete Trainingsmittel. Auf jeden Fall sollte schneller als im Wettkampf (8 km-Halbmarathon) gelaufen werden. Die Herzschlagfrequenzen sind in der Regel größer als 170 Schläge pro Minute.

Im Wochenverlauf muß auf eine deutlich Be- und Entlastungsdynamik geachtet werden (siehe Trainingsplan). Wenn z. B. viermal Training möglich ist, so könnte die Belastungsverteilung wie im Planbeispiel erfolgen. Der Schwerpunkt stellt das Wochenende dar. Hier haben die Freizeitsportler die meiste Trainingszeit zur Verfügung. Die Kombination Samstag GA 2 und Sonntag GA 1 (lang) hat sich als äußerst effektiv herausgestellt. Eventuell kann die GA 2 auch als Form eines Trainingswettkampfes gelaufen werden. Aber Vorsicht: nicht überziehen!

Am Donnerstag könnte ein kürzerer, lockerer Dauerlauf absolviert werden. Das höhere Motoriktraining wird in unserem Fall in Form von Fahrtspiel durchgeführt. In dieser Einheit heißt es: Beherrsche die Geschwindigkeit und nicht umgekehrt! Also aufpassen. Die schnellen Intervalle innerhalb der 10–15 km Fahrtspieleinheit müssen kontrolliert schnell gelaufen werden. Des weiteren ist darauf zu achten, daß die Intervalle über die gesamte Distanz relativ gleichmäßig verteilt werden.

8 km-Halbmarathon						
	3 Wochen	*1 Woche „Ruhewoche“*	*3 Wochen*	*1 Woche „Ruhewoche“*	*3 Wochen*	*1 Woche „Ruhewoche“*
Mo						
Di	GA1 FS 60 Min. 5:30	GA1 60 Min.	GA1 FS 75 Min. 5:45	GA1 60 Min.	GA1 FS 90 Min. 5:1	GA1 60 Min.
Mi						
Do	GA1 60–75 Min. 10x100 STL	GA1 60 Mi.	GA1 75–90 Min. 10x100 STL	GA1 60 Min.	GA1 90 Min. 10x100 STL	GA1 60 Min.
Fr						
Sa	GA2 8–12 km	GA1 90 Min.	GA2 12–15 km	GA1 90 Min.	GA2 15 km	GA1 90 Min.
So	GA1 lang 1:45 h	GA1 60 Min.	GA1 lang 2 h	GA1 60 Min.	GA1 lang 2 h	GA1 60 Min.

Kein schlechtes Gewissen!

Dieses Prinzip wird über drei Wochen beibehalten (Belastungsblock). Anschließend erfolgt die wohlverdiente „Ruhewoche“. Selbstverständlich wird weiter trainiert, aber eben viel ruhiger. Ausschließlich Regenerations- und GA 1-Belastungen stehen im Mittelpunkt des Trainings. Wem der Belastungsblock zu schwer gefallen ist, der sollte auch den Gesamtumfang der Woche reduzieren. Ansonsten keine Angst vor „weichen“ Kilometern. Und vor allem: kein schlechtes Gewissen, wenn eine kurze Zeit nur locker trainiert wird. Der Körper und die sportliche Form werden es zu danken wissen!

Der zweite Belastungsblock läuft in einer ähnlichen Art und Weise ab. Die Intervalle im Fahrtspieltraining (auf Straße und im Gelände) werden verlängert. Auch das Tempo des schnellen Dauerlaufes (GA 2) wird auf eine längere Strecke übertragen. Nur ein kontinuierliches Training in den einzelnen Trainingssbereichen (8–12 Wochen) bringt am Ende die gewünschte Anpassung. Ein sporadischer Nutzen vieler unterschiedlicher Trainingsmittel führt nur zu unklaren Leistungsverhältnissen.

2. Es war der Wurm drin ...

Verletzungen und Infekte schlagen nicht selten im Winterhalbjahr zu. Das Training konnte nur sehr unregelmäßig durchgeführt werden. Die Motivation ist am Boden. Was tun?

Hier gibt es nur einen Ratschlag:
Ruhe bewahren und zuerst grundieren.

Dieser einfache Satz birgt Erfahrungen von Laufgenerationen. Viele haben nach Trainingsausfällen versucht, „Rom an einem Tag zu erbauen". Mit sehr intensiven Trainingsbelastungen wurden schnell Formverbesserungen erzielt, die scheinbar das mißglückte Winterhalbjahr vergessen ließen. Das Laufgefühl kam wieder, und alles schien in Ordnung zu sein – bis zu dem Tag, an dem nichts mehr ging. Diagnose: auf Sand gebaut! Aufgrund einer mangelnden Ausdauergrundlage und der Erhöhung der intensiven Belastungen kam es regelrecht zum „Ausbrennen" des Organismus. Man kann es noch härter formulieren: Raubbau, Vergewaltigung des eigenen Körpers! Mindestens ein Monat sollte in die Schaffung einer Grundlage investiert werden. In erster Linie muß ein regelmäßiges, lockeres Lauftraining gesichert werden. Das Dauerlaufen muß zuerst im Umfang und später im Tempo erhöht werden. Wer solch eine „Sauerstoffdusche" konsequent realisiert, der spürt nach einiger Zeit förmlich, wie sich die „Handbremse" löst. Wettkämpfe sind zu meiden!

Danach kann ein Training, so wie oben angegeben, begonnen werden. Nur wenn die Grundlage „wie ein Fels in der Brandung" steht, dann sind bei nachfolgend intensiverem Training auch Erfolge zu erwarten.

Wenn der Hafer sticht – Gedanken zum nachwinterlichen Trainingslager

So langsam konzentrieren sich die Gedanken der Läuferinnen und Läufer auf das Frühjahr. Die relativ triste Winterzeit ist fast vorbei. Jeder freut sich auf die ersten wärmeren Tage. Gearbeitet wurde im Winterhalbjahr viel. Nun gut, vielleicht waren einige Tage aufgrund von Erkältungen nicht so effektiv, aber eigentlich müßte doch einiges vorhanden sein. Der Vergleich zum Vorjahr fällt schwer, da die wenigen Winterwettkämpfe in der Regel nicht unter günstigen Bedingungen abliefen. Manchmal war es zu kalt, dann wieder zu glatt ...
Wie nah liegt da der Gedanke, noch einmal richtig aufzutrainieren. Im Hellen läuft es sich besser. Gipfelwochen, Intensitäten, Wettkampfserien, Trainingswochenenden und sogar längere Trainingslager werden geplant. Aber wo soll ich mit der Planung anfangen? Wann ist der beste Zeitpunkt für ein Trainingslager, und wie sieht das Training dazu aus? Fragen über Fragen.

Im folgenden soll am Beispiel von Leistungsläufern, die einen Frühjahrsmarathon vorbereiten, erörtert werden, unter welchen Voraussetzungen und in welcher Art und Weise z. B. ein Trainingslager (ohne Höhe) methodisch in das Trainingskonzept eingebettet werden wird. Sicherlich führen auch in dieser Frage wieder viele Wege nach Rom, aber die dargelegten Gedanken sollen all jenen einen Impuls geben, die in dieser Frage noch etwas unerfahren sind.

Ausgangsposition:
Wichtig ist, daß das Wintertraining regelmäßig und in guter Qualität absolviert werden konnte. Ein Trainingslager nach einer Krankheit oder länger andauernden Verletzung zu gestalten, geht in den seltensten Fällen gut.

Oftmals schwingt dann der Gedanke mit: Nun kann ich alles Versäumte nachholen! Die Folge sind meist Übertraining, erneute Verletzungen und Unzufriedenheit. Dieser Effekt wird besonders in Trainingslagern unter Höhenbedingungen verstärkt. Schade um Zeit, Geld, Aufwand und Nerven!

1. Grundsatz:
Ein Trainingslager sollte nur aus einer guten sportlichen Form heraus gestaltet werden.

Des weiteren sollte man sich über das Ziel des Trainingslagers im klaren sein. In unserem Beispiel ist das Lager Hauptbestandteil der Vorbereitungen auf einen Frühjahrsmarathon. Die Wochenkilometer werden deutlich angehoben, und als Schwerpunkteinheiten zählen das Training im geplanten Wettkampftempo (aerober-anaerober Übergangsbereich/GA 2) und das aerobe Training (GA 1) zur weiteren Ökonomisierung des Grundlagenausdauerniveaus (Fettstoffwechseltraining). Das Training wird ergänzt durch einige höhere motorische Reize (kurze Tempoläufe, Steigerungsläufe) und umfangreiche aktive und passive rehabilitative Maßnahmen. Wettkämpfe unmittelbar nach dem Trainingslager sind nicht vorgesehen.

Zwei Belastungszyklen (je 2,5 Wochen mit einer Ruhewoche) zur Vorbereitung des Marathonlaufes sind schon erfolgreich trainiert worden, und das Trainingslager soll nun eine individuell deutlich höhere Reizauslenkung ergeben. Der Abstand von vier Wochen zum Marathonlauf wurde gewählt, damit genügend Zeit verbleibt, das Training wachsen zu lassen.

2. Grundsatz:
Klare Zielbestimmung und zeitliche Einordnung des Trainingslagers aufgrund der individuellen Voraussetzungen.

Die Vorbereitungswoche:
Um körperlich und geistig den bisherigen Trainingsablauf gut zu verarbeiten und um eine optimale Einstimmung auf den Belastungsblock im Trainingslager zu geben, werden in der 7. Woche vor dem Wettkampf fünf Trainingstage mit regenerativem Charakter eingeplant. Hierbei ist es tat-

sächlich notwendig, daß die Betonung auf Regeneration liegt! Radfahren, Joggen, Schwimmen, jede aktive Bewegungsform ist erlaubt, sofern sie kontrolliert locker umgesetzt wird. Gleichzeitig können alle Dinge in diesen Tagen erledigt werden, die zur praktischen Vorbereitung des Trainingslagers noch nötig sind (Anreise, Material, Bekleidung, Sonderkost, sonstige Ausrüstung usw.).

3. Grundsatz:
Eine deutliche Be- und Entlastungsdynamik vor, während und nach dem Trainingslager sichert eine optimale Anpassung.
Der Anreisetag ist in der Regel trainingsfrei zu planen. Ein „schlechtes Gewissen" wegen eines „Verlusttages" braucht keiner zu haben. Wer dennoch die Möglichkeit und Lust hat, sich zu bewegen, der kann sich einige Minuten nach Ankunft und Zimmerbelegung die Beine „vertreten".

Die Belastungsphase:
Wie im Trainingslagerplan zu erkennen ist, so stehen 15 volle Belastungstage zur Verfügung. Nun geht es nicht darum, die unterschiedlichen Trainingsinhalte maximal anzuordnen, sondern eine individuell günstige Belastungsverteilung zu erreichen.
Es hat sich bewährt, aus Gründen der Akklimatisation die ersten beiden Tage locker zu trainieren (GA 1). Bei dieser Gelegenheit kann die nähere Umgebung betrachtet werden.
Als Auftakt für den Belastungsblock wurden Läufe über 300 m gewählt, die submaximal und somit lauftechnisch sicher absolviert werden sollten. Der Begriff „Auftakteinheit" trifft hier zu, da mit diesem Training eine gewisse Standortfindung und ein erhöhter Muskeltonus als Vorbereitung für die Haupteinheiten (GA 2) erreicht werden soll. Nach einem Entlastungstag folgt dann die erste Haupteinheit. In unserem Fall sind das zwei schnelle Dauerläufe im geplanten Marathontempo. Nach solch einer stoffwechselintensiven und mental anspruchsvollen Trainingseinheit müssen zwei Tage eingeplant werden, an denen schonend gelaufen wird. Dieses kurz geschilderte Prinzip wird bis zum 15. Tag wiederholt (siehe Trainingsplan). Damit werden einerseits qualitativ hochwertige Einheiten gewährleistet, und andererseits ist genügend Zeit zur Belastungsverarbeitung gegeben.

4. Grundsatz:
Vorsicht vor Belastungseuphorie! Sie führt zur Fehleinschätzung der Belastungswirkung. Am Ende fällt man in den sogenannten „Keller".

Neben der Orientierung an Zielleistungen spielt die Trainingskontrolle eine große Rolle im Trainingslager. Am einfachsten erfolgt dies über die Erfassung von Pulswerten. Als grobe Einteilung können für die angegebenen Trainingsmittel folgende Pulsbereiche genannt werden:

Belastungsintensität nach Pulswerten:

KB	< 140	Schl./Min
GA 1	140–150	Schl./Min
GA 2	155–165	Schl./Min
SA	> 170	Schl./Min

(Angaben sind Erfahrungswerte und sollten individuell bestimmt werden.)

Besser ist es natürlich, die individuellen Schwellenwerte zu kennen. Die Regulationen der einzelnen körperlichen Funktionsebenen (z. B. Herz, Kreislauf, Stoffwechsel, Atemgassystem) unter Belastung können entsprechend dem Alter, Geschlecht, Leistungsniveau und Trainingszustand beträchtliche Unterschiede aufweisen. Somit ist eine aktuelle Standortbestimmung in jedem Fall sicherer.

Aber auch Anzeichen wie unruhiger Schlaf mit Krämpfen und Zuckungen, zunehmende Trainingsunlust, extrem gesteigertes Durstgefühl, Gereiztheit, Kopfschmerz, steigender Ruhepuls oder Laufen mit „Handbremse" können auf ein Übertraining hinweisen. Die einzig sinnvolle Alternative in dieser Situation ist, die Intensität sofort zu vermindern und zwei bis drei „Sauerstofftage" (Joggen, Wandern ...) einzuschieben. Das Trainingslager mit der „Brechstange" durchzuziehen, ist falsch!

<table>
<tr><th rowspan="2"></th><th colspan="2">Vorbereitungswoche</th><th colspan="2">Trainingslager</th><th colspan="2">Nachbereitungswoche</th><th>Training</th></tr>
<tr><th colspan="2">7. Woche</th><th>8. Woche</th><th>9. Woche</th><th colspan="2">10. Woche</th><th>11. Woche</th></tr>
<tr><td>Mo</td><td>KB</td><td rowspan="4">R
U
H
E</td><td>GA1 10 km
SA 15x300 m
200 m Trabpause</td><td>GA1 20 km</td><td>KB</td><td rowspan="4">R
U
H
E</td><td>KB</td></tr>
<tr><td>Di</td><td>KB</td><td>GA1 15 km
GA1 15 km</td><td>GA1 10 km
SA 15x300 m
200 m Trabpause</td><td>KB</td><td>SA
10–15x300 m
200 m Trabpause</td></tr>
<tr><td>Mi</td><td>KB</td><td>GA2 2x10 km
Pause 10 Min.
KB 8–10 km</td><td>Ga1 15 km
GA1 15 km</td><td>KB</td><td>GA1 15 km</td></tr>
<tr><td>Do</td><td>KB</td><td>GA1 20 km</td><td>GA2 15+5 km
Pause 10 Min.
KB 8–10 km</td><td>KB</td><td>GA1
Fahrtspiel
15 km mit
8x2 Min.
Intervall</td></tr>
<tr><td>Fr</td><td colspan="2">Anreise</td><td>GA1 10–15 km
GA1 10–15 km</td><td>GA1 20–25 km</td><td colspan="2">GA1 15 km
+ Steigerungsläufe
10x100 m</td><td>GA1 10–15 km</td></tr>
<tr><td>Sa</td><td colspan="2">GA1 10–15 km
GA1 10–15 km</td><td>GA1–2 30 km</td><td>GA1 30–35 km</td><td colspan="2">GA1
Fahrtspiel
10–15 km mit
10x30 Sek.
Intervall</td><td>GA2 15+5 km</td></tr>
<tr><td>So</td><td colspan="2">GA1 30 km</td><td>GA1 10–15 km
GA1 10–15 km</td><td>KB 8–10 km
Abreise</td><td colspan="2">GA1 30 km</td><td>GA1 30 km</td></tr>
</table>

KB = Kompensationsbereich (aktive Regeneration)
GA1 = Grundlagenausdauer 1 (aerober Trainingsbereich)
GA2 = Grundlagenausdauer 2 (aerob-anaerober Übergangsbereich) ≙ geplantes Marathontempo
SA = Schnelligkeitsausdauer

Die Nachbelastungswoche:
Mit dem Abreisetag wird die Phase der Verarbeitung des Trainingslagers eingeleitet. Der Körper fordert Entlastung! Entweder in Form von Verletzungen oder Übertraining, oder ich räume vorher die Chance ein, daß die absolvierten Belastungen in Ruhe „wachsen" können. Ein sechstägiges konsequentes KB-GA 1-Training wird am Ende eher als Gewinn zu verbuchen sein, als daß es als vergeudete Trainingszeit zu werten ist. Also – nur Mut!

5. Grundsatz:
Die Reizverarbeitung und somit die Umsetzung des Trainings in Leistung benötigt Zeit. Nehmen wir uns die Zeit!

In den verbleibenden Wochen bis zum Marathonlauf wird nun mit etwas vermindertem Umfang und zunehmend gesteigerter Intensität (flüssiges Laufen im Marathontempo, Spritzigkeit) das Training unter vertrauten Bedingungen gestaltet.

Wettkampftraining 10 km bis 15 km

Grundlagenphase

Ausgangsposition

Wettkampfstrecken auf der Bahn, auf der Straße oder im Gelände über eine Distanz von 10 km bis 15 km sind in Läuferkreisen sehr beliebt. Es gibt eine Vielzahl von Organisatoren, die diese Strecke im Programm haben. Der aktive Läufer nutzt dieses Angebot als Hauptwettkampfstrecke oder er bereitet mit Hilfe dieser Streckenlängen Halbmarathon- bzw. Marathonleistungen vor. Unabhängig von der Zielstellung, mit der ich diese Strecken in Angriff nehme, der Belastungsbereich von mehr als einer halben Stunde stellt eine enorme Anforderung an den menschlichen Organismus dar, und diese Leistung muß kontinuierlich vorbereitet werden.
Das nachfolgend beschriebene „Wettkampftraining 10 km bis 15 km" zeigt eine von vielen Möglichkeiten auf, diese Wettkampfstrecken vorzubereiten. Vorausgesetzt wird ein mindestens dreijähriges, regelmäßiges Lauftraining.

Fünf bis sechs Trainingseinheiten mit z. T. sehr unterschiedlicher Aufgabenstellung werden geplant, um ein Leistungsniveau von 33 Minuten bis 40 Minuten bei den Männern und 36 Minuten bis 45 Minuten bei den Frauen zu entwickeln. Die Zielleistung über 10 km ist als Planungsgrundlage zu betrachten und wird mit 100 Prozent angegeben. Geschwindigkeiten und Streckenlängen beziehen sich auf diese Größe. Jede Läuferin bzw. jeder Läufer muß sich also, nachdem ein realistisches Ziel über 10 km gesetzt wurde, eine Tabelle erstellen, in der die Tempobereiche von 60 % bis 120 % auf den differenzierten Streckenlängen (in Bezug zur persönlichen 10 km-Zielleistung) angegeben sind. Dies ist zur Sicherung der Qualität des Trainings notwendig.
Das Training erstreckt sich über 3 x 6 Wochen.

1. Zyklus – Grundlagenphase
2. Zyklus – spezielle Vorbereitung
3. Zyklus – Wettkampfserie

1. Zyklus – Grundlagenphase

Bevor in den ersten Zyklus „eingestiegen" wird, ist es wichtig zu prüfen, ob die Voraussetzungen für den Beginn des Trainings gegeben sind, d. h. sind die gesundheitlichen Bedingungen in Ordnung, ist der veranschlagte zeitliche Rahmen realistisch und befinde ich mich in einem allgemein guten psychischen und physischen Zustand. Günstig erscheint eine vorab realisierte zweiwöchige Kompensationsphase, um u. a. Übertrainingserscheinungen auszuschließen.
Wer mit diesem Programm startet, der sollte sich darüber im klaren sein, daß jede Trainingseinheit eine spezielle Aufgabe hat und in einer bestimmten Reihenfolge innerhalb einer Woche „eingebaut" ist. Des weiteren unterliegen die einzelnen Programme einer mehrwöchigen Entwicklung (z. B. Veränderung der Streckenlänge bzw. Wiederholungszahlen). Ein solches zeitlich effektiv gestaltetes Training setzt auch voraus, daß die Wechsel Be- und Entlastung klar eingehalten werden müssen.

Wettkampftraining 10–15 km – Grundlagenphase						
	1. Woche	*2. Woche*	*3. Woche „Ruhe"*	*4. Woche*	*5. Woche*	*6. Woche „Ruhe"*
Mo	Einlaufen 5 km Athletik/ Gymnastik Sauna	Einlaufen 5 km Athletik/ Gymnastik Sauna	Einlaufen 5 km Athletik/ Gymnastik Sauna	Einlaufen 5 km Athletik/ Gymnastik Sauna	Einlaufen 5 km Athletik/ Gymnastik Sauna	Einlaufen 5 km Athletik/ Gymnastik Sauna
Di	Fahrtspiel 8–10 km mit 4x2 Min. (110 %)	Fahrtspiel 8–10 km mit 4x2 Min.		Fahrtspiel lang 10–12 km mit 4x3 Min.	Fahrtspiel lang 10–12 km mit 4x3 Min.	
Mi	Dauerlauf 15 km locker	Dauerlauf 15 km locker	Dauerlauf 15–20 km locker	Dauerlauf 15 km locker	Dauerlauf 15 km locker	Dauerlauf 15–20 km locker
Do	5x200 m (120 %) 200 m Trab-Pause 5x1000 m (105 %) 3 Min. Geh-/Trab-Pause	5x200 m 200 m Trab-Pause 5x1000 m 3 Min. Geh-/Trab-Pause	Dauerlauf 10–15 km locker	5x300 m 200 m Trab-Pause 8x1000 m 3 Min. Geh-/Trab-Pause	5x300 m 200 m Trab-Pause 8x1000 m 3 Min. Geh-/Trab-Pause	Dauerlauf 10–15 km locker
Fr						
Sa	Dauerlauf 6–8 km 90 % WT Athletik/ Gymnastik	Dauerlauf 6–8 km 90 % WT Athletik/ Gymnastik	Dauerlauf 10–15 km 85–90 % WT	Dauerlauf 8–10 km 90 % WT	Dauerlauf 8–10 km 90 % WT	Dauerlauf 10–15 km 85–90 % WT
So	Dauerlauf 20 km locker	Dauerlauf 20 km locker	Dauerlauf 20 km locker	Dauerlauf 20 km locker	Dauerlauf 20 km locker	Dauerlauf 20 km locker

Erläuterung der Trainingstage:

Montag:

Der Montag ist ein aktiver „Verschnauftag". Ein lockeres Einlaufen zur muskulären Vorwärmung vor der Athletik ist angezeigt. Die athletischen Übungen sollten allgemeine muskuläre Bedingungen schaffen, um u. a. die Verletzungsgefahr zu mindern. Läuferinnen und Läufer, die bereits Erfahrungen mit gezieltem Muskelaufbautraining haben, sollten beachten, daß auch hier nur positive Anpassungen erzielt werden, wenn die Anforderungen permanent erhöht werden. Als dritte Zielsetzung können Übungen angewendet werden, die zum speziellen Aufbau abgeschwächter Muskelgruppen dienen. Als Gruppentraining unter fachlicher Anleitung ist der Athletikteil am wirkungsvollsten zu absolvieren. Beim abschließenden Saunabesuch können die aktuellsten Insiderinformationen ausgetauscht werden.

Dienstag:

Das Fahrtspieltraining ist ein ausgezeichnetes Trainingsmittel zur Verbesserung der Grundlagenausdauerleistung unter Hinzunahme motorischer Akzente (Intervalle mit 2–3 Minuten Tempoabschnitten). Die schnellen Abschnitte innerhalb der angegebenen Gesamtkilometer werden mit einer Intensität von ca. 110 % der 10 km-Zielleistung gelaufen. Die Verteilung der Intervalle kann willkürlich erfolgen. Wichtig: nach jedem Intervall das normale Dauerlauftempo laufen und nicht stehen bleiben.

Mittwoch:

Zur Schulung des Grundstoffwechsels und zur Kompensation der Vortagsbelastung wird ein lockerer Dauerlauf über 15 km empfohlen. Eine Tempovorgabe wird nicht gegeben, da das Niveau des Dauerlaufes bei jedem Läufer sehr unterschiedlich ist.

Donnerstag:

Zur Schaffung von Geschwindigkeitsreserven wird ein leichtes 200 m-Programm als Trainingsauftakt angegeben. Die schnellen 200 m-Abschnitte sollten mit 120 % der Zielleistung über 10 km gelaufen werden. Am günstigsten für Langstreckenläufer ist in diesem Fall immer eine Trabpause.

Das anschließende Hauptprogramm (nach 5 Minuten Pause) mit 1000 m-Intervallen wird ebenfalls über Wettkampftempo (105 %) realisiert. Hier ist eine Kombination von Trab-Gehpause möglich. Ein gründliches Erwärmen mit Einlaufen, Laufschule, Gymnastik und Steigerungsläufen bzw. ein ruhiges Nachbereiten der Einheit sind nötig.

Freitag:
kein Training

Samstag:
Das Wettkampftempo wird mit Hilfe des schnellen Dauerlaufes vorbereitet. Das Tempo befindet sich hierbei im geplanten Wettkampfbereich (bis minimal 90 %). Ziel ist es, dieses Tempo auf eine zunehmend längere Strecke zu übertragen. Dieses Training kann auch in Form eines Trainingswettkampfes durchgeführt werden. Allerdings liegt hier die Gefahr des „Überziehens“ sehr nah.
In der Nachbereitung wird ein Athletikteil am Montag eingebaut.

Sonntag:
Der Tag des längsten Laufes der Woche. Nicht das Tempo, sondern die Streckenlänge stellt die Belastung dar. Der „Sauerstofflauf“ ist ein wichtiges Trainingsmittel für jeden Läufer, um ein solides Fundament im Grundstoffwechsel zu entwickeln. Dieses ist zur Abpufferung von Belastungsspitzen und Belastungsumfängen notwendig.

Nach einem 2-Wochen-Block folgt dann ein „Ruhewoche“. Die Intensität (schnelle Einheiten) wird herabgesetzt. Lockere Dauerlaufeinheiten tragen zur besseren Kompensation des vorhergehenden Trainingsblocks bei. Ein mittlerer Dauerlauf am Samstag dient als Auftakt für den folgenden Abschnitt. Der wöchentliche Ablauf wird nicht verändert. Die Trainingseinheiten unterliegen jedoch einer Weiterentwicklung. Diese neuen Anforderungen stellen wichtige Reize für den Organismus dar, die zu einer wirksamen Anpassung führen.

Nachbetrachtung zur Grundlagenphase

Der erste Trainingsabschnitt über einen Zeitraum von 6 Wochen ist absolviert. Jeder Läuferin bzw. jedem Läufer müßte der Wochenrhythmus nun vertraut sein. Der ständige Wechsel zwischen den Aufgabenstellungen der einzelnen Trainingseinheiten, die damit verbundene Belastungsdynamik im Wochen- und Mehrwochenverlauf und das permanente Erhöhen der Gesamtbelastungsanforderungen sind wichtige Kriterien, mit deren Hilfe der menschliche Organismus immer wieder „gezwungen" wird, sich auf neue Belastungsbedingungen einzustellen. Wenn dann diese Belastungsbedingungen noch auf ein ganz bestimmtes Ziel (in unserem Fall auf 10–15 km) ausgerichtet sind, so sind die besten Voraussetzungen für das Erreichen einer höheren Leistungsebene gegeben. Aber Achtung: Eine ständig wechselnde Belastungsdynamik bedeutet nicht, daß der Einsatz von Trainingsprogrammen willkürlich erfolgt. Ein bestimmtes Trainingsprogramm wird mit einer ganz speziellen Zielstellung über mehrere Wochen „ausgebaut". In unserem Fall ist z. B. die Übertragung des schnellen Dauerlauftempos (ca. 90 % vom geplanten Wettkampftempo – WT) auf eine immer länger werdende Strecke das Grundprinzip der Weiterentwicklung dieser ganz speziellen Einheit. Bewährt hat sich auch der 2 : 1-Trainingsrhythmus, d. h. nach einem Belastungsblock von zwei Wochen wird eine Entlastungswoche eingeplant. In dieser hat der Sportler die Möglichkeit, sich aktiv (entlastendes Training) und passiv (verstärkt rehabilitative und prophylaktische Maßnahmen) wiederherzustellen sowie die bewußte Einstellung zum nachfolgenden Trainingszyklus zu finden. Oftmals treten trotz „Ruhewoche" Müdigkeitserscheinungen auf. Diese weisen aber mit hoher Sicherheit auf die Notwendigkeit der Entlastungsphase hin. An dieser Stelle soll noch auf ein leider weit verbreitetes Problem hingewiesen werden: das „schlechte Gewissen", wenn nicht so „hart" trainiert wird. Pause ist Training! Dieser Satz kann nicht oft genug wiederholt werden. Wer den Zusammenhang zwischen ständig steigender Belastung und konsequenter Entlastung im Wochen-, Mehrwochen- und Jahresverlauf unterschätzt, der wird nur selten und zufällig sein tatsächliches Leistungsniveau zeigen können.

2. Zyklus – Spezielle Vorbereitung

Nachdem in der Grundlagenphase bezüglich der Wochendynamik, des Umfangs und der Geschwindigkeiten eine solide Ausgangssituation geschaffen wurde, folgt nun die Haupttrainingsmethode. Eine effektive Mischung aus Intervallprogrammen und verschiedenen Dauerläufen stellt neue, höhere Belastungsanforderungen. Diese werden sowohl über die qualitative Verbesserung innerhalb der einzelnen Einheiten als auch über die Erhöhung des Gesamtwochenumfangs an Laufkilometern erzielt. Maßstab aller Berechnungen ist die geplante 10 km-Leistung (100 %).

Erläuterung der Trainingstage:

Montag:

Der aktive „Verschnauftag" bleibt erhalten. Die Athletikübungen sollten nun stabilisierenden Charakter tragen, um mögliche Verspannungen, die sich negativ auf die Haupttrainingstage auswirken könnten, zu vermeiden. Mehr Zeit muß in die Gymnastik investiert werden. Dehnungsübungen über eine Zeit von mindestens 45 Minuten sollten Standard sein.

Wettkampftraining 10–15 km – spezielle Vorbereitung						
	7. Woche	*8. Woche*	*9. Woche „Ruhe“*	*10. Woche*	*11. Woche*	*12. Woche „Ruhe“*
Mo	Einlaufen 5 km Athletik/ Gymnastik Sauna	Einlaufen 5 km Athletik/ Gymnastik Sauna	Einlaufen 5 km Athletik/ Gymnastik Sauna	Einlaufen 5 km Athletik/ Gymnastik Sauna	Einlaufen 5 km Athletik/ Gymnastik Sauna	Einlaufen 5 km Athletik/ Gymnastik Sauna
Di	5x200 m (sub.) 200 m Trabpause 8x400 m (> 115 %) 300 m Trabpause 200 m max.	wie 7. Woche		5x200 m (sub.) 200 m Trabpause 12x400 m (> 115 %) 300 m Trabpause 200 m max.	wie 10. Woche	
Mi	Dauerlauf 15 km locker	Dauerlauf 15 km locker	Dauerlauf 15–20 km locker	Dauerlauf 15 km locker	Dauerlauf 15 km locker	Dauerlauf 15–20 km locker
Do	2x300 m (sub.) 200 m Trabpause 6x1000 m (> 110 %) 2 Min. Geh-/Trab-Pause 150 m max.	wie 7. Woche	Daerlauf 10–15 km locker	2x300 m (sub.) 200 m Trabpause 6x1000 m (> 110 %) 1:30 Min. Geh-/Trab-Pause 150 m max.	wie 10. Woche	Dauerlauf 10–20 km locker
Fr	Dauerlauf 10–15 km locker	Dauerlauf 10–15 km locker		Dauerlauf 10–15 km locker	Dauerlauf 10–15 km locker	
Sa	schneller Dauerlauf 10–15 km 90 % WT Athletik/ Gymnastik	schneller Dauerlauf 10–15 km 90 % WT Athletik/ Gymnastik	Fahrtspiel 10–15 km mit 5–7x1 Min. Athletik/ Gymnastik	schneller Dauerlauf 15 km 90 % WT Athletik/ Gymnastik	schneller Dauerlauf 15 km 90 % WT Athletik/ Gymnastik	Fahrtspiel 10–15 km mit 5–7x1 Min. Athletik/ Gymnastik
So	Dauerlauf 25 km locker	Dauerlauf 25 km locker	Dauerlauf 25 km locker	Dauerlauf 25 km locker	Dauerlauf 25 km locker	Dauerlauf 25 km locker

Dienstag:
Zur Verbesserung der motorischen Qualitäten, insbesondere zur sicheren Beherrschung des Wechsels von Schrittlänge und Schrittfrequenz, ist eine Intervalleinheit mit kurzen Streckenabschnitten angezeigt. Die 200 m-Abschnitte mit 200 m Trabpause müssen submaximal, d. h. technisch sicher und seitens der Geschwindigkeit kontrolliert gelaufen werden. Sie dienen als Einstimmung auf den Hauptteil der Einheit. In diesem werden 400 m-Intervalle mit 300 m Trabpause absolviert. Die Geschwindigkeit muß dabei über 115 % der geplanten 10 km-Leistung liegen. Das absolute Tempo wird aufgrund der unterschiedlichen motorischen Fertigkeiten der Läufer verschieden sein. Wichtig ist jedoch, daß zwischen dem ersten und letzten 400 m-Intervall keine gravierenden Zeitunterschiede sind. Die Geschwindigkeit muß beherrscht werden – nicht umgekehrt! Ausgetobt werden kann sich beim abschließenden 200 m-Maximallauf. Ca. 2 Minuten nach dem letzten Intervall werden 200 m „Anschlag" gelaufen. Hierbei wird die Situation simuliert, daß der angesäuerte Körper (z. B. nach 9800 m) nochmals mobilisiert werden muß, um den Ausgang des Rennens günstig zu gestalten. Ein sehr gründliches Vor- und Nachbereiten der Einheit ist wichtig.

Mittwoch:
Mittels eines individuell locker gestalteten Dauerlaufes wird die Vortageseinheit „entschärft".

Donnerstag:
Das im Grundlagenzyklus begonnene Programm wird weiter fortgesetzt. Lediglich die Pausenzeit zwischen den 1000 m-Abschnitten wird auf 2 Minuten (später 1:30 Minuten) verkürzt. Damit wird eine neue Qualität dieser Einheit erreicht. Wer damit keine Probleme hat, der kann zusätzlich das Intervalltempo leicht erhöhen. Der abschließende Maximallauf hat die gleiche Zielstellung wie bei der Dienstagseinheit.

Freitag:
kein Training (eventuell ausgiebig Gymnastik)

Samstag:
Die Übertragung des schnellen Dauerlauftempos (ca. 90 % der geplanten WT) auf längere Strecken wird konsequent fortgesetzt. Mehr als 15 km sind nicht sinnvoll. Wer diese Strecke bereits erzielt hat, der sollte lieber nach einer Pause von 10–15 Minuten einen kürzeren Streckenabschnitt im selben Tempo „anhängen“ (z. B. 15 km + 3 km).

Diese Einheit kann auch im Rahmen eines Trainingswettkampfes absolviert werden.

Sonntag:
Der „Sauerstofflauftag“ rundet die Trainingswoche ab. Das Tempo ist zweitrangig. Die Laufdauer bringt in diesem Fall die „Punkte“.

Nach zwei Belastungswochen ist eine Entlastungsphase angesagt. Vier lokkere Einheiten und ein leichtes, freudbetontes Fahrtspiel tragen zur Abpufferung einer Belastungssummation und zur optimalen Vorbereitung der nachfolgenden Trainingswochen bei. Und kein „schlechtes Gewissen“ ...

Standortbestimmung
Zwölf Wochen Training sind geschafft. Für viele Läuferinnen und Läufer stellten die Trainingsbelastungen tatsächlich neue, höhere Anforderungen an Körper und Geist dar. Nachdem im ersten Zyklus (Grundlagenphase) die allgemeinen Voraussetzungen für ein Lauftraining über Wettkampfstrecken von 10–15 km gelegt worden sind, wurden im zweiten Zyklus (spezielle Vorbereitung) sehr gezielt die für die Wettkampfleistung notwendigen Anpassungen trainiert. Nach zwei Trainingsperioden (12 Wochen) ist zu erwarten:

- Der Trainingsrhythmus, vor allem das Spiel zwischen gezielter Be- und Entlastung, ist gefunden.
- Bei den einzelnen Trainingsprogrammen ist eine im Mehrwochenverlauf vorhandene Verbesserung zu spüren (zeitlich und/oder seitens des Wohlgefühls und der Belastungsverarbeitung).
- Die Laufbelastungen werden relativ sicher beherrscht (schwache Tage gehören auch zum Training).

- Das Athletik-/Gymnastiktraining ruft weniger Probleme hervor (u. a. Verspannungen) als zu Beginn der Vorbereitung.
- Die Motivation für die abschließende Wettkampfperiode ist aufgebaut – Selbstvertrauen als Grundlage für die kommenden Wettkämpfe.

Nicht zu erwarten ist:
Aufgrund der permanent gesteigerten Trainingsbelastung ist noch nicht die nötige Lockerheit für eine erfolgreiche Wettkampfteilnahme gegeben.

3. Zyklus – Wettkampfperiode

Da in den letzten Trainingswochen der Organismus aufgrund von verschiedenen Belastungsreizen „gezwungen" wurde, sich auf eine neue Leistungsebene zu begeben bzw. mittels hoher Umfänge in wichtigen Trainingsbereichen eine bewußte zeitweilige Belastungssummation (Ermüdungsanzeichen) provoziert wurde, muß nun in der abschließenden 3. Phase (Wettkampfperiode) die für die Wettkämpfe notwendige Frische aufgebaut werden. Grundsätzlich wird empfohlen, auf folgende Änderungen zu achten:

- Spürbare Reduzierung des Gesamtwochenumfangs.
- Die Intervallprogramme werden im höheren, aber kontrollierten Tempo gelaufen. Die Pausen bleiben gleich oder werden wieder verlängert, damit die Qualität der Einzelläufe steigt.
- Die Wirkung kompensatorischer Maßnahmen (Lockerung, Dehnung, aktive und passive prophylaktische Maßnahmen wie Sauna, Wechselduschen, Massage, ...) muß noch deutlicher genutzt werden. Mit Athletik wird in der Wettkampfperiode ausgesetzt.
- Am Vorwettkampftag genügt eine Trainingseinheit, in der nochmals (zum Aufbau der Muskelspannung) ein leichter motorischer Akzent gesetzt wird.
- Besonders konsequentes Einhalten von gezielter Be- und Entlastung.
- Sinnvolle motivationale und organisatorische Vorbereitung der Wettkämpfe – Wissen um die reale Leistungsfähigkeit aufbauen.

Wettkampftraining 10–15 km – Wettkampfperiode						
	13. Woche	*14. Woche*	*15. Woche „Ruhe"*	*16. Woche*	*17. Woche*	*18. Woche*
Mo	5–8 km Kompensationslauf Sauna/Gymnastik					
Di	GA 1 10–12 km + 15x100 m STL	GA 1 10–12 km + 15x100 m STL		GA 1 10–12 km + 15x100 m STL	GA 1 10–12 km + 15x100 m STL	
Mi	2x200 m/ 6x1000 m (115 %)/ 200 m max.	2x200 m/ 6x1000 m (115 %)/ 200 m max.	GA 1 15 km	2x200 m/ 6x1000 m (115 %)/ 200 m max.	2x200 m/ 6x1000 m (115 %)/ 200 m max.	Fahrtspiel 10 km mit 5–7x1 Min.
Do	GA 1 10–15 km	GA 1 10 km	GA 1 10 km	GA 1 10 km	GA 1 10 km	GA 1 10–15 km
Fr	GA 1 8–10 km + 6x100 m STL	15x200 m (ca. 120 %) 200 m Trabpause		10x200 m (ca. 120 %) 200 m Trabpause	10x200 m (ca. 120 %) 200 m Trabpause	
Sa	**Testlauf über 6 km**	EL/AL je 3 km Gymnastik 6x100 m STL	Fahrtspiel 10–15 km mit 5–7x1 Min.	EL/AL je 3 km Gymnastik 6x100 m STL	EL/AL je 3 km Gymnastik 6x100 m STL	EL/AL je 3 km Gymnastik 6x100 m STL
So	Dauerlauf 20 km locker	**Wettkampf 6–10 km**	Dauerlauf 20 km locker	**Wettkampf 10 km**	**Wettkampf 10 km**	**Wettkampf 15 km**

In der Wettkampfperiode muß ein besonderes Fingerspitzengefühl für die Trainingssteuerung an den Tag gelegt werden. Im Vordergrund sollte die Entwicklung einer gewissen Lockerheit und Spritzigkeit bei den Trainingsprogrammen stehen. Dabei ist es nötig, auf einer geringeren Umfangsgrundlage mehr Wert auf die qualitative Erfüllung der Trainingsprogramme zu legen. Möglich ist auch, die „harten" Trainingseinheiten mehr zu „spreizen", d. h. einen Tag Erholung mehr einzuschieben. Der empfohlene Testlauf ist möglichst auf einer Standardstrecke (wegen des besseren Vergleichs) und genau nach Zeitplan (Ziel: geplante 10-km-Leistung) zu absolvieren. In den ersten beiden Wettkämpfen steht die Erhöhung des Renntempos in der zweiten Hälfte (ab 6 km) im Vordergrund – also etwas „gebremst" anlaufen. In der 17. und 18. Woche kann auf der Grundlage der gesammelten Erfahrungen und, sofern es die äußeren Bedingungen zulassen, ein höheres Risiko eingegangen werden. Ein Abstecher zu Unterdistanzwettkämpfen (3–8 km) oder längeren Läufen (15–20 km) ist durchaus möglich.

Ist das „schwache Geschlecht" wirklich so schwach?

Reinhard Butzek (Journal LAUFZEIT) fragte Dr. Thomas Prochnow.

Das Laufen der Frauen – ein umstrittenes Thema seit langem. Wie sehen Sie das?
Beim Training und bei Wettkämpfen fallen gewiß dem Freizeitläufer eine Vielzahl von Besonderheiten der sportlichen Mitstreiterinnen auf. Wissenschaftlich befaßte sich erstmalig der Mediziner Dr. Ernst van Aaken damit. Er gilt als Nestor des Frauenlaufens überhaupt. Van Aaken engagierte sich mächtig für die Damen, veranstaltete am 28. Oktober 1973 in Waldniel den ersten Marathonlauf, der ausschließlich für Frauen ausgeschrieben war und stellte umfangreiche wissenschaftliche Untersuchungen an.

Und zu welchen Ergebnissen ist van Aaken gekommen?
Er arbeitete eine Reihe von Vorteilen heraus, die für die Ausdauerfähigkeit der Läuferin sprechen: so ihr relativ geringes Körpergewicht. Die Muskeln machen nur etwa 20 bis 25 Prozent, bezogen auf die des Mannes, aus. Sie verfügt über mehr aktives Fett, d. h. Fett, das sich schneller im Stoffwechselprozeß verwertet. Weitere organische Vorteile sind: Weniger Wasser innerhalb der Zellen, dafür aber mehr organische Substanz und Plasma als beim Mann, mehr Leistungshormone als Nebennierenrindenhormone, mehr eisenbindendes Eiweiß Transferrin als beim Mann, mehr Gesamt-

eiweiß sowie mehr ionisiertes Kalzium. Interessant ist, daß Läuferinnen eine größere Leber im Verhältnis zum Körpergewicht haben. Gerade die Leber ist ein großer Glykogenspeicher, also bedeutsam für die Ausdauer. Auch die Eisenbindungskapazität ist relativ größer, wodurch mehr Sauerstoff zum Muskel transportiert werden kann.

Das sind ja viele Vorteile ...

Und noch längst nicht alle. So ist die Frau durch ihr Knochengerüst und den typisch weiblichen Gang besser für die Langstrecken geeignet. Sie ist kein Muskelpaket, dafür ein Stoffwechselathlet. Ebenso ist sie normalerweise keine Sprinterin, dafür mehr eine Ausdauerleisterin. Hinzu kommen psychologische Momente. Frauen sind besser motivierbar und trainingsfleißiger. Sie sind zäher und geduldiger als der Durchschnitt der Männer. Auch verfügen Frauen im allgemeinen über eine größere Regenerationskraft.

Wenn Frauen über so viele Vorteile verfügen, dann müßten sie doch im Marathon oder über 100 km irgendwann einmal die Männerleistungen erreichen?

Betrachtet man, wie schnell die Frauen an die 2:21er-Zeiten im Marathon herangekommen sind und vergleicht dies mit der Zeit, die die Männer dafür benötigen, um an die 2:21 oder jetzt an die 2:06 zu kommen, dann ist das erstaunlich. Nach nur wenigen Trainingsjahren erreichte das vermeintlich schwache Geschlecht Leistungen, wofür Männer immerhin 56 Jahre benötigten. Allerdings konnte die Frau auf die Erfahrungen der Trainingsmethodik der Männer zurückgreifen.

An einer Stelle wird es jedoch zu einer Kraftfrage. Und hier ist die Frau benachteiligt. Denn nicht nur die Energie spielt eine Rolle, auch die Vortriebswirksamkeit ist entscheidend. Dennoch läßt sich aus all diesen und anderen Momenten schließen: Je länger die Distanz, desto mehr nähert sie sich mit ihren Leistungen dem Mann an. Die Frau ist also der eindeutig geeignetere Ausdauertyp.

Laufen zu zweit – Training während der Schwangerschaft

Erfahrungen von Ina Prochnow im Gespräch mit R. Butzek (Journal LAUFZEIT)

Ina Prochnow, ehemalige Frau des Trainers Dr. Thomas Prochnow, gehörte in Berlin zu den Langstrecklerinnen, die wiederholt mit sehr guten Leistungen aufwarten konnte. Sie führte während ihrer Schwangerschaft das Training fort, setzte auf bekannte und bewährte Trainingsmittel, steuerte sich selbst stark aus, blieb somit sportlich aktiv, auch, weil der Schwangerschaftsverlauf völlig normal und komplikationslos verlief. Wir unterhielten uns mit ihr über ein wissenschaftlich noch nicht ausgelotetes Thema: Lauftraining während der Schwangerschaft.

Zunächst erläutere bitte, was dich veranlaßte, das Training fortzuführen.
Ein sofortiger Abbruch meines Trainings mit Beginn der Schwangerschaft wäre nicht sinnvoll gewesen. Ich hatte mittlerweile solch einen guten Anpassungszustand erreicht, daß es sicherlich Störungen vor allem des Herz-Kreislauf-Systems gegeben hätte. Ich habe das Training aber nie verbissen angesehen, bin tagtäglich vielmehr gefühlsbetont herangegangen, habe mich selbst ausgesteuert.

Mit welchen Trainingsmitteln hast du dich weiter in Schwung gehalten?
Dauerlauf, Radergometer, Gymnastik, Schwimmen, Athletik und Saunagänge gehörten dazu. Das waren alles Methoden, die auch bisher zu meinem Repertoire gehörten. Bei ihrer Anwendung fühlte ich mich einfach sicher.

Dennoch hat es gewiß bestimmte Abweichungen zum normalen Pensum gegeben?
Aber sicher. Dauerläufe standen nur noch zwei- bis dreimal pro Woche auf dem Programm. Nach dem Gefühl lief ich etwa fünf bis sieben Kilometer pro Einheit. Das entsprach weniger als 50 Prozent des normalen Umfangs. Ab dem siebten Monat bin ich allerdings nicht mehr gelaufen.

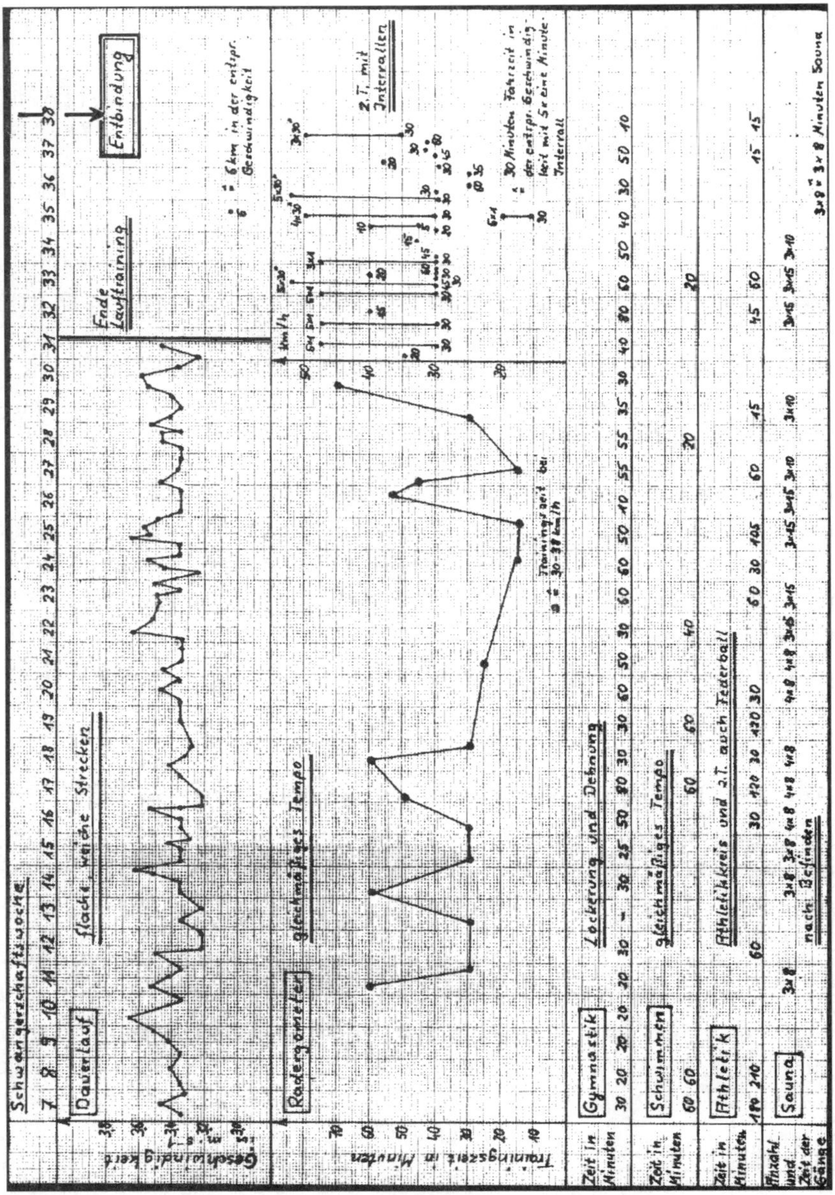

Originale Trainingsgrafik „Training in der Schwangerschaft"

Hatten dann andere Methoden den Vorrang?
Ja, ich stieg auf das Radergometer. Aufs Fahrrad traute ich mich wegen des Straßenverkehrs nicht. Das ist schon unter normalen Bedingungen in unserer Gegend ein großes Risiko, und außerdem befürchtete ich Stauchungen und zu große Erschütterungen.

Gab es beim Zimmerradeln Besonderheiten?
Ich bin bei niedrigem Widerstand gefahren, bevorzugte hohe Trittfrequenzen, dazu mit Intervallen, um das Herz-Kreislauf-System in Schwung zu bringen. Damit erreichte ich über ein Fahrtspieltraining auf dem Radergometer eine gute Belastung.

Was kannst du zu den anderen Trainingsmitteln sagen?
Wöchentllich gab es zweimal 30 Minuten Kraftübungen, besonders für die Bauch- und Rückenmuskulatur, was ja Schwangere ohnehin tun. Und dann ging ich schwimmen, allerdings sporadisch.

Weshalb?
Die Schwimmhallen waren recht voll, und es gab keine gezogenen Bahnen. Da hatte ich ehrlich gesagt Angst, getreten zu werden. Ich wäre ansonsten liebend gern häufiger ins Wasser gegangen, da neben einem guten Kreislaufeffekt auch eine starke Entlastung des Binde- und Stützapparates beim Schwimmen gegeben ist.

Du erwähntest Saunagänge …
Ja, ich ging früher regelmäßig einmal pro Woche in die Sauna. Da ergaben sich für mich keine Anpassungsschwierigkeiten, ich konnte also weitermachen. Aber auch das mit der entsprechenden Vorsicht. Trotzdem mußte ich die Saunazeiten nicht verkürzen, da ich mich dabei pudelwohl fühlte.

Würdest du solche Trainingsprogramme anderen Läuferinnen empfehlen?
Durchaus. Aber von vornherein sei gewarnt, mein Vorgehen zu kopieren. Man sollte sich von seinen eigenen Möglichkeiten leiten lassen, an Gewohntes anknüpfen, keine Experimente beginnen und sich unbedingt vom Wohlbefinden leiten lassen. Dann kann man wirklich bis wenige Tage vor der Entbindung sportlich aktiv bleiben. Die Vorteile liegen auf der Hand,

weil nach der Geburt der Neubeginn kaum schwerfällt, man weitermachen kann.

Ina, wir danken dir für deine Bereitschaft, doch über recht persönliche Dinge zu sprechen.

Weiterlaufen

Ina, du hast eine Susann entbunden. Wie geht es ihr, verlief alles reibungslos?
Susann wurde 14 Tage früher geboren, wog 2580 g, war 46 cm lang. Sie hatte und hat eine gute Konstitution und Widerstandskraft, ist sehr vital und fällt kaum durch Krankheit aus.

Es machten sich also keine negativen Auswirkungen durchs Training bemerkbar. Wann nahmst du das Training wieder auf?
Aufgrund des vielseitigen Trainings fiel mir der Einstieg nicht schwer. Bereits nach sieben Tagen begab ich mich wieder auf die Strecke, allerdings waren es anfänglich nur etwa zwei Kilometer. Doch allmählich wurden die Distanzen wieder länger. In der fünften Woche nach der Entbindung konnte ich sogar mit leichtem Intervalltraining – sechsmal 200 Meter – beginnen. Im Dauerlauf war ich zu diesem Zeitpunkt schon bei etwa 15 Kilometer angelangt.

Da ließen erste Wettkämpfe bestimmt nicht lange auf sich warten?
Stimmt. Ich fühlte mich prima. Im Februar war Susann geboren. Die Stillzeit betrug übrigens drei Monate. Und bereits zwei Monate nach der Entbindung nahm ich an den Wettkämpfen teil.
Das Leistungsniveau war vergleichbar mit dem vor der Schwangerschaft.

Welche Resultate konntest du erreichen?
Beim Halbstundenlauf der DHfK in Leipzig kam ich am 5. Mai auf 7,7 Kilometer. Zwei Tage später lief ich die 10 Kilometer beim Drema-Lauf in 39:33 Minuten. Ich baute mich danach weiter kontinuierlich auf, erzielte am 4. Juni über 10 Kilometer 37:37 Minuten, am 21. August über 1500 Meter 4:42 Minuten und konnte dann im September beim 20 Kilometer Berliner Friedenslauf 1:18:27 Stunden laufen. Ich kann also sagen: Schwangerschaftstraining und ruhiges, aber allmählich ansteigendes Training hatten

sich positiv ausgewirkt. Meine Erfahrungen sollten zwar nicht blind übernommen werden, sind allerdings Anregung für manch andere Läuferin.

Laufen – Alter – Leistung

Dieses Thema dürfte auf zunehmend mehr Interesse stoßen. Viele Läuferinnen und Läufer sind nunmehr seit über zwanzig Jahren im „Geschäft". Es ist völlig normal, daß im Altersgang und aufgrund der Art und Weise, wie Sport getrieben wurde, Abstriche an der Maximalleistung zu machen sind. Dieses ist nun mal Privileg der Jugend. Aber ein altersgerechtes Leistungsoptimum kann erzielt werden. Dazu müssen einige Probleme des Laufens mit zunehmendem Alter kurz angerissen werden.

„Leistungsknick"
Dieser liegt bei den meisten Läufern zwischen 35 und 40 Jahren. Die Leistung geht bei gleichem bzw. höherem Trainingsaufwand zurück (z. T. Stagnation). Einerseits liegt dieser Prozeß in einem regelrechten natürlichen „Verschleiß" begründet, der auch jeden Nichtläufer betrifft, und andererseits werden klare trainingsmethodische Fehler begangen.

Fehler Nr. 1:
Wer lange im regelmäßigen Training steht, neigt oft dazu, auf altbewährte Wettkampfvorbereitungen zurückzugreifen. Hierbei entsteht jedoch eine gewisse Monotonie im Training. Diese führt dazu, daß der Körper das absolvierte Training nicht mehr als wirksamen Reiz empfindet. Die Schwelle einer Belastung, die den über längere Zeit trainierten Organismus wirklich fordert, wird nur selten überschritten. Eine progressive Anpassung an die gesetzten Trainingsreize erfolgt nicht. Demnach kann es auch keine effektive Leistungsverbesserung geben.

Fehler Nr. 2:
Ausschließlich Laufen birgt mit Zunahme des Trainingsalters die Gefahr, daß die für das Laufen notwendige Muskulatur stärker entwickelt wird als oftmals die entsprechenden „Gegenspieler". Es kommt zur Ausprägung

eines muskulären Ungleichgewichtes. So z. B. ist bei den meisten Läufern die Bauchmuskulatur abgeschwächt und die Rückenmuskulatur stärker definiert. Das Becken kippt nach vorn, und neue „Zugkräfte" treten vor allem im Beckenbereich auf. Nicht selten entstehen daraus Reizungen von Nerven und Sehnengewebe, die eine Trainingseinschränkung „erzwingen".

Fehler Nr. 3:
Oftmals wird versucht, den Leistungsrückgang durch besonders „hartes" Training zu kompensieren. Dies ist genau der falsche Weg! Die Relationen zwischen grundlegenden („Sauerstoffdusche"/aerobes Training), entwickelnden (aerob-anaerobes Training) und maximierenden (anerobes Training) Trainingseinheiten werden oft auf den Kopf gestellt und zu intensiv trainiert. Im Altersgang liegen die Reserven eindeutig in der weiteren Verbesserung der aeroben Möglichkeiten des Läufers. Damit lege ich den Schwerpunkt auf eine stabile Basisentwicklung (Grundlagenausdauer). Wenn ich mein „Laufhaus" auf das sichere „Sauerstoffundament" baue, dann habe ich zwei entscheidende Vorteile: Einerseits kann ich bei einer erhöhten aeroben Ausdauerfähigkeit auch im Wettkampf höhere Leistungen erbringen (dies gilt für die Mittelstrecke und für den Ultrabereich), und andererseits bin ich in der Lage, diese „harten" Belastungen im Training und nach dem Wettkampf besser zu kompensieren. Die Wiederherstellungsfähigkeit ist also deutlich verbessert.

Fehler Nr. 4:
Der Kopf ist oft der größte sportliche Gegner. Verbissenheit, der Vergleich mit den sogenannten „guten Zeiten" und das Setzen unrealer persönlicher Leistungsziele verhindern oft eine gute Wettkampf- und Trainingsleistung. Gerade langjährig trainierende Athleten sollten sich auf ihre Stärken besinnen. In der Ruhe liegt die Kraft! Hier bietet sich doch ein sinnvoller Ansatzpunkt, mit viel Routine so manchen „jungen Hirsch" zu bezwingen.

Fehler Nr. 5:
Auch der Wiedereinstieg in das leistungsorientierte Training nach mehrjähriger Trainings- und Wettkampfpause birgt eine große Gefahr: Überforderung! Bereits nach wenigen Wochen ist das „alte" Laufgefühl wieder zu

spüren. Aber das ist nur Fassade! Die Anpassung sind seitens des Herz-Kreislauf-Systems, des Stoffwechsels, der Atmung und vor allem des Binde- und Stützgewebes nicht ausreichend, um die Belastung schnell zu steigern. In der Regel stellen sich typische Läuferverletzungen ein – die Achillessehne schmerzt, das Knie tut weh oder Ermüdungsbrüche entstehen. Der Wiedereinstieg muß mit viel Fingerspitzengefühl und vor allem Geduld geplant werden. Das gilt auch nach längeren Krankheits- und Verletzungspausen! Immer erst grundieren und dann entwickeln.

Fehler Nr. 6:
Die Reizdichte muß im Altersgang „gestreckt" werden. Auch wenn durch ein gutes Grundlagentraining die Wiederherstellungsfähigkeit verbessert wird, so braucht der Körper im Vergleich zu Sportlern der Hauptklasse mit zunehmendem Alter mehr Pause zwischen den Trainingseinheiten. Damit ist gemeint, daß zwischen zwei intensiven Trainingseinheiten zwei bis drei „Sauerstofftage" liegen sollten. Damit verbessere ich einerseits die Grundlagenausdauer, und ich bin andererseits erholter für die gezielt „harten" Belastungen.

Fehler Nr. 7:
Nicht vergessen: Sport ist eine der schönsten Nebensachen der Welt. Ein faires und freudbetontes Kräftemessen sollte im Vordergrund stehen. Wer sinnvoll auch Wettkampf betreibt, der wird nicht unbedingt älter, aber die Lebensqualität steigt doch beträchtlich.

Die aufgezeigten Fehler sind bei weitem nicht komplett, aber hieraus ergeben sich schon viele Ansatzpunkte, um sich zum eigenen Training Gedanken zu machen. Sicherlich gehört Mut dazu, sich einzugestehen, daß unbewußt und ungewollt einiges in die falsche Richtung „gelaufen" ist. Doch es ist nie zu spät, Korrekturen vorzunehmen, schon im Interesse der eigenen körperlichen und geistigen Gesundheit.

Beispielplan
Wintertraining 10 km bis Halbmarathon – gezielt und vielfältig

Nachfolgend soll ein Trainingsplan erörtert werden, der speziell für AltersklassenläuferInnen aufgestellt wurde. Das empfohlene Training setzt mehrjährige, regelmäßige Lauferfahrung voraus. Es wurden vier Lauftrainingstage veranschlagt. Schwimmen, Sauna, Skigymnastik, Kräftigung, Dehnung, Skifahren, Radtraining und/oder Aquajogging werden je nach Möglichkeiten, Witterungsbedingungen und individuellen Fertigkeiten als äquivalentes oder ergänzendes Training eingesetzt. Wichtig ist die gezielte Vielfältigkeit im Training, um aus dem „Lauftrott" herauszukommen, neue Motivationen zu schaffen, wirksame Belastungsreize zu setzen und bestimmte körperliche Schwachstellen (Abschwächungen und Verkürzungen der Muskulatur) abzubauen.

Montag ist Schontag:
Aus Gründen der Trainings- oder Wettkampfbelastung vom Wochenende und aus der Wochenstartposition heraus hat sich der Montag als lockerer Trainingstag bewährt. Das Training, unabhängig von der gewählten Sportart, muß kompernsatorischen Charakter tragen.
Dabei sollte sich jeder der angewandten Trainingsmittel sicher sein. Ein lockeres Schwimmtraining mit Puls 180 Schläge pro Minute verfehlt das Ziel! Also müssen auch bei den zusätzlich genutzten Sportarten die individuellen Haupttrainingsbereiche bekannt sein, so z. B. das lockere Training beim Laufen bis zu einem Puls von 150 Schlägen/Minute, beim Radfahren bis 130 Schläge/Minute und beim Schwimmen bis 125 Schläge/Minute. Das hängt von den persönlichen Erfahrungen, dem Trainingszustand und den Bedingungen (z. B. Wassertemperatur) ab und ist auf jeden Fall individuell mitunter sehr verschieden. Entscheidend ist, daß Intensität und Dauer des Trainings wirklich zur besseren Regeneration beitragen.

10 km bis HM (Wintertraining)					
	1.–4. Woche	*5. Woche*	*6.–8. Woche*	*9. Woche*	*10.–12. Woche*
Mo	Sauna/ Schwimmen	Sauna/ Schwimmen	Sauna/ Schwimmen		Sauna/ Schwimmen
Di	GA 1 Fahrtspiel 10–15 km mit 10x1 Min. Kräftigung/ Dehnung	GA 1 15 km	GA 1 Fahrtspiel 15 km mit 10x90 Sek. Kräftigung/ Dehnung		GA 1 Fahrtspiel 15 km mit 5x30 Sek./ 5x1 Min. und 2x3 Min. Kräftigung/ Dehnung
Mi				wie 5. Woche	
Do	GA 1 15–20 km anschließend 10–15x100 m STL flaches Gelände Dehnung/ Kräftigung	GA 1 15 km	GA 1 15–20 km anschließend 10–15x100 m STL flaches Gelände Dehnung/ Kräftigung		GA 1 15–20 km anschließend 10–15x100 m STL Dehnung/ Kräftigung
Fr					
Sa	GA 1 5 km GA 2 6–10 km GA 1 2–3 km	GA 1 15 km Sauna/ Schwimmen	GA 1 5 km GA 2 8–12 km GA 1 2–3 km Dehnung/ Kräftigung		GA 1 5 km GA 2 10–15 km GA 1 2–3 km Dehnung/ Kräftigung
So	GA 1 lang 20–25 km Dehnung	GA 1 20 km	GA 1 lang 25–30 km Dehnung		GA 1 lang 30 km Dehnung

Dienstag – freudbetontes Fahrtspiel

Fahrtspieltraining wird in allen Alters- und Leistungsklassen gern als Trainingsmittel eingesetzt. Er fördert die motorischen und Willenseigenschaften, dient zur Verbesserung der Ausdauerfähigkeit, stärkt den Bandaparat und macht, richtig durchgeführt, viel Spaß.

Im Altersgang ist diese Form des Trainings besser als Intervalltraining auf der Kunststoffbahn. Die Intervalle während des Fahrtspieltrainings können aus der Dauerlaufbewegung heraus „softig" gestartet werden. Abrupte Bewegungen sind zunehmend mehr zu vermeiden. Bevor der erste schnellere Lauf in dieser Einheit erfolgt, können 2–3 km zum Einlaufen genutzt werden. Die Intervalle selbst sollten nicht stur hintereinander abgearbeitet werden. Besser ist es, 4–5 Minuten zwischentraben zu lassen und unterschiedliche Geländegegebenheiten auszunutzen. Das freie Fahrtspiel wird also stark nach der Tagesform gesteuert, ohne dabei das Ziel aus dem Auge zu verlieren – ein gezielter Wechsel zwischen hohem und niedrigem Tempo zur Entwicklung einer psychischen und physischen Flexibilität.

Donnerstag – Steigerungsläufe (STL) zum Wachwerden

Der lockere Dauerlauf dient zur Stabilisierung des Grundlagenniveaus. Auch wenn er im hügeligen Gelände absolviert wird, so sollte der Hauptteil der Belastung aerob sein. Die anschließend empfohlenen Steigerungsläufe über 100 m dienen dem motorischen „Aufwachen".

Samstag – Zeit für Tempo

Am Wochenende haben viele Sportler die Möglichkeit, im Hellen zu trainieren. Auch mehr Zeit für das Training ist vorhanden. Nach einer Erwärmung (Einlaufen, Lauf-ABC, leichte Gymnastik) wird das Training im aerob-anaeroben Übergangsbereich angegangen. Hierbei sollte das Profil der Strecke eher flach sein, um vorerst das Lauftempo über die geplante Strecke zu realisieren. Auslaufen, Ausschwimmen und eine gefühlvolle Dehnung runden das Training ab. In der kalten Jahreszeit ist auf einen schnellen Wechsel der durchgeschwitzten Sportsachen zu achten!

Sonntag – und ab ins Gelände

Am Sonntag ist der längste Lauf der Woche. Dieser „Supersauerstofflauf" dient zur weiteren Ökonomisierung des Fettstoffwechsels – das Brot jedes Läufers. Sicherlich ist die Kombination Samstag schnell und Sonntag lang anfangs ungewohnt. Sie hat sich aber bewährt. Mit dem langen, lockeren Lauf trage ich zur besseren Verarbeitung des Samstags bei. Nach wenigen Laufkilometern ist die „Laufsteifheit" vorbei. Dieses Training läßt sich ausgezeichnet in der Gruppe durchführen, sofern kein Wettkampf daraus gestaltet wird. In der Ruhe liegt die Kraft! Es sollten 4:50–6:30 Minuten/Kilometer gelaufen werden, um tatsächlich viele Fette zu verbrennen. Viele laufen in dieser Einheit zu schnell.

Be- und Entlastung

Dieser Wochenrhythmus sollte 2–4 Wochen gehalten werden. Durch die klare Be- und Entlastungsdynamik im Wochenverlauf werden Übertrainingszustände vermieden. Die vor allem in jüngeren Jahren absolvierten Doppel- und Dreifachbelastungen sind zu vermeiden. Dieses Prinzip ist auch im Mehrwochenverlauf wirksam. Es ist günstig, in regelmäßigen Abständen eine Entlastungswoche einzuschieben, die ausschließlich aeroben Charakter trägt. Belastungszeit und -intensität sind spürbar zu vermindern. Eine Skitrainingswoche bietet sich als Erholungsphase auch an. Oder statt Lauftraining können Schwimmen, Radergometer, Ruderergometer und andere Formen der Belastung gewählt werden.

Die schönsten Laufstrecken der Region

Vorwort

Für die Autoren war es eine schöne und befriedigende Aufgabe, dieses Buch zu schreiben. Es hat viel Spaß bereitet, mit immer wieder neuen Läufern unsere Erfahrungen auszutauschen und alle Strecken selbst zu laufen. Die meisten in dem Buch beschriebenen Strecken eignen sich mühelos für Läufer mit einem oder zwei Jahren Lauferfahrung. Da jeder die Streckenabschnitte beliebig abkürzen oder umdrehen und zurücklaufen kann, sind sie jedoch für Anfänger genauso geeignet. Es sind nur wenige Strecken mit längeren Steigungen oder über 20 km Länge enthalten. Trotzdem wollten wir auch auf diese langen Kanten nicht verzichten, denn wer auf einen Marathon- oder Halbmarathonlauf zielstrebig hintrainiert, sollte in der engeren Vorbereitungsphase einmal je Woche einen längeren Lauf einplanen; denn wer einmal Geschmack am Laufen gefunden hat, der will bald mehr laufen, und der Gedanke, bei einem Marathon mitzulaufen, entsteht oft wie von selbst.

Wir hatten aber auch unsere Zweifel. Besteht denn überhaupt ein Bedarf an einem Laufbuch? Das Schöne am Laufen ist doch, daß man prinzipiell überall laufen kann, und kennt nicht jeder seine Hausstrecke in- und auswendig? Oder wie ich immer zu antworten pflege, wenn ich in einer fremden Stadt unterwegs war: „Wenn ein Läufer läuft, findet er immer einen Weg."

Und zurück kommt man immer, auch wenn die Strecke an der Ausfallstraße entlang, unter der Autobahnbrücke hindurch und hinter dem Güterbahnhof vorbeiführt. Doch hätte ich damals, als ich viel unterwegs war, im Hotel ein Büchlein „Laufen in ..." kaufen können, wäre es mir (R. W.) ein wertvoller Ratgeber geworden. So hatte ich über viele Jahre beruflich immer wieder in Göttingen zu tun und kannte doch nur eine Laufstrecke.

Es ist schon richtig, laufen kann man überall – in der Theorie. Doch lassen wir uns einmal auf ein Gedankenexperiment ein und stellen uns vor, morgen würden alle Regensburger gleichzeitig mit dem Laufen beginnen. Zunächst wäre jeder von seinem Haus losgejoggt und hätte dann einen x-beliebigen Weg gewählt, und jeder andere hätte es genauso gemacht. Danach hätte jeder versucht, so wenig wie möglich die Straßenseite zu wechseln, Ampeln zu vermeiden und möglichst rasch auf verkehrsarme Straßen zu kommen oder einen Park zu finden oder lange Feld- und Waldwege. Und wie von einer unsichtbaren Hand gelenkt würden sich auf ganz wenigen Wegen plötzlich fast alle Läufer tummeln, während die restlichen Straßen der Stadt – bis auf vereinzelte Läufer – wie leergefegt erscheinen.

Je häufiger ein Läufer in die gleiche Richtung unterwegs ist, desto mehr Seitenwege, Abzweigungen, Abkürzungen und Alternativen probiert er aus, bis er im ständigen Suchen und Verwerfen eine Strecke gefunden hat, die seinem Bedürfnis nach Schönheit, Streckenlänge und Zugängigkeit am besten entspricht. Da jeder Läufer Schotterwege und bei Regen aufgeweichte schwere Lehmböden gerne meidet, nicht an jeder Ampel seinen gerade in Rhythmus gekommenen Lauf unterbrechen möchte oder auf den Schwerverkehr achten möchte, kristallisieren sich aus der Vielzahl individueller Entscheidungen idealtypische Laufstrecken heraus, wo man auch immer wieder andere Läufer treffen kann. Manche Laufstrecken sind so beschaffen, daß sie nur über ein gemeinsames Kernstück verfügen, das sich aber so ideal zum Laufen eignet, landschaftlich reizvoll und geographisch so günstig gelegen ist, daß es von mehreren Stadtteilen leicht angelaufen werden kann. Die Autoren hoffen, viele Strecken gefunden zu haben, die diesen Ansprüchen genügen.

Rainer Welz

Die schönsten Laufstrecken in Marl

Inhaltsverzeichnis

Seite

Hausstrecke des LT Guido „Arenbergischer Forst"

Sonntags morgens um 10 Uhr, noch ehe das Gros der Ausflügler unterwegs ist, treffen sich die Mitglieder des Lauftreff Guido Alt-Marl zum gemeinsamen Lauf. Treffpunkt ist die Brücke über den Weierbach (im Volksmund Mühlenbach) an der Kaspar-Grove-Straße.

Von hier ist es nicht weit zum Guido-Heiland-Bad, mit dessen Wiedergeburt unser Lauftreff eng verbunden ist. Dieses inzwischen über 70 Jahre alte Traditionsbad sollte 1990 nach heftiger kommunalpolitischer Diskussion aus Kostengründen geschlossen werden. Eine relativ intakte Einrichtung, in der nicht nur geschwommen werden konnte, sondern die in diesem Marler Ortsteil auch eine soziale Funktion inne hatte, sollte einfach von der Bildfläche verschwinden. Aber es kam anders. Recht schnell gründete sich eine Bürgerinitiative, die engagiert für die Erhaltung dieser Sport- und Freizeitanlage kämpfte, das Gelände von der Stadt Marl pachtete, um als Betreiber die Verantwortung für dieses Bad zu übernehmen. Der Finanzrahmen ist eng, Zuschüsse gab es bisher nur wenige, aber mit einem hohen Maß an Phantasie und Kreativität ist es bis dato gelungen, den Badbetrieb zu erhalten. Der LT Guido hat sich zum Ziel gesetzt, einen kleinen finanziellen Beitrag zum Erhalt des Bades zu leisten. Der Erlös aus dem jährlich stattfindenden Guido-Heiland-Bad-Volkslauf wird daher der Badkasse zugute kommen.

Der Treffpunkt ist für die meisten Mitglieder ideal, er liegt mitten in einem Wohngebiet, Parkplätze sind an der Straße vorhanden, zum Parkplatz des Guido-Heiland-Bades am Volkspark ist es nicht weit.

Die Strecke ist in erster Linie mit Blick auf einen weicheren Untergrund konzipiert. Spazier- und Waldwege stehen im Vordergrund, der Asphaltanteil liegt unter 5 %.

Wir beginnen den Lauf entlang des Weierbaches in nördlicher Richtung vorbei an einem kleinen Teich und durch die Schrebergarten-Anlage „Im Hembrauck". Wir halten uns in der Anlage links, erreichen bald den Nordausgang und müssen hier schräg zwei Straßen überqueren. Der Weierbach dient als Orientierungshilfe. Schon bald erreichen wir eine weitere Schrebergarten-Anlage, lassen diese rechts liegen und folgen dem Weg, bis das Waldgebiet Arenbergischer Forst sichtbar wird. An der Fußgängerbrücke über die Autobahn liegt das einfache Ausflugslokal „Trimm-Treff Klause Wuttke", ein weit bekannter Treffpunkt, an dem an Wochenenden die Lebensart im Ruhrgebiet trefflich beobachtet werden kann.

Bis hierhin sind es knapp 3 km. An dieser Stelle nehmen wir gerne Laufanfänger in unsere Gruppe auf, die sich noch nicht die gesamte Strecke zutrauen und laufen mit ihnen gemeinsam – je nach Wunsch – zwischen 4 und 7 km durch den Arenbergischen Forst, ein kleines, aber gut besuchtes Naherholungsgebiet für das nördliche Ruhrgebiet. Die Runde, die nun gewählt werden kann, ist nahezu beliebig zu variieren. Der beliebteste Bogen führt zunächst über den Radweg R 8 bis zum Wesel-Datteln-Kanal, entlang des Kanalufers, vorbei an zwei Bootshäusern bis zur kleinen „Hürfeldbrücke". Von hier geht es zweimal rechts über eine kleine asphaltierte Straße zurück bis zu einem Teich, der aus dem uns schon bekannten Weierbach gespeist wird. Hier biegen wir wieder links in das Waldgebiet ein und erreichen über den Wanderweg A 6 oder A 4 die Fußgängerbrücke über die Autobahn und das Ausflugslokal „Wuttke". Wer mit den gelaufenen Kilometern zufrieden ist, läuft ab hier den gleichen Weg zurück zum Treffpunkt. Wer eine Verlängerung ins Auge faßt, kann über die Variante „Frentrop" rund 6 km anhängen.

Im Sommer bietet sich auf jeden Fall anschließend eine Abkühlung im Guido-Heiland-Bad an. Vielleicht stellt man bei dieser Gelegenheit fest, daß Schwimmen als Ausdauersportart durchaus eine Alternative zum Laufen ist. Die Herz-Kreislauf-Belastung entspricht in etwa der des Laufens, die Beanspruchung von Gelenken, Bändern und Sehnen ist jedoch deutlich niedriger. Verletzungsbedingte Trainingspausen sollten auf jeden Fall durch Schwimmen erträglich gestaltet werden. Triathleten könnten vor dem Laufen eine kleine Schwimmtrainingseinheit einlegen.

Variante „Frentrop"

In den Wintermonaten – insbesondere nach lang anhaltenden Regenfällen – kann die Waldstrecke im Arenbergischen Forst in einem für Läufer sehr schlechten Zustand sein. In diesen Fällen bietet sich die Variante „Frentrop" an.

Hierzu verzichten wir auf die Runde im Arenbergischen Forst und laufen, ohne die Fußgängerbrücke über die Autobahn zu nutzen, an einem Hundetrainingsplatz vorbei geradeaus über asphaltierte Wirtschaftswege nach Frentrop, einer Bauernschaft in Marl. Nach ca. 1 km erreichen wir die Dorstener Straße, auf die wir rechts einbiegen, um nach rund 50 m sofort wieder links einen kleineren Weg zu wählen. Nun geht es eine Weile vorbei an Feldern und Wiesen – an zwei Straßengabelungen laufen wir jeweils geradeaus –, bis die Bebauung langsam dichter wird. Wir erreichen Polsum, laufen jedoch nicht in diese schöne kleine Ortschaft, sondern biegen links ab, um wieder zurück nach Alt-Marl zu gelangen. Nach einer weiteren Links-Links-Rechts-Kombination kommen wir vorbei an einem Bauernhof, der als Attraktion für Kinder eine Reihe interessanter Tiere hält. Dem Läufer können unvermittelt kleine freilaufende Hängebauchschweine vor die Füße laufen. Zu sehen sind weiterhin Lamas, einige kleinere Ziegenrassen sowie extrem kleinwüchsige Ponys. An dieser Stelle sieht man schon den Turm der St. Georgs-Kirche in Alt-Marl, die als Orientierungspunkt für den weiteren Rückweg dienen kann.

Streckenprofil:

Gesamtlänge:	Hausstrecke 13,5 km (mit Verlängerung über Frentrop 19 km); kleinere Runde im Arenbergischen Forst 6–8,5 km; Variante Frentrop 9,5 km
Boden:	Spazierwege, Waldwege, geringer Asphaltanteil; Variante Frentrop über Pättchen (münsterländischer Ausdruck für asphaltierte Wirtschaftswege)
Geeignet für:	Anfänger und Fortgeschrittene
Gasthäuser/Treffpunkte:	Guido-Heiland-Bad, Ausflugslokal „Wuttke", Gaststätte Mühlenbach

Hausstrecke des LT Guido "Arenbergischer Forst"

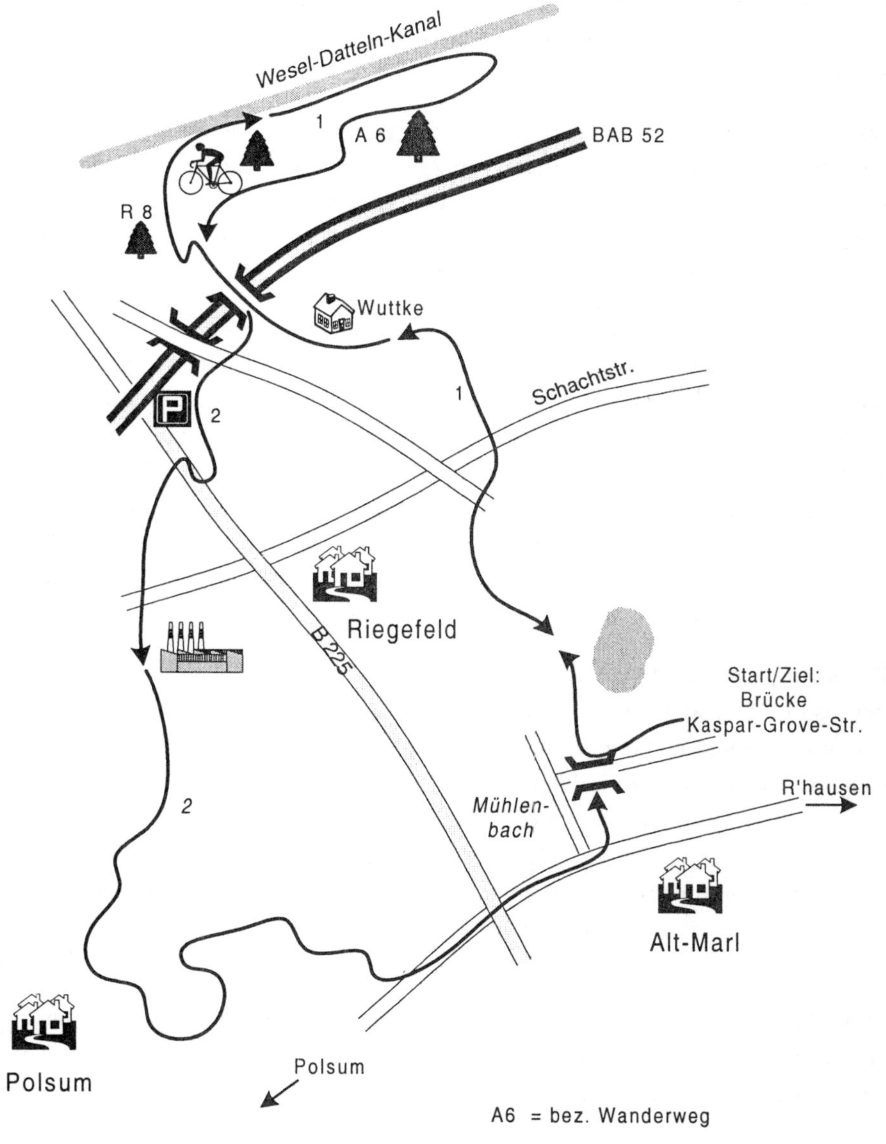

Drei-Städte-Lauf

Daß Marl nicht nur Industriestadt ist, spürt der Läufer bereits nach wenigen Metern, wenngleich der Ruf der Stadt sicherlich von der Chemie- bzw. Montanindustrie beeinflußt wird.

Diese beiden Industriezweige prägten und prägen auch heute noch in hohem Maße das Stadtbild, aber mit sinkender Tendenz, denn der Chemiestandort Marl mit ursprünglich ca. 20 000 Arbeitsplätzen ist in seiner ursprünglichen Form nicht mehr existent; zur Zeit gibt es nur noch einen losen Firmenverbund (Degussa-Hüls u. a.) mit entsprechend reduzierten Mitarbeiterzahlen sowie einer aktiven Zeche.

Dadurch gewinnt der andere Teil unserer Stadt langsam wieder die Oberhand, denn anderenorts nennt sich Marl auch gerne „das Tor zum Münsterland". Hier im Münsterland ist Westfalen am westfälischsten, hier dominiert nach wie vor Ackerbau und Viehzucht. Große, gesunde Höfe mit ihren Ländereien und Wäldern beherrschen das Bild, durchzogen von unzähligen landwirtschaftlichen Bewirtungswegen, die geradezu zum Laufen oder auch Radfahren einladen. Zudem gibt es keine bzw. nur geringe Höhenunterschiede, so daß es sich um eine ideale Laufgegend handelt.

Wie sieht denn nun eine lange Trainingseinheit konkret aus? Bevor ich wieder ins Erzählen komme, laßt uns einfach loslaufen. Auf der vor euch liegenden Strecke überwiegt der Asphaltanteil. Wer diesen harten Boden nicht mag, sollte eine andere Strecke wählen. Der Start ist am Guido-Heiland-Bad (GHB)/ Volkspark in Alt-Marl unweit der St. Georgskirche. Ihr könnt euer Auto problemlos auf dem Schwimmbadparkplatz (Hochstraße) oder in der Ophoffstraße abstellen und dort auch gleich beginnen. Eine lange Einheit über drei Stadtgrenzen und 23 km steht an (Abkürzungen sind jederzeit möglich; siehe Skizze).

Ihr verlaßt den Ortsteil Alt-Marl in südlicher Richtung über die Ophoffstraße, lauft dann über eine, die Bahnlinie (Essen-Münster) überspannende Fußgängerbrücke und seid im Stübbenfeld.

Rechts und links einer kaum befahrenen Allee (Stübbenfeldstraße) sind weitläufige Kornfelder zu sehen, die euch bis zur Kreuzung Stübbenfeldstraße/ Zum Telgenbusch begleiten.

Hier müßt ihr die erste Entscheidung treffen. Wollt ihr lange Trainingseinheiten machen und die gesamte vorgeschlagene Strecke laufen, dann geradeaus in den Wald (Telgenbusch 2 km Rundkurs), ansonsten geht's links weiter Richtung Herten (2 km), dann heißt es aufpassen, muß doch eine verkehrsreiche Straße (Hertener Straße) überquert werden, um durch den Arenbergschen Forst (nicht zu verwechseln mit dem Arenbergischen Forst auf der Hausstrecke) weiterlaufen zu können. Es gilt, sich immer rechts zu halten, vorbei am Linder Feld bis zur B 225. Nachdem ihr einen Teil Hertens durchlaufen habt, nähert ihr euch jetzt der Recklinghäuser Stadtgrenze. Auf all diesen Sträßchen und Wirtschaftswegen trefft ihr im Sommer zahlreiche Radfahrer und Spaziergänger an, die dieses Naherholungsgebiet entsprechend nutzen.

Jetzt heißt es, etwas links versetzt, rüber über die Straße, geradeaus, dann rechts über den Loemühlenbach hinweg, Richtung Flugplatz Loemühle.

Parallel zum Loemühlenbach führt ein kleiner Weg direkt zum Hotel Loemühle. Ein idealer Einstieg für alle, die in diesem Traditionshotel untergekommen sind und etwas für ihre Ausdauer tun wollen.

Nachdem ihr inzwischen einen Reiterhof links habt liegenlassen, lauft ihr direkt auf die Landebahn des Verkehrslandeplatzes Loemühle zu; also Köpfe einziehen, sind doch bei schönem Wetter zahlreiche Sportflugzeuge am Himmel. Vor dem Flugplatz kurz rechts laufen (Vorsicht Straße), dann nach ca. 200 m links ins Feld.

Jetzt seid ihr übrigens schon auf Recklinghäuser Boden und somit bereits auf dem Gebiet der dritten Stadt, nicht weit von der Autobahnbrücke (A 43) entfernt, die uns als Wendepunkt dient. Die Hälfte ist geschafft (ca. 10 km). Diejenigen, die noch eine 3-km-Schleife dranhängen wollen, überqueren die Brükke, um zum Mollbeck-Schwimmbad zu kommen. Hier schob in den 80ern Muskelmann Ralf Möller, der neue Hollywood-Star und Schwarzenegger-Nachfolger seinen Dienst als Bademeister.

Wir biegen jedoch vor der Brücke rechts ab, laufen in eine Allee hinein, überqueren nach 500 m wieder die zum Flugplatz führende Straße und stehen mitten auf dem Golfplatz (Achtung: fliegende Bälle).

Bald darauf erreicht ihr die B 225 (Dorsten – Marl – Recklinghausen), die ihr vor einer Stunde schon mal überlaufen habt. Jetzt geht's links versetzt ins Feld, und schon ist Herten's Bauernschaft „Ried" in Sicht. In der Ried liegen Höfe, Gärtnereien und vereinzelte Kötter friedlich nebeneinander, Kinder spielen vor den Häusern, und Radfahrer begegnen euch zuhauf.

Habt ihr diese durchlaufen, könnt ihr euch auf das Finale vorbereiten, denn vom Telgenbusch – den kennt Ihr noch aus der Startphase – bis zum GHB fehlen nur noch 2 km. Am Waldrand rechts, durch das eingangs erwähnte Stübbenfeld zurück, über die Fußgängerbrücke, nur noch wenige Meter, und ihr steht im Volkspark bzw. vor den Toren des GHB, vis-à-vis Eures Parkplatzes.

Jetzt ein Bad, das wäre es doch – oder? Für Muskeln, Gelenke und Stützapparat ist es, wie ihr wißt, eine Wohltat, wird doch das Körpergewicht auf 10 % reduziert, so daß die Erholung sofort beginnt. In den Sommermonaten ist das Guido-Heiland-Bad ein wirkliches Erlebnis, ihr werdet es sehen. Viel Spaß auf meiner Lieblingsrunde.

Streckenprofil:

Gesamtlänge:	23 km; ohne Mollbeck 20 km; ohne Telgenbusch 18 km
Boden:	Rand- und Seitenstraßen, Bewirtschaftungswege; Asphalt überwiegt (90 %)
Geeignet für:	regelmäßige Trainingsrunden, Halb- und Marathonläufer
Gasthäuser/Treffpunkte:	Guido-Heiland-Bad; Hotel Loemühle

Drei-Städte-Lauf

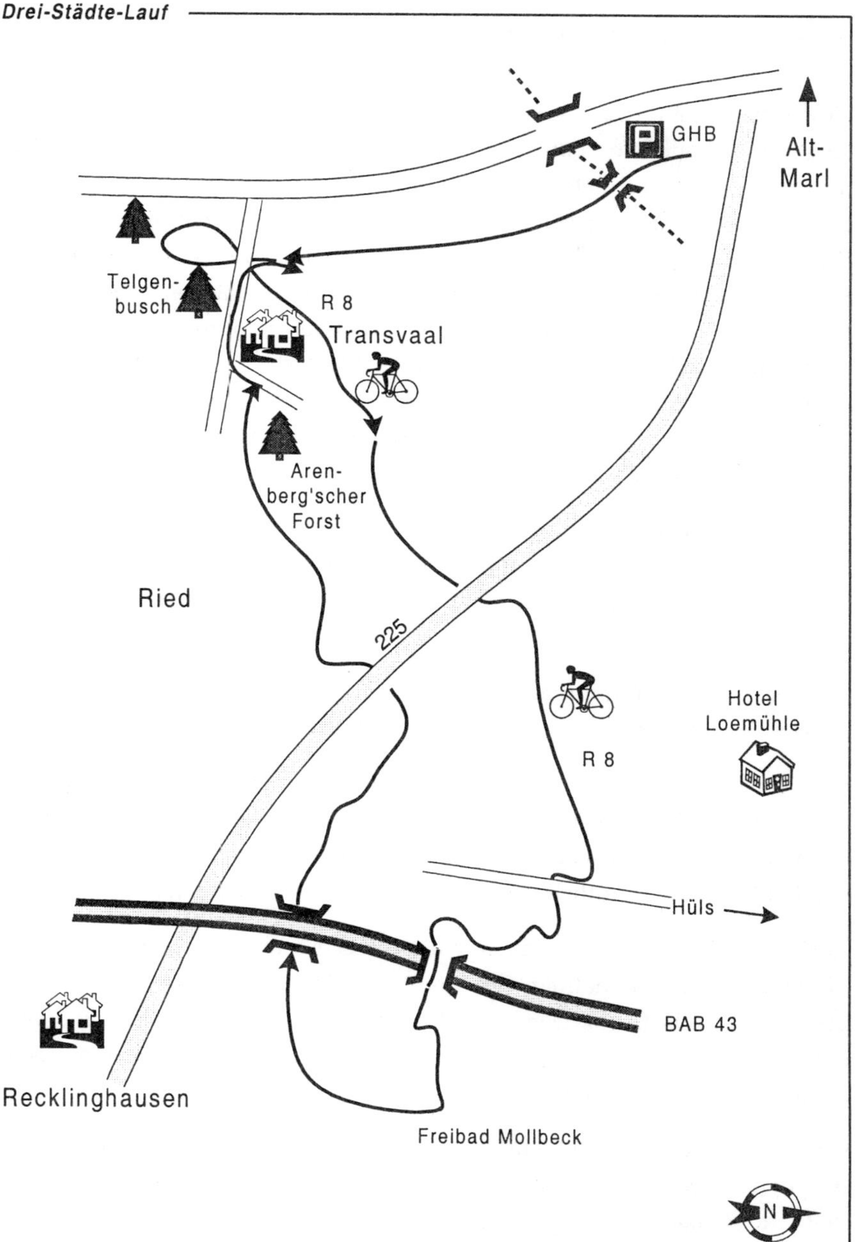

Im Holtwicker Hügelland

Abwechslung und Reiz für Augen und Muckis gleichermaßen bietet ein 9 km langer Kurs rund um Haltern-Holtwick. Das idyllische Dorf liegt inmitten des Naherholungsgebietes Hohe Mark, in 16 km Entfernung zum Guido-Heiland-Bad. Pferdekoppeln, Schaf- und Kuhweiden wechseln sich ab mit Feldern, Laub- und Nadelwald. Zudem durchquert die ausgewählte Lauf-Strecke eine der wenigen erhalten gebliebenen Heideflächen des Münsterlandes, die Holtwicker Wacholder-Heide. Über den gesamten Rundkurs geht es in ständigem Wechsel von stramm hügelauf bis über lange Teilstücke sanft abfallend hinunter. Markanter Orientierungspunkt für Ortsfremde ist ein Fernsehturm, unweit des Start/Ziel-Parkplatzes, der über die ganze Strecke immer wieder sichtbar wird.

Die Anfahrt nach Holtwick führt über Marl-Lippramsdorf, B 58 rechts Richtung Haltern, nach ca. 1 km links Richtung Lavesum, nach ca. 4 km rechts Richtung Haltern-Holtwick, nach ca. 2 km links Parkplatz Gaststätte „Uhlenhof".

Von der Parkplatzauffahrt aus gesehen liegt der „Uhlenhof" rechts, die Laufstrecke beginnt links des Parkplatzes. Schuhe zu – es geht los!

Schon nach wenigen Metern biegen wir rechts ab, der Kennzeichnung XA 1, 2, 4, 6 folgend. Findlingsblöcke verdienen hier Aufmerksamkeit, die mit den Gletschern der Eiszeit von Skandinavien gen Süden wanderten. 1,5 Millionen Jahre alt ist vermutlich das kristallinische Muttergestein.

Vorbei an kleinen Tümpeln laufen wir uns locker warm bis zu einer Tafel mit Tierfährten. Tief durchatmen! Jetzt steht der kräftezehrendste Kilometer der gesamten Strecke bevor. Den Fernsehturm vor Augen gilt es, sich auf einem der drei möglichen (etwa gleichlangen, gleichschweren) Wege zu ihm hochzukämpfen. Marke 1,6 km!

Gesicht zum Turm, rechts weiterlaufen, Weg A 1 folgen, bis ein breiter Hauptweg kreuzt, rechts zur bereits sichtbaren Schutzhütte abbiegen. Dort an dem Platz mit Bänken nehmen wir den Weg, der links an der alten Eiche vorbei recht steil hinunter führt. Diesem folgen wir und gelangen auf einen breiten

Weg, der rechts von einem Nadel- und links von einem Buchenwald umschlossen ist. Von einer Anhöhe aus schauen wir bald auf das Dorf Lünzum. Mit Blick auf den Dorfteich biegen wir scharf rechts ab und laufen (A 1, 2, 3) auf das Schild „geschützter Landschaftsbestandteil" zu. Durch einen urigen Hohlweg kommen wir zu einer Kreuzung. Marke 5 km!

Dem Asphaltweg A 4 rechts folgen wir 2 km bis ins Dorf Holtwick hinein. Dort überqueren wir die Holtwicker Hauptstraße und laufen geradeaus den Weg „In der Thiebrei" weiter. Auf der linken Seite steht nach ca. 0,5 km eine Bank, dort biegen wir rechts ein (X 18 A 1,4). Wir kommen gerade einen Hügel heruntergelaufen und stehen kurz darauf gleich vor dem nächsten. Marke 7,5 km!

Rechts geht es nun in die Heide hoch (XA 1,4). Marke 8 km!

Das Naturschutzgebiet Holtwicker Wacholderheide setzt zum Abschluß ein landschaftliches Glanzlicht. Heidekraut, Gräser, Wacholder und zu bestimmten Zeiten eine Herde Heidschnucken sind im Vorbeilaufen zu genießen. Sanft hinunter (rechts halten) geht es zurück zum „Uhlenhof", wo sich die Entscheidungsfrage stellt: Noch ne Runde laufen oder ne Runde bestellen!

Streckenprofil:

Gesamtlänge:	9 km; Varianten sind nahezu unbegrenzt, da das Gebiet von Spazierwegen durchzogen ist. Orientierung bietet die Kartentafel am Parkplatz.
Boden:	Waldboden wechselt mit Feldwegen, die teilweise asphaltiert sind.
Geeignet für:	Fortgeschrittene, die für die Steigungen die nötige Kondition mitbringen
Besonderes:	Das Gebiet ist an Wochenenden ein beliebtes Ausflugsziel für Wanderer, Reiter, Mountainbiker. In der Woche läuft es sich hier ruhiger! Bei Regenwetter muß mit sehr schlammigem Boden gerechnet werden.
Gasthäuser/Treffpunkte:	Bauernschänke „Uhlenhof“

Im Holtwicker Hügelland

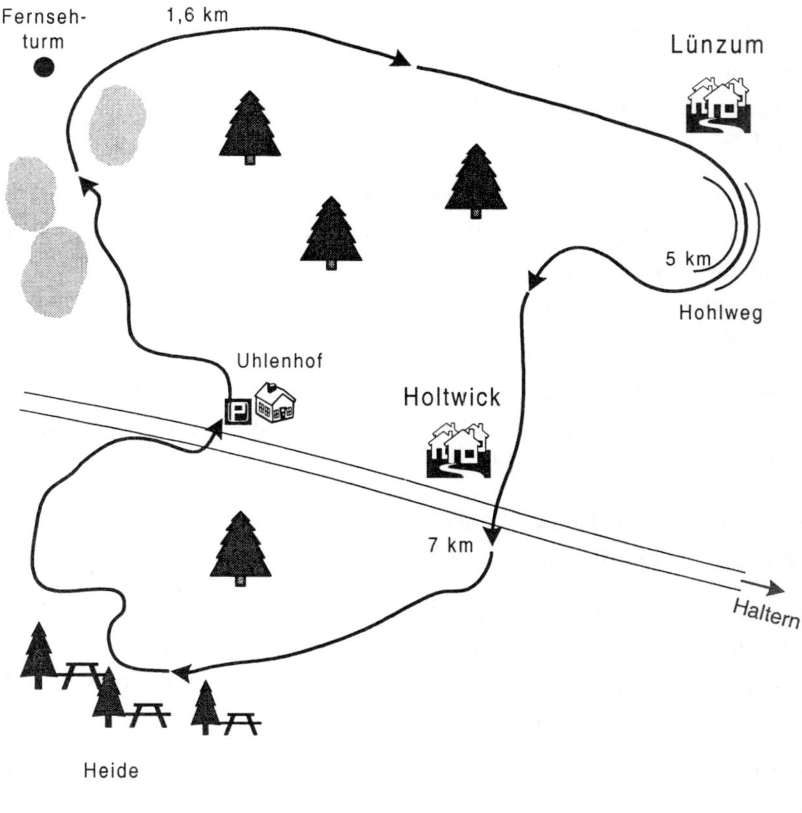

In den Lippe-Auen

Auf der Suche nach einem ca. 20-km-Rundkurs „von der Haustür aus" und unter weitgehender Vermeidung verkehrsreicher Straßen ergab sich nach verschiedenen Probeläufen und Fahrten per Rad mit Kilometerzähler die folgende Strecke:

Sie ist bis auf einige wenige Brücken flach und führt im wesentlichen durch Bauernschaften und kleinere Waldstücke im Bereich der Lippeaue des nordwestlichen Stadtgebiets an der Grenze nach Dorsten/Wulfen. Etwa 1/3 sind unasphaltierte Feld- und Waldwege. Auch im Sommer ist genügend Schatten vorhanden.

Wenn wir als Ausgangs- und Endpunkt die Brücke über den Weierbach an der Kaspar-Grove-Straße wählen (s. auch Hausstrecke des LT Guido) können ca. 23 km erlaufen werden.

Zunächst geht es also den Weierbach entlang und weiter dem Weg „X" folgend bis zur Einmündung Wittenbergweg.

Eine kurze „Durststrecke" ergibt sich dann, nachdem wir rechts in Richtung Klärwerk gelaufen sind, für 500 Meter neben der A 52. Anschließend eröffnet sich jedoch nach Unterquerung der Autobahn links ein erster Blick auf die beginnende münsterländisch geprägte „Parklandschaft".

Nach 500 Metern geht es links über die Forststraße zur Lippestraße und dieser links folgend über den Wesel-Datteln-Kanal (kleine Wirtschaftswege). Auf der Hürfeldbrücke sind etwa 5 km absolviert.

Wir halten uns an der Einmündung auf die Lipphöfestraße rechts und gelangen dann auf den Wulfener Damm. An dieser Stelle müssen ca. 700 Meter links entlang einer relativ stark befahrenen Landstraße gelaufen werden, wobei jedoch ein leichtes Gefälle und die Lippeaue einen Ausgleich bieten. Auf der rechten Straßenseite geht dann ein Feldweg ab (Vorfahrtschild), der zur Dorstener Straße führt. Diese wird nach ca. 50 Metern rechts überquert. Der landwirtschaftliche Nutzweg mündet auf den Heidkantweg (entsprechend Römerroute, gekennzeichnet durch kleine Schilder mit Helm).

Linkerhand besteht nun hinter der kleinen Straßenbrücke die Möglichkeit, entweder am Waldrand entlang (Römerroute) oder durch das Waldstück (Weg X) zu laufen. Dort, wo der Weg X wieder mit der Römerroute zusammentrifft (rechts halten!), ist etwa die 12-km-Marke erreicht.

Nach weiteren 1,5 km erreichen wir die Abzweigung des Radwegs R 25, der links teils über Feinschotterwege, teils über Asphalt bis ins Dorf Hervest führt (Beschilderung beachten, einige Abzweigungen).

Auf Höhe der zu passierenden Halterner Straße liegt die 15-km-Marke.

An der Kreuzung Ortsmitte im Dorf Hervest laufen wir links, nach der Lippebrücke erneut links, anschließend über die Frentroper Brücke (Wesel-Datteln-Kanal) geradeaus durch den Arenbergischen Forst.

Nach 1,5 km entsprechend 20 km Gesamtdistanz geht es dann rechts auf die Hervester Straße. Von da links über eine langgezogene leichte Gefällstrecke zur Kreuzung Schachtstraße. Hier treffen wir wieder auf den Weg „X" am Weiherbach, auf dem wir zurück zum Ausgangspunkt gelangen.

Streckenprofil:

Gesamtlänge:	20 km Achtung! Abkürzungen sind nur begrenzt möglich, da in diesem Bereich nur zwei Brücken über die Lippe vorhanden sind.
Boden:	überwiegend Feinschotter, geringer Asphaltanteil
Geeignet für:	aufgrund der Streckenlänge nur für Fortgeschrittene

In den Lippe-Auen

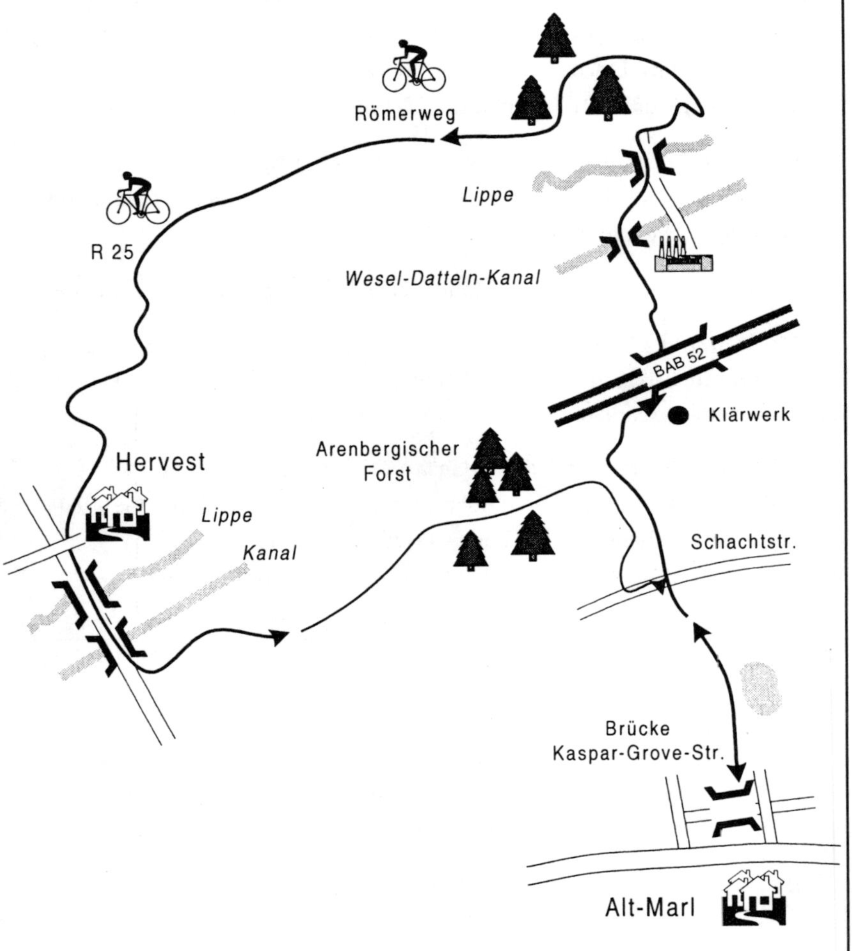

Rund um den Hullerner Stausee

Anfahrt:
A 52 Richtung Haltern bis zum Ende fahren, dort geradeaus in Richtung „Stauseen", auf B 58 rechts Richtung Lüdinghausen, nach 2 km links „Heimingshof", großer Parkplatz.

Hier beginnen zwei mögliche Läufe in landschaftlich schöner Umgebung, wobei der eine Lauf prinzipiell am Ufer des Hullerner Stausees entlangführt, der zweite Lauf zusätzlich ca. 3 km am idyllischen Ufer des Flüßchens Stever zum Parkplatz zurückführt.

Die Wege bestehen aus Sand- und Waldboden, sind kurzstreckig asphaltiert bzw. mit Schotter belegt. Laufen ist hier in jeder Witterungslage (Schatten im Sommer, nicht zu große Freiflächen bei Wind) und zu jeder Jahreszeit mit ihren entsprechenden Reizen in „guter Luft" möglich.

Lauf 1:

Man beginne am Südufer und folge der Wegkennzeichnung A 2. Der See liegt linkerhand. Man laufe bis zu einer kleinen Kapelle auf der linken Seite. Hier biege man links ab und folge dem Weg über die Brücke, die beide Seehälften trennt. Nach ca. 200 m verlasse man den Hauptweg und folge der Kennzeichnung H 1, 6 bzw. gelber Pfeil. Der Weg trifft nach ca. 500 m wieder auf den Hauptweg A 2. Hier links und weiter geradeaus. Nach ca. 1 km kann man vom Hauptweg auf einen ungekennzeichneten Weg abweichen, der direkt am Ufer des Sees entlangführt und später wieder auf den Hauptweg A 2 und jetzt auch (X) mündet.

*

Wir folgen der Kennzeichnung A 2 und gelangen wieder zum Parkplatz.

Lauf 2:

Wie Lauf 1 bis *.

Statt der Kennzeichnung A 2 links zum Parkplatz zu folgen, laufe man weiter geradeaus den Weg mit der Kennzeichnung X. Er führt bis zur Jugendherberge, die auf der rechten Seite „am Hang“ liegt. Hier laufe man links zur Straße und folge ihr über die Steverbrücke.

Dem Weg der Kennzeichnung X folgen und links am stillen Ufer der Stever entlang (hier kann im Sommer gebadet werden, dann ist es meist etwas lauter; die Stever ist ein noch sauberes Flüßchen (mit Flußperlmuscheln!)) zurück zum Parkplatz.

Streckenprofil:

Gesamtlänge:	7 km, mit Verlängerung 10 km
Boden:	Waldboden
Geeignet für:	Anfänger und Fortgeschrittene
Gasthäuser/Treffpunkte:	Parkplatz am Restaurant „Heimingshof“
Sonstiges:	An Wochenenden stark durch Spaziergänger und Radfahrer frequentiert. Besonders geeignet daher für regnerische Herbsttage (Möglichkeit der Beobachtung von Zugvögeln).

Rund um den Hullerner Stausee

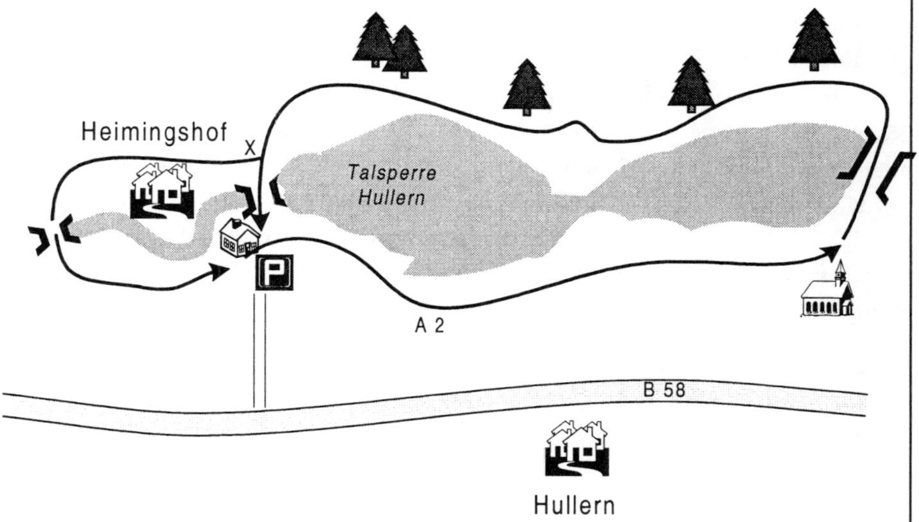

A 2 = Wegbezeichnung

X = Wegbezeichnung

Über sieben Hügel

Eines der interessantesten Gebiete im Grenzbereich zwischen Münsterland und Revier ist das Landschaftsschutz- und Naturschutzgebiet „Die Haard". Zum einen findet man hier ein ausgedehntes Waldgebiet, das ein wichtiges Naherholungsgebiet für die Bevölkerung des nördlichen Ruhrgebiets ist, andererseits wird diese Fläche auch industriell genutzt. Im Norden der Haard wird fast reiner Quarzsand gewonnen, der in erster Linie als Ausgangsprodukt für die Chemische Industrie über den angrenzenden Wesel-Datteln-Kanal verschifft wird. Weiterhin dokumentieren zwei Versorgungsschächte der Ruhrkohle AG an dieser Stelle die Nordwanderung des Steinkohlebergbaus.

Dennoch überwiegt bei weitem der grüne Charakter der Haard und ist daher für Läufer äußerst interessant. Von den vielen Möglichkeiten schlage ich zwei Varianten über 5,5 km und 9,5 km vor, die vom Marler Stadtteil Sinsen gut zu erreichen sind.

Ausgangspunkt ist der Parkplatz an der Bundesstraße 51 nahe des Forsthauses Haidberg unmittelbar hinter dem Ortsausgang Marl-Sinsen. Wir beginnen unseren Lauf auf dem „Haardgrenzweg", links liegt das Waldgebiet, rechts haben wir einen schönen Blick auf eine leicht hügelige Feld- und Wiesenlandschaft. Nach circa 1,4 km erreichen wir den deutlich sichtbaren Meilenstein 206 und biegen hier links ab, wenn die kleinere Runde gewählt wird. Zunächst bleibt der Weg noch flach, bis links und rechts des Weges teilweise überwachsene Hügelgräber zu erkennen sind. Ab hier wird der Weg recht wellig und steigt am Ende deutlich spürbarer an, bis wir bei km 3,0 den höchsten Punkt dieser kürzeren Runde erreichen und unmittelbar danach auf eine Wegkreuzung stoßen. Hier biegen wir links in den „Sieben-Hügel-Weg" ein. Über eine weitere Kreuzung laufen wir geradeaus, ein großer Wegweiser zeigt in Richtung „Halterner Pforte", einem Restaurant an der Bundesstraße 51. Wir laufen jedoch nicht bis zur Straße, sondern biegen kurz vorher in den kleinen Wanderweg A 3 ein und erreichen nach insgesamt rund 5,5 km wieder den „Haardgrenzweg" und unseren Ausgangspunkt.

Wer die längere Distanz wählt, bleibt nach dem Meilenstein 206 weiter auf dem „Haardgrenzweg". Nach insgesamt ca. 1,8 km erreichen wir einen Parkplatz, an dem sich immer sonntags unsere Lauffreunde aus Recklinghausen in stattlicher Anzahl treffen. Hier befindet sich auch eine Orientierungstafel, anhand derer Querfeldeinläufer Hinweise auf Laufstrecken abseits der Hauptwege erhalten können. Ich empfehle jedoch weiter eine Variante über die Hauptwege, da diese aufgrund des Schotter-Untergrunds auch bei schlechtem Wetter ganzjährig gut zu laufen sind. Wir folgen also weiter dem „Haardgrenzweg", vorbei am Haus der „Seniorenbildungsstätte Haard" und der Gaststätte „St. Johannes" und laufen bei km 2,3 links einen zunächst leicht ansteigenden Weg hinauf. Wenig später werden einige kurze, stärkere Steigungen für eine Erhöhung des Pulsschlags sorgen. Nach 3,7 km erreichen wir die große Wegkreuzung „St. Johannes", die praktisch das Zentrum der Haard bildet. An diesem Ort soll der „Heilige Baum" gestanden haben. Es war der Versammlungsort der Germanen, wo das „Hölting" (Markengericht) abgehalten wurde. Zu einem späteren Zeitpunkt wurde hier ein Kreuz auf einer sternförmigen Grundplatte errichtet, das in modifizierter Form heute zu besichtigen ist.

Wir halten uns an der Wegkreuzung links und folgen der auf einem großen Wegweiser vorgegebenen Richtung „Dicker Stein 2,1 km". Die Entfernungsangabe ist nach meinen Erfahrungen recht genau, so daß man hier sein Lauftempo anhand der benötigten Zeit überprüfen kann. Zu berücksichtigen ist jedoch, daß der Weg zu Beginn nahezu kontinuierlich ansteigt, um dann nach zwei kräftiger ansteigenden kurzen Passagen zum höchsten Punkt dieser Runde zu führen. An der Wegkreuzung finden wir den angekündigten „Dikken Stein", einen zum Naturdenkmal erhobenen Findling aus Granit. Nun laufen wir links in den bereits bei der Beschreibung der kürzeren Variante erwähnten „Sieben-Hügel-Weg" und treffen nach rund 7,9 km auf den beschriebenen Rückweg über den Wanderweg A 3. Insgesamt haben wir dann 9,5 km in einem für Flachlandbewohner doch anspruchsvollen Terrain zurückgelegt.

Streckenprofil:

Gesamtlänge:	kleinere Runde 5,5 km; größere Runde 9,5 km; insgesamt leicht welliges Profil, jedoch keine längeren stärkeren Steigungen
Boden:	beschriebene Varianten überwiegend Feinschotter, zahlreiche Nebenwege mit reinem Waldboden
Geeignet für:	Fortgeschrittene, für Anfänger aufgrund der Steigungen nur bedingt geeignet
Gasthäuser/Treffpunkte:	Parkplatz an der Halterner Straße nähe Forsthaus Haidberg; Gaststätte „Halterner Pforte" mit Parkplatz; Gaststätte „St. Johannes" am Haardgrenzweg; Parkplatz am Seniorenbildungswerk Haard mit Orientierungstafel
Sonstiges:	Kartenmaterial „Die Haard", herausgegeben vom Kommunalverband Ruhrgebiet, 1 : 20 000, mit vielen ausgeschilderten Rundwanderwegen

Über sieben Hügel

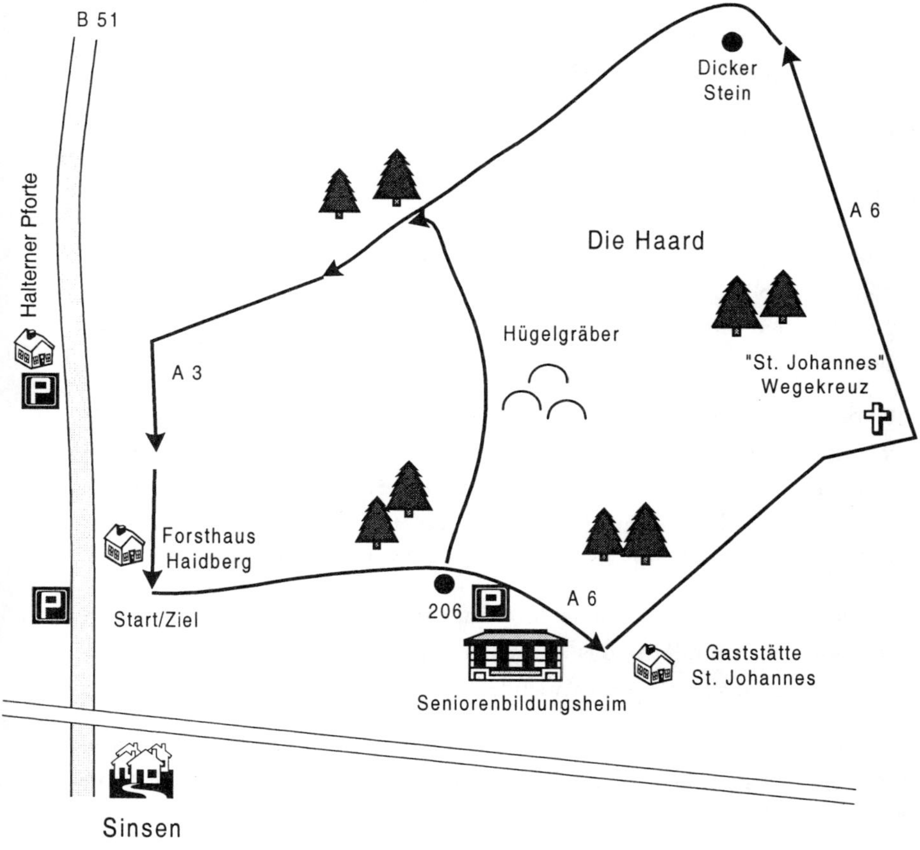

A 3 = bez. Wanderweg

A 6 = bez. Wanderweg

Auf den Spuren der Römer in der westlichen Haard

Die All-Wetter-Trainingsstrecke schlechthin in Marl ist für viele diese Wendepunktstrecke in der westlichen Haard.

Man fährt von der Victoriastraße in die nördliche Hülsbergstraße und erreicht nach ca. 1,5 km den provisorischen Parkplatz direkt an der Fußgängerbrücke über die Autobahn A 43.

Auf der „Römerstraße" läuft man über die Autobahn – unter einem zischen die Pkws mit 180 durch. Dieses Stück ist noch asphaltiert. Ziemlich steil geht's bergab, bis man unten den ca. 2 m breiten befestigten Wald- und Forstweg erreicht.

Unter der Eisenbahnbrücke der Strecke Recklinghausen – Münster geht's hindurch, und man ist direkt in der Haard, dem größten zusammenhängenden Waldstück im nördlichen Ruhrgebiet – das Naherholungsgebiet für die umliegenden Städte. Ca. 1,5 km ist die Strecke leicht ansteigend, bevor man sich dann 500 m ausruhen kann, bis zum nächsten leichten Anstieg.

Die Entspannung tritt ein, man ist im wahrsten Sinne des Wortes „mitten im Wald". Kein Verkehrslärm, das Auge sieht fast nur noch grün. Da man immer nur geradeaus läuft, gibt es auch keine Probleme mit der Orientierung.

Durch die hohen Bäume – sehr abwechslungsreicher Mischwald – ist diese Strecke fast vollständig windgeschützt, so daß man sie bei jedem Wetter laufen kann. Auch deshalb, weil der befestigte Wirtschaftsweg leicht gewölbt ist, so daß auch bei starkem Regen das Wasser sehr gut abfließt.

Nach ca. 3 km kommt dann der „Hammer Berg" (105 m ü. M.), die Herausforderung: ca. 500 m relativ steiler Anstieg, ca. 5–10 %. Jede Steigung ist zu bezwingen – only speed kills.

Wenn man oben an der Weggabelung ist, läuft man halblinks auf einer langen, leicht abfallenden Geraden, auf der man sich wunderbar entspannen kann.

Noch einmal geht es rauf und runter, bis man nach ca. 5,5 km die Schranke erreicht, die den Parkplatz an der B 51/Abfahrt Haltern A 52, begrenzt. Dort dreht man und läuft dieselbe Strecke zurück bis zum Parkplatz an der Hülsbergstraße.

Diese oben beschriebene Wendepunktstrecke beträgt ca. 11 km und läßt sich beliebig erweitern, indem man Nebenwege durch die Haard bis zum Landeskrankenhaus oder in westlicher Richtung bis zum Schacht 6 der Zeche Auguste Victoria wählt. Da die Strecke nur durch Wald führt, gehört sie zu den entspannendsten, aber aufgrund ihres Profils auch zu den anspruchsvollsten Trainingsstrecken in Marl und Umgebung.

Streckenprofil:	
Gesamtlänge:	11 km; welliges Profil mit einer größeren Steigung
Boden:	Wald- und Forstwirtschaftsweg, überwiegend Feinschotter
Geeignet für:	Fortgeschrittene (aufgrund der ca. 500 m langen Steigung nur bedingt für Anfänger)

Auf den Spuren der Römer in der westlichen Haard

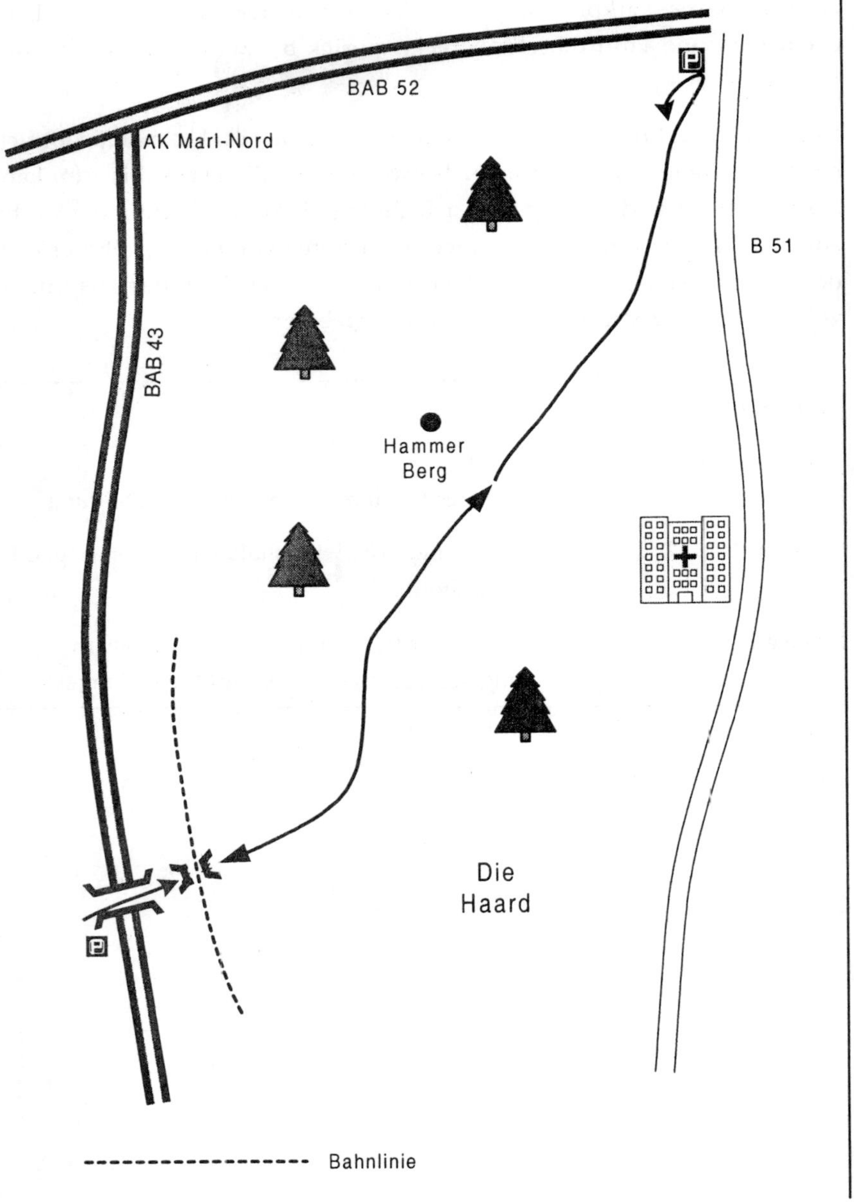

In eigener Sache

Wer kennt schöne Laufstrecken oder möchte die Beschreibung von Laufstrecken in seiner Region übernehmen?

In der vorliegenden Buchreihe haben wir uns bei der Auswahl von Laufstrekken auf bekannte Laufzentren, Urlaubsregionen und die Großstädte beschränkt. Und auch in den Großstädten sind die Laufstrecken bei weitem noch nicht alle erfaßt, geschweige denn in den kleineren und mittleren Städten sowie in den Landkreisen.

Für die überarbeiteten 2. Auflagen der *Laufen in …*-Buchreihe lautet unsere Bitte an alle Läufer und Läuferinnen: Bitte schickt uns Eure Lieblingsstrecken. Es reicht eine halbe Seite Text und eine kleine Skizze. Gerne können Sie uns auch ein Photo mitschicken, denn wir möchten später alle Laufstrecken in einem Laufatlas zusammenfassen.

Wer die Bearbeitung von Laufstrecken in einer größeren Region übernehmen und Mitautor der begonnenen Buchreihe werden möchte, wendet sich bitte direkt an den Verlag.

Lauf- und Ausdauersportverlag LAS
Postfach 11 05 06
93018 Regensburg

Telefon: 0941 / 795124
Telefax: 0941 / 795198
e-mail: roderer@donau.de

Sachwortverzeichnis

Die Autoren

Dr. Thomas Prochnow (Jahrgang 1959)
Studium an der Deutschen Hochschule für Sport und Körperkultur (DHfK) in Leipzig.
Promotion am Forschungsinstitut für Körperkultur und Sport (FKS) in Leipzig.
Sportwissenschaftler und medizinischer Trainingstherapeut mit mehrjähriger Trainertätigkeit von Spitzenathleten im Mittel-, Langstrecken- und Marathonlauf sowie Rennrollstuhlsport.
Berater und Betreuer von Extremsportlern
Vereine: HSG DHfK Leipzig, TSC Berlin, SCC Berlin, LLC Marathon Regensburg.
Arbeit in Sportwirtschaft/Sportmanagement des BERLIN MARATHON, Fa. NEW LINE/Dänemark, StadtMarathon Regensburg.
Autor zahlreicher Veröffentlichungen im Bereich Gesundheits- und Leistungssport, Mitarbeiter des Journals „LAUFZEIT“ in Berlin.
Tätig am Institut für Prävention & Diagnostik in Regensburg/Fa. Medical Fitness.

Dr. Rainer Welz (Jahrgang 1947)
Studium der Soziologie und Psychologie an den Universitäten Mannheim und Göttingen. Nach Promotion Hochschulassistent am Institut für Medizinische Psychologie an der Universität Göttingen und Berater bei der Weltgesundheitsorganisation im Bereich Gesundheitspsychologie.
Er arbeitet jetzt selbständig als Verleger und als Psychologe im Verhaltens- und Managementtraining. Seit Jahren begeisterter Läufer mit sportlichen Höhepunkten beim New York Marathon.

Mitautoren
Die Mitautoren sind alle zwischen 40 und 50 Jahre alt, Mitglieder des Lauftreff Guido Alt-Marl e. V. und aus den unterschiedlichsten Gründen zum Lauf gekommen. Einige laufen seit drei Jahren, andere sind schon seit über 20 Jahren dabei. Spaß und Gesunderhaltung dominieren, das regelmäßige gemeinsame Training hat einen hohen Stellenwert – manche haben bereits einige Marathonläufe in den Beinen.
Der LT Guido Alt-Marl fühlt sich insbesondere dem Guido-Heiland-Bad in Alt-Marl verbunden, einer ehemaligen kommunalen Einrichtung, die seit einigen Jahren durch privates Engagement betrieben wird. Der als Beitrag zur Finanzierung des Bades stattfindende Volkslauf wird vom LT Guido Alt-Marl ausgerichtet und zählt mittlerweile zu den teilnehmerstärksten Sportveranstaltungen in Marl.

Buchangebote

Die komplette Buchreihe:

Laufen in Aachen
Laufen in Arneburg
Laufen in Augsburg
Laufen in Bad Camberg
Laufen in Berlin
Laufen in Braunschweig
Laufen in Bremen
Laufen in Chemnitz
Laufen in Coburg
Laufen in Darmstadt
Laufen in Düsseldorf
Laufen in Essen
Laufen in Frankfurt
Laufen in Freiburg
Laufen in Fulda
Laufen in Gelsenkirchen
Laufen in Göttingen
Laufen in Greifswald
Laufen in Hamburg
Laufen in Hamm
Laufen in Hanau
Laufen in Hannover
Laufen in Jena
Laufen in Kaiserslautern
Laufen in Karlsruhe
Laufen in Kiel
Laufen in Leipzig
Laufen in Lübbeke
Laufen in Lübeck
Laufen in Lüdenscheid
Laufen in Mannheim
Laufen in Marl
Laufen in München
Laufen in Münster
Laufen in Nürnberg
Laufen in Osnabrück
Laufen in Regensburg
Laufen am Rennsteig
Laufen in Stuttgart
Laufen in Wiesbaden
Laufen in Weiden
Laufen in Wittenberg

und weiteren Städten in Vorbereitung

Gesundheits- und Leistungstests

Institut für Prävention & Diagnostik Regensburg

Fa. Medical Fitness (Dr. Th. Prochnow)
Fa. Coaching Professional (E. Becker)
Rücken- und Fortbildungs-Zentrum RFZ (Brüderlein & Weishaupt)

Wissenschaftlicher Beirat:

Prof. Dr. Schmidtbleicher	Kraft
Prof. Dr. Buhl	Ausdauer
Dr. Ascher	Orthopädie
Dr. Möckel	Sportmedizin
Dr. Prochnow	Trainingsmethodik

Unsere Leistungen umfassen:

- **sportmedizinische Untersuchungen** für JederMann und -Frau
- **Rückenanalyse,** spezielles **Rückenaufbautraining**
- **ambulante Rehabilitation**
- **Muskelfunktionsdiagnostik** zur Analyse von verkürzten und abgeschwächten Muskelgruppen
- **Körperfettanalyse** zur Bestimmung der Anteile von Körperfett, Wasser und Aktivzellmasse
- Feststellung des aktuellen **Trainingszustandes**
- (Spiro-) **Ergonomie** auf dem Laufband und Fahrradergometer mit Laktatdiagnostik und Atemgasanalyse
- Festlegung der **individuellen Schwellen** (aerobe, anaerobe) und der **Trainingsbereiche**
- **Pulsvorgaben** für ein individuell ausgesteuertes Training bzw. Gesundheitsmanagement
- **Lauf- und Bewegungsanalyse** (Laufstiloptimierung, Sportschuhauswahl)
- **Trainingsberatung und -planung,** abgestimmt auf Gesundheits- bzw. Trainingszustand sowie persönliche Zielstellungen und Zeitbudget
- **Ernährungsberatung** zur Unterstützung von Gesundheits- und Leistungsentwicklung
- **Gesundheits- und Leistungssportseminare**
- **Vortrags- und Seminarreihen**
- Vermittlung von **Spezialisten** rund um den Sport

Anschrift:

Institut für Prävention & Diagnostik
Im Gewerbepark D 50
93059 Regensburg

Telefon: 0941 / 464 180
0941 / 495 96
Telefax: 0941 / 464 1827
0941 / 495 98

Anhang: Jahresgrafik Lauftraining

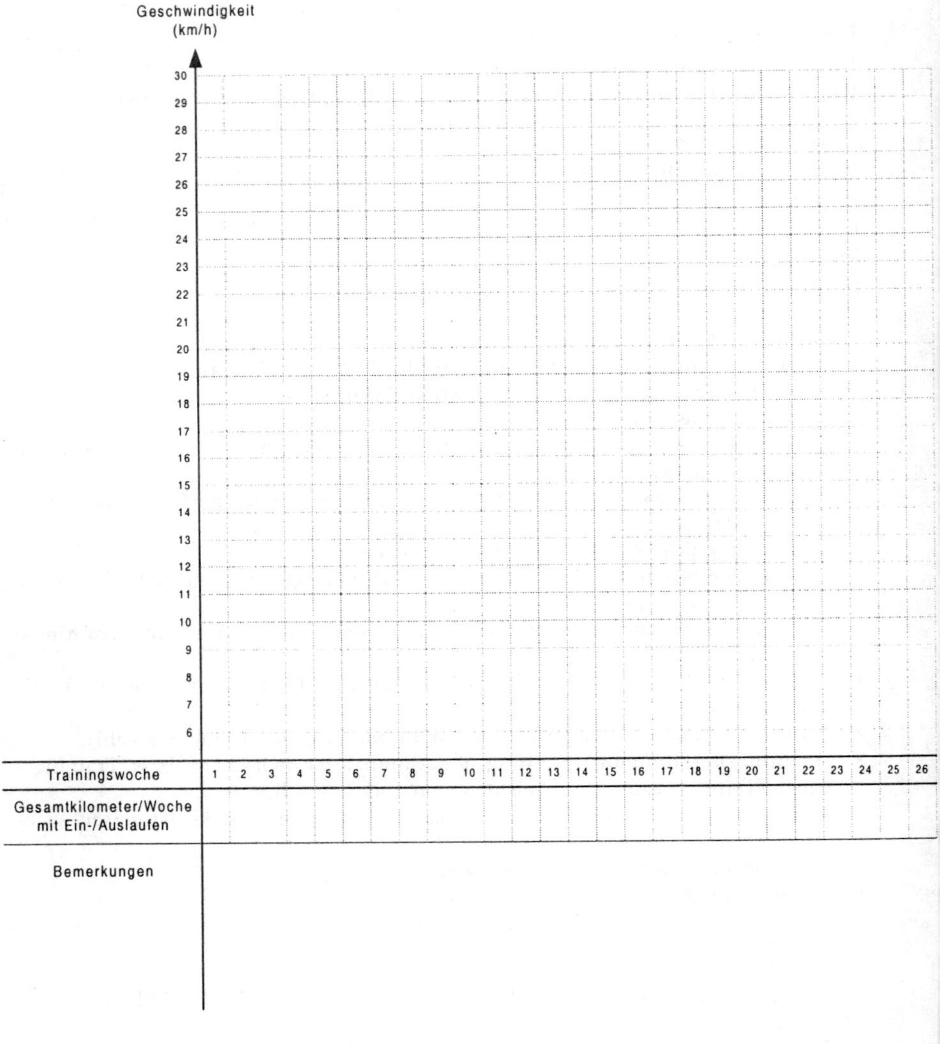

27	28	29	30	31	32	33	34	35	36	37	38	39	40	41	42	43	44	45	46	47	48	49	50	51	52